Karsten Linne
Deutschland jenseits des Äquators?

Band 9 der Reihe »Schlaglichter der Kolonialgeschichte«

herausgegeben von
PD Dr. Dr. Ulrich van der Heyden
Prof. Dr. Dr. h.c. Mechthild Leutner
Dr. Joachim Zeller

Bisher erschienen:

Martin Baer/Olaf Schröter:
Eine Kopfjagd.
Deutsche in Ostafrika. Spuren kolonialer Herrschaft

Jürgen Zimmerer/Joachim Zeller (Hg.):
Völkermord in Deutsch-Südwestafrika.
Der Kolonialkrieg (1904–1908) in Namibia und seine Folgen

Felicitas Becker/Jigal Beez (Hg.):
Der Maji-Maji-Krieg in Deutsch-Ostafrika 1905–1907

Helmut Strizek:
Geschenkte Kolonien.
Ruanda und Burundi unter deutscher Herrschaft

Uwe Schulte-Varendorff:
Kolonialheld für Kaiser und Führer.
General Lettow Vorbeck – Mythos und Wirklichkeit

Mechthild Leutner/Klaus Mühlhahn (Hg.):
Kolonialkrieg in China.
Die Niederschlagung der Boxerbewegung 1900–1901

Marianne Bechhaus-Gerst:
Treu bis in den Tod.
Von Deutsch-Ostafrika nach Sachsenhausen. – Eine Lebensgeschichte

Thomas Morlang:
Askari und Fitafita.
»Farbige« Söldner in den deutschen Kolonien

Karsten Linne

Deutschland jenseits des Äquators?

Die NS-Kolonialplanungen für Afrika

Ch. Links Verlag, Berlin

Die Deutsche Nationalbibliothek verzeichnet diese
Publikation in der Deutschen Nationalbibliografie;
detaillierte bibliografische Daten sind im Internet
über http://dnb.d-nb.de abrufbar.

1. Auflage, September 2008
© Christoph Links Verlag – LinksDruck GmbH
Schönhauser Allee 36, 10435 Berlin, Tel.: (030) 44 02 32–0
Internet: www.linksverlag.de; mail@linksverlag.de
Umschlaggestaltung: KahaneDesign, Berlin, unter
Verwendung eines Plakats des Reichskolonialbundes
(Mitte der 30er Jahre) und eines Fotos von einer
Kreisverbands-Geschäftsstelle des Reichskolonialbundes (ca. 1938)
Satz: Bild1Druck GmbH, Berlin
Druck und Bindung: Druckerei F. Pustet, Regensburg

ISBN 978-3-86153-500-3

Inhalt

Einleitung: Afrika als Option	7
Vorgeschichte: Deutscher Kolonialismus mit und ohne Kolonien	12
Afrikanische Kolonien in deutscher Hand	12
Krieg in den Kolonien und Kriegszielplanungen	15
»Kolonialschuldlüge« und Rassismus	18
Kolonialrevisionismus in der Weimarer Republik	21
Die Zeit der Weichenstellung: 1933 bis 1936	26
Nazifizierung und Gleichschaltung der Kolonialbewegung	26
Neue Organisationen	30
Traditionsreiche Institutionen	33
Wirtschaftliche Notwendigkeit oder Ort für Massenansiedlung?	38
Duldung und Kontrolle der Afrikaner in Deutschland	42
Konsolidierung und Ausdifferenzierung: 1937 bis 1939	46
Die organisierte Kolonialbewegung	46
Konkrete Vorbereitungen	49
Kolonialrecht	49
Kolonialärzte	50
Kolonialpolizei und koloniale Wehrmacht	53
Auf dem Weg zur hamburgischen Kolonialuniversität	54
Kolonialprodukte für den Vierjahresplan	56
Arbeiterfrage und Rassentrennung	61
Der Kriegsbeginn als Zäsur: Herbst 1939 bis Frühsommer 1940	70
Deutsche Kolonialfirmen im »Osteinsatz«	70
Planungen der Deko-Gruppe und des Kolonialpolitischen Amts	72
Kriegszielplanungen der Marine und des Auswärtigen Amts	75
Das Ende der Rücksichtnahme auf die Schwarzen in Deutschland	77
Das lange Jahr der Kolonialeuphorie: Juli 1940 bis Dezember 1941	81
Der Madagaskar-Plan zur »Lösung der Judenfrage«	83
Hoffnungen auf ein Reichskolonialministerium	86
Die »neue Arbeitspolitik« als Kern der sozialpolitischen Planungen	89

Deutsche Kolonialfrauen ... 98
Zwischen Seuchenbekämpfung und »Sanierung« ... 100
Afrikanische Rohstoffe im Visier der deutschen Wirtschaftspolitik ... 104
    »Ergänzungswirtschaft« zwischen Staat und Markt ... 104
    Handel und Wandel: Die Privatfirmen ... 107
    Land- und Forstwirtschaft ... 109
    Sofort-Programme der Deko-Gruppe ... 114
Modernisierung der kolonialen Infrastruktur ... 117
Macht und Wissenschaft ... 123
    Staat, Verwaltung, Gesetze ... 123
    Zwischen militärischer Sicherung und Aufstandsbekämpfung ... 128
    Die kurze Blüte der NS-Kolonialwissenschaften ... 133

Zwischen kolonialem Hoffen und Bangen: Das widersprüchliche Jahr 1942 ... 139
Die Vorbereitungen und Planungen gehen weiter ... 140
Die Einsatzstäbe »Banane« und »Sisal« ... 145
Der Osten als neuer Bezugspunkt ... 147
Einschränkung der Arbeiten ... 151

Nach Stalingrad: Die Zeit der Abwicklung 1943 bis 1945 ... 154
Einstellung der Arbeiten und letzte Auswege ... 154
Hinhaltender Widerstand bis zum Ende ... 159
Der Weg in die Nachkriegszeit ... 163

Schlussbetrachtung: Deutschland unter dem Äquator? ... 165

Anhang ... 170
Anmerkungen ... 170
Abkürzungen ... 204
Ungedruckte Quellen ... 205
Ausgewählte Literatur ... 208
Abbildungsnachweis ... 212
Personenregister ... 213
Zum Autor ... 215

Einleitung: Afrika als Option

1918 endete de facto die deutsche Kolonialgeschichte, nicht aber der deutsche Traum von Kolonien. So etablierte sich in der Weimarer Republik und – noch weitaus stärker – im »Dritten Reich« eine einflussreiche kolonialrevisionistische Bewegung. Die Wiedergewinnung der ehemaligen deutschen Kolonien, die mit neu zu erwerbenden Gebieten zu einem mittelafrikanischen Kolonialreich ergänzt werden sollten, wurde nicht nur massiv propagiert. Spätestens ab 1936/37 gab es geheime Planungen, die für alle relevanten Bereiche detaillierte Vorschläge zur Ausgestaltung der Kolonialpolitik unterbreiteten. Nach dem militärischen Sieg über Frankreich wurden diese Planungen intensiviert und zu einem integralen Bestandteil der deutschen Weltherrschaftsbestrebungen. Man wähnte sich bereits im Besitz eigener Kolonien, ja eines ganzen Kolonialreiches vom Indischen bis zum Atlantischen Ozean.

Dieses deutsche »Mittelafrika« sollte in erster Linie der ergänzenden Versorgung der deutschen Wirtschaft mit Rohstoffen und Kolonialprodukten dienen. Es sollte zum Ergänzungsraum für das ebenfalls deutsch dominierte »Neue Europa« werden, das mit den Blitzfeldzügen im Osten, Norden und Westen des Kontinents ab 1939 in Angriff genommen worden war. Angesichts des Arbeitermangels in Afrika erhoben viele Planer die Arbeits- und Sozialpolitik zum »Schlüsselproblem« einer künftigen Kolonisation. Hinzu kam die Frage, wie die wirtschaftliche Ausbeutung intensiviert, aber auch nachhaltig gestaltet werden konnte. Der bisher praktizierte Raubbau an den vorhandenen Rohstoffen hatte sich verheerend ausgewirkt; nun plante man, eine gelenkte Wirtschaft und vor allem eine rationalisierte und modernisierte Landwirtschaft zu etablieren. Diesen und ähnlichen Themen widmeten sich vor allem ab dem Sommer 1940 Berge von Gesetzen und Verordnungen, aber auch zahlreiche praktische Vorbereitungen.

Aus diesen hochfliegenden Kolonialträumen ist bekanntlich nichts geworden, noch nicht einmal annäherungsweise. Und weil dem so ist, mögen die deutschen Kolonialplanungen in den 30er und beginnenden 40er Jahren im Nachhinein wie Sandkastenspiele unterbeschäftigter, lebensfremder Bürokraten anmuten. Das waren sie aber beileibe nicht. Sie setzten vielmehr eine ältere Traditionslinie des deutschen Expansionismus fort, die man schlagwortartig als »Fahrt über See« oder auch als »Weltpolitik« bezeichnen kann. Diese Richtung stand schon immer in einem Spannungsverhältnis zum »Ritt gen Osten« – »der Osten« und »Afrika« waren Konkurrenten sowohl als reale Expansionsziele wie als Phantasieräume.

Der deutsche Anspruch auf afrikanische Kolonien wurde von der Kolonialbewegung auch während der Zeit des Nationalsozialismus aufrechterhalten. Werbeplakat des Reichskolonialbundes, 1937.

Nun hat Hitler niemals einen Hehl daraus gemacht, dass für ihn die Kontinentalexpansion, also das Streben nach »Lebensraum« im Osten, Priorität genoss. Und so ist man – von heute aus betrachtet – geneigt zu sagen, dass sich die nationalsozialistische Außenpolitik geradewegs in Richtung eines deutschen Überfalls auf die Sowjetunion bewegt und ein klares Nacheinander von Kontinental- und Kolonialpolitik vorgesehen habe. Erst nach der erfolgreichen Beherrschung Kontinentaleuropas, einschließlich des europäischen Teils der Sowjetunion, sollte dann die koloniale Expansion folgen, als Sprungbrett für den »Endkampf« mit den Vereinigten Staaten um die Weltherrschaft. Mag ein solcher »Stufenplan« für Hitler selbst gegolten haben, für die kolonial ambitionierten Kreise kann man das nicht behaupten. Die Protagonisten einer kolonialen Expansion hielten an einer Zweigleisigkeit fest, bei der die Errichtung eines Kolonialreichs parallel zur Expansion nach Osten verfolgt werden sollte. Und ihre Zahl war nicht gering.

Sicherlich bildeten die kolonial interessierten und aktiven Personen innerhalb der Herrschaftsstruktur des »Dritten Reichs« nur eine Gruppe unter anderen, aber eine, die sich über fast alle Ressorts und Institutionen erstreckte und so ein Netzwerk aufbaute. Die meisten Beteiligten kamen aus dem kolonialen Milieu respektive der deutschen Kolonialbewegung. Die Institutionen waren über die Mehrfachmitgliedschaften der Planer miteinander verzahnt. In die Planungen schalteten sich aber nicht nur die in der Literatur als notorisch versponnen beschriebenen Kolonialenthusiasten ein, sondern beispielsweise auch – per se als rational kalkulierend geltende – Privatfirmen. Darüber hinaus waren Arbeitsgruppen und Unterabteilungen fast aller Ministerien engagiert, eine Fülle an halbstaatlichen Organisationen und Interessenvertretungen, von den Parteigliederungen der NSDAP einmal ganz abgesehen. Bemerkenswert erscheint nicht zuletzt die massive Beteiligung renommierter Wissenschaftler und wissenschaftlicher Institute aller in Frage kommenden Fachgebiete an den Kolonialplanungen.

Schon die zahlreichen Beteiligten, aber mehr noch die Tatsache, dass die planerischen Aktivitäten riesige Ausmaße annahmen und selbst in Zeiten immer knapper werdender Ressourcen auf allen Führungs- und Funktionsebenen enorme organisatorische, personelle sowie finanzielle Potentiale beanspruchten, gebieten es, die Kolonialplanungen im Nationalsozialismus ernst zu nehmen. Und genau dies beabsichtigt dieses Buch, indem es nicht das Scheitern der nationalsozialistischen Kolonial*politik,* sondern die Ernsthaftigkeit, Beharrlichkeit, Vielfältigkeit und Komplexität der nationalsozialistischen Kolonial*planungen* ins Zentrum der Darstellung rückt und dabei den Schwerpunkt – den historischen Akteuren folgend – auf die wirtschafts- und sozialpolitischen Planungen für die Gebiete des südlich der Sahara gelegenen Afrikas legt.

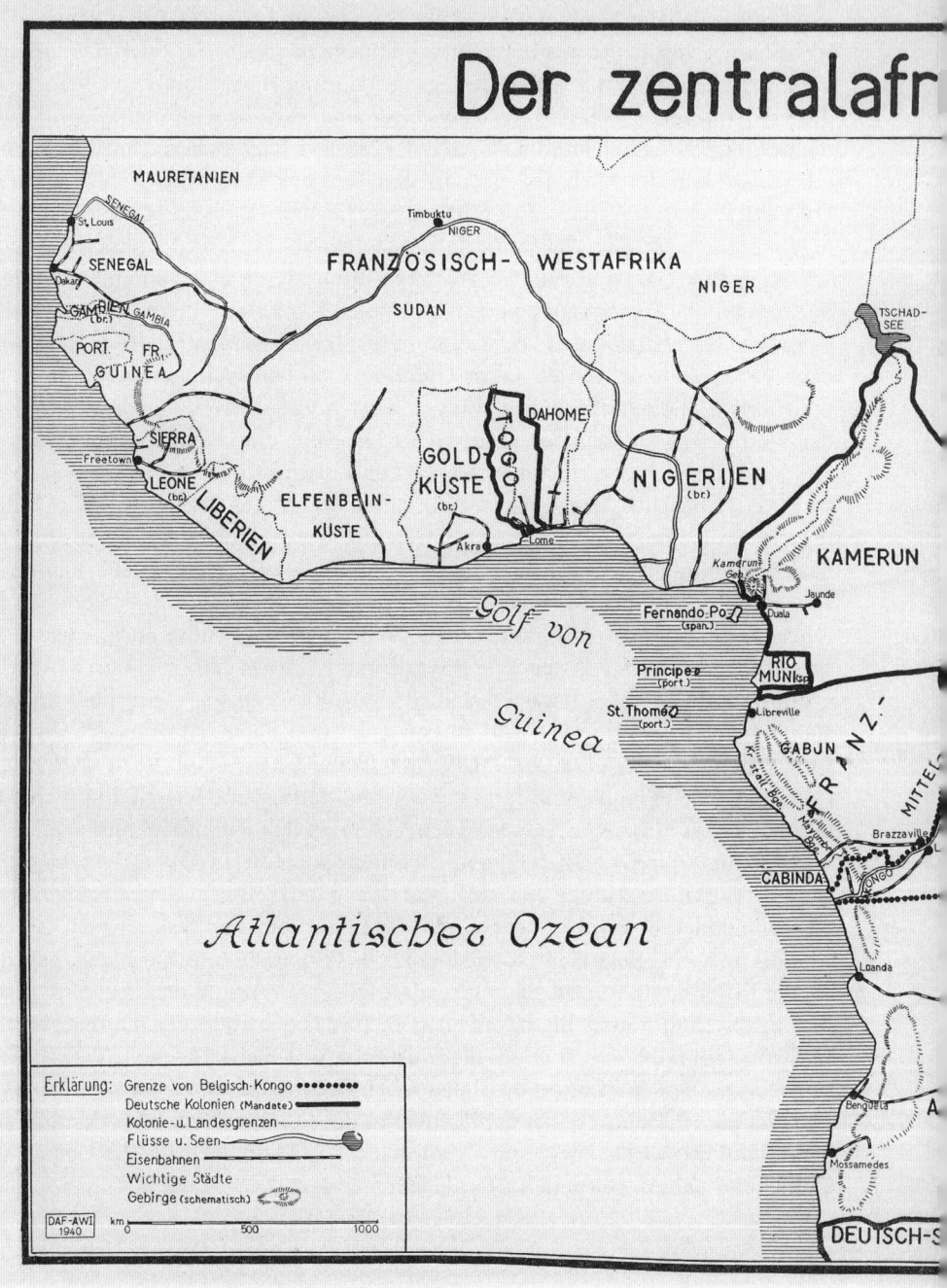

Das Ziel aller kolonialen Bemühungen: aus den verschiedenen Kolonien ein zusammenhängendes deutsches Kolonialimperium in »Mittelafrika« zu schaffen. Zeitgenössische Karte des zentralafrikanischen Raums, 1941.

Vorgeschichte:
Deutscher Kolonialismus mit und ohne Kolonien

Afrikanische Kolonien in deutscher Hand

Die deutsche Kolonialherrschaft in Afrika dauerte wenig mehr als 30 Jahre, von 1884 bis 1918. Sie ist schnell erzählt.[1] In den 40er Jahren des 19. Jahrhunderts hatte eine Welle kolonialer Begeisterung in Deutschland eingesetzt. Handelsinteresse und die Furcht, die eigene Nation komme bei der fortschreitenden Aufteilung der Welt zu kurz, aber auch erste »Weltmacht«-Träume begründeten die Plädoyers für den Anspruch auf »Seegeltung« und die Notwendigkeit großer deutscher Kolonien in Übersee.[2] Mitte der 80er Jahre nahmen die Träume konkrete Gestalt an. Als Schlüsseldokument gilt die durch den norddeutschen Reeder Adolph Woermann initiierte Denkschrift der Hamburger Handelskammer an Bismarck vom 6. Juli 1883. Ihre Forderung richtete sich auf »die Erwerbung einer Flottenstation und eines Küstenstriches zur Gründung einer Handelskolonie«. Als der wenig kolonialbegeisterte Bismarck am 19. Mai 1884 dem als Reichskommissar ausgesandten Afrikaforscher Gustav Nachtigal die Weisung erteilte, neben dem südwestafrikanischen Angra Pequena – der späteren Lüderitz-Bucht – die Bucht von Guinea anzulaufen, handelte es sich nicht zuletzt um den »Schutz« gerade jener Gebiete, die die Handelskammer-Denkschrift als mögliche Kolonie vorgeschlagen hatte. Am 14. Juli 1884 übernahm Nachtigal die Herrschaft über das von Duala-Clans »erworbene« Gebiet am Kamerunfluss. Wenige Tage zuvor, am 5. und 6. Juli, war schon das Togogebiet unter kaiserlichen Schutz gestellt worden. In Südwestafrika »erwarb« der Bremer Tabakwarenhändler Adolf Lüderitz Land, für das ebenfalls der Reichsschutz erklärt wurde. Ähnliches ereignete sich in Ostafrika, wo der Kolonialpropagandist und Abenteurer Carl Peters Gebiete »erworben« hatte. Auch er bat um einen »Schutzvertrag« des Deutschen Reiches und erhielt ihn im Februar 1885.

Trotz der gewährten »Schutzverträge« blieb die Unterstützung der in Afrika agierenden privaten Kolonialgesellschaften durch die deutschen Reichsbehörden in dieser Phase halbherzig. Bismarck setzte auf die Initiative der Privatwirtschaft und hatte seine Zusagen an die deutschen Kolonisatoren lediglich auf militärischen Schutz und grundlegende Verwaltungsaufgaben bezogen.[3] Bismarcks Hoffnungen, ein direktes staatliches Engagement vermeiden zu können, zerschlugen sich jedoch rasch, da die Kolonialgesellschaften nicht in der Lage waren, die Kolonien zu verwalten, geschweige denn zu entwickeln.[4] Nach Unruhen in Südwestafrika entsandte das Reich 1887 eine kleine, als Expedition getarnte Schutztruppe. Das

»Besitzergreifung von Kamerun«. Der »Reichsbeauftragte« Gustav Nachtigal lässt die deutsche Flagge in Kamerun hissen. Zeitgenössisches Reklamesammelbild der Berliner Schokoladenfabrik Theodor Hildebrand & Sohn, um 1910.

war der zweite entscheidende Schritt auf dem Weg zur Etablierung einer formell-direkten Territorialherrschaft.[5] Und auch in Ostafrika sah sich die Reichsregierung zum Handeln gezwungen, als Peters' Deutsch-Ostafrikanische Gesellschaft des 1888 ausgebrochenen sogenannten Araberaufstandes nicht Herr wurde, und finanzierte eine »Schutztruppe« unter dem Befehl Hermann von Wissmanns. Nach der erfolgreichen Mission Wissmanns und der Ablösung des in Kolonialfragen zögerlichen Bismarck nahm das Deutsche Reich die Sache selbst in die Hand. Nach einer Entschädigungszahlung an die Deutsch-Ostafrikanische Gesellschaft gingen die aus dem »Schutzvertrag« von 1885 abgeleiteten Hoheitsrechte am 1. Januar 1891 an das Reich über. Am 14. Februar 1891 übernahm Julius Freiherr von Soden als erster ziviler Gouverneur die nunmehrige Kolonie Deutsch-Ostafrika.

Von diesem Zeitpunkt an nahm das Deutsche Reich die Kolonien schrittweise ernster; der Traum vom »Platz an der Sonne« konkretisierte sich.[6] Die Berliner Kolonialverwaltung wurde kontinuierlich aufgewertet, ein Kolonialdirektor eingesetzt, ein Kolonialrat gebildet, Gouverneure und Leitungspersonal strenger kontrolliert. Um die Jahrhundertwende entstand dann eine Reihe von Einrichtungen, die sich der Erforschung und Entwicklung der deutschen Kolonien annahmen: 1896 das Kolonialwirtschaftliche Komitee, 1899 die Deutsche Kolonialschule in Witzenhausen, 1900 das Institut für Schiffs- und Tropenkrankheiten in Hamburg und 1902 das Biologisch-Landwirtschaftliche Institut in Amani in

Die »wissenschaftliche« Kolonialpolitik: Blick in das 1902 gegründete deutsche Landwirtschaftlich-Biologische Institut in Amani (Deutsch-Ostafrika), 1938.

Deutsch-Ostafrika. Wissenschaftliche Informationen wurden zur Grundlage der Beherrschung.[7]

Völlig überraschend für die deutsche Kolonialverwaltung kam es zwischen 1904 und 1907 zu großen Aufständen: dem Herero-Nama-Krieg in Südwestafrika, der nach der Schlacht am Waterberg zum Vernichtungskrieg wurde, und dem Maji-Maji-Aufstand in Ostafrika, dem mehr als 100 000 Afrikaner zum Opfer fielen. Die Kriege und die brutale deutsche Kriegsführung lösten einen Schock in Deutschland aus und sorgten im Reichstag für erregte Debatten. 1907 wurde zu einem Wendejahr der deutschen Kolonialpolitik. Nach der sogenannten Hottentottenwahl, die im Reichstag eine kolonialfreundliche Mehrheit schuf, wurde ein Kolonialstaatssekretariat unter Leitung des linksliberalen Bankiers Bernhard Dernburg eingerichtet. Dernburg führte ein modernisiertes koloniales Management ein. Er sprach von einer »Kolonisation der Erhaltungsmittel«, von einer »Hebung der Eingeborenenkultur« und wertete die Afrikaner nun als wirtschaftliches »Aktivum«. Mit seinen Maßnahmen strebte er eine »wissenschaftlichere«, rationalere Kolonialpolitik, Reformen der kolonialen Verwaltung, staatliche Entwicklungsprogramme für die Kolonialwirtschaft und den Schutz der einheimischen afrikanischen Bevölkerung an.[8]

In den verbleibenden sieben Jahren bis zum Beginn des Ersten Weltkriegs wurde die reale Kolonialpolitik durch viel weiter reichende Visionen und Pläne flankiert. Sie zielten auf eine Vergrößerung der bestehenden Kolonien, vor allem aber auf deren räumliche Verbindung, auf ein deutsches »Mittelafrika«. Es sollte in erster Linie auf Kosten portugiesischen und belgischen Kolonialbesitzes verwirklicht werden. So gab es Anstrengungen des Deutschen Reiches, Teile der portugiesischen Kolonien Moçambique und Angola zu erwerben. Im Zuge der zweiten Marokko-Krise 1911 erhoffte sich der Leiter des Auswärtigen Amts, Alfred von Kiderlen-Wächter, den Zugriff auf den französischen Kongo. Dahinter verbarg sich als eigentliches Ziel der Belgische Kongo, das Herzstück eines zusammenhängenden deutschen Kolonialreiches in Mittelafrika.[9] Obwohl sich diese Pläne nicht realisieren ließen, bildete das Mittelafrika-Konzept ab 1911 einen festen Bestandteil der deutschen Überseepolitik.[10] Es prägte die Kriegszielprogramme des Ersten Weltkriegs ebenso wie 20 Jahre später die Kolonialplanungen im Nationalsozialismus.[11]

Krieg in den Kolonien und Kriegszielplanungen

Die deutschen Schutztruppen waren mit ihrer geringen Stärke nicht auf einen Krieg in den Kolonien eingestellt; ihre Aufgabe hatte bis dahin in erster Linie in der Aufrechterhaltung der inneren Sicherheit und Ordnung sowie der Aufstandsbekämpfung gegen die Afrikaner bestanden. Dennoch formulierte man in Berlin am Beginn des Ersten Weltkriegs hochfliegende Kriegsziele in Bezug auf die Kolonien.[12]
Bereits in den Augustwochen 1914 fanden im Auswärtigen Amt Besprechungen über die Abrundung und Erweiterung des deutschen Kolonialbesitzes in Afrika

statt. Wilhelm Heinrich Solf, Staatssekretär im Reichskolonialamt, legte am 28. August 1914 ein Programm zur deutschen Expansion in Afrika vor. Er ging bei seiner »Verteilung der afrikanischen Kolonien Frankreichs, Belgiens und Portugals« von Angola, dem Belgischen Kongo und Französisch-Äquatorialafrika, Dahomey und einem Teil Senegambiens aus. Ein deutsches »Mittelafrika« bildete ab jetzt ein offizielles Kriegsziel.[13] Die sich daran anschließenden zahlreichen Kriegszielplanungen für Afrika mochten sich zwar in Einzelfragen unterscheiden, doch sie beinhalteten alle ein deutsches »Mittelafrika« mit dem Belgischen Kongo als Kerngebiet. Bei der Schwerindustrie und den Deutschnationalen kam Marokko als wichtiges Expansionsziel hinzu. Der Vorsitzende des Alldeutschen Verbandes, Heinrich Claß, verlangte gar im September 1914 nichts weniger als die Aneignung nahezu aller Kolonien der übrigen europäischen Länder.[14]

Wie weltfremd solche Kriegsziele waren, zeigte sich umgehend. Die schwachen deutschen »Schutztruppen« wurden fast überall schnell von den aus den umliegenden Kolonien angreifenden, überlegenen alliierten Streitkräften besiegt.[15] In Togo stellten die deutschen Truppen ihren Widerstand schon nach wenigen Wochen ein. In Kamerun wurde die Küstenstadt Duala am 28. September 1914 von britischen und französischen Verbänden kampflos eingenommen, die deutschen Truppen zogen sich ins Landesinnere zurück und wurden dort Ende 1915 zusammengedrängt. Die Reste der »Schutztruppe« wichen Anfang 1916 über die Grenze nach Spanisch-Guinea aus. Ihnen gelang es, sich zur Küste durchzuschlagen und sich dort internieren zu lassen. Durch den überraschenden Kriegseintritt der Südafrikanischen Union besetzten deren Soldaten bereits im Mai 1915 Windhuk; die »Schutztruppe« in Deutsch-Südwestafrika ergab sich am 9. Juli 1915. Allein in Ostafrika behaupteten sich die von General Paul von Lettow-Vorbeck befehligten deutschen Truppen, unterstützt durch afrikanische Hilfstruppen, den Askaris, mit einer hinhaltenden Kriegführung, die in erster Linie feindliche Kräfte binden sollte.

Angesichts dieser Situation reduzierte die Reichsleitung im Herbst 1916 ihre kolonialen Kriegsziele auf eine Wiederherstellung des Status vor dem Krieg. Dem widersprach die Oberste Heeresleitung und hielt – neben der ebenfalls geforderten Rückgabe der deutschen Kolonien – den Anspruch auf den Kongostaat aufrecht. Auch die Marineführung ließ sich nicht beirren und legte besonderen Wert auf die Schaffung eines Stützpunktsystems an den afrikanischen Küsten.[16] General Erich Ludendorff formulierte schließlich gegenüber der Reichsleitung am 23. Dezember 1917 das Kolonialprogramm der Obersten Heeresleitung: »ein großes afrikanisches Kolonialreich quer durch Afrika mit Marinestützpunkten an den Küsten des Indischen und Atlantischen Ozeans.« Diese Rückkehr zu den ursprünglichen maximalen Kriegszielen wurde von Solf im Januar 1918 ausdrücklich begrüßt.[17] Zu diesem Zeitpunkt kämpfte allein Lettow-Vorbecks Truppe noch. Nach dem Verlust des Kolonialgebietes hatte er sich mit seiner arg dezimierten Truppe über die Grenze zurückgezogen und die Kampfhandlungen in Portugiesisch-Ostafrika und Rhodesien bis zum Waffenstillstand im November 1918 fortgesetzt. Er kapitulierte schließlich am 14. November 1918 in Nordrhodesien.

Rasch besiegte deutsche Truppen: Der kurze Erste Weltkrieg in Kamerun; Oberarzt Dr. Falb mit Revolverkanone, 1914.

Damit war de facto die deutsche Kolonialherrschaft zu Ende. Doch sogleich regte sich Widerstand. Nur zwei Tage nach der Kapitulation Lettow-Vorbecks forderte die Deutsche Kolonialgesellschaft (DKG) den Rat der Volksbeauftragten auf, bei den kommenden Friedensverhandlungen mit Nachdruck auf die Notwendigkeit kolonialen Besitzes für Deutschland hinzuweisen. Am 20. Januar 1919 – einen Tag nach den Wahlen zur Nationalversammlung und zwei Tage nach dem Beginn der Friedenskonferenz – veröffentlichte die DKG einen »Aufruf an unsere Mitbürger für die Wiedererlangung unseres Kolonialbesitzes«, der breite Resonanz fand.[18] Am 2. März 1919 zog die in Deutschland als unbesiegt geltende Truppe Lettow-Vorbecks im Triumphzug durch das Brandenburger Tor.[19] Dieser Stimmung Rechnung tragend, versuchte die deutsche Delegation bei den Verhandlungen alles, um den Verlust der deutschen Kolonien zu verhindern; sie attackierte vor allem den Artikel 119 des Friedensvertrages. Dort hieß es: »Deutschland verzichtet zugunsten der hauptsächlichen alliierten und assoziierten Mächte auf alle seine Rechte und Ansprüche seiner überseeischen Besitzungen.« Die deutsche Regierung erachtete das für unrechtmäßig und antwortete darauf am 29. Mai 1919 mit dem Vorschlag, eine Gemeinschaftsverwaltung des Völkerbunds für die Kolonien einzuführen und Deutschland als Mandatar einzusetzen. Die Replik der Alliierten fiel deutlich aus: »Deutschlands Versagen auf dem Gebiete der kolonialen Zivilisation ist zu deutlich klargestellt worden, als daß die

Der laut der deutschen Propaganda »unbesiegte Kolonialheld«: Einzug Lettow-Vorbecks mit den Resten seiner Truppe in Berlin, März 1919.

alliierten und assoziierten Mächte ihr Einverständnis zu einem zweiten Versuch geben und die Verantwortung dafür übernehmen könnten, 13 bis 14 Millionen Eingeborener von neuem einem Schicksal zu überlassen, von dem sie durch den Krieg befreit worden sind.«[20] Alles deutsche Protestieren half nichts – am 28. Juni 1919 unterzeichnete die deutsche Delegation zähneknirschend den Versailler Friedensvertrag.

»Kolonialschuldlüge« und Rassismus

Rückblickend fällt das Resümee der deutschen Kolonialherrschaft ernüchternd aus: Insgesamt lebten vor Kriegsbeginn in allen deutschen Kolonien lediglich knapp 24 000 Deutsche – eine verschwindend geringe Zahl. Der Anteil der Kolonien am Export machte 1913 nur knapp 0,6 Prozent des deutschen Außenhandels aus. Ihr Anteil am Import betrug in diesem Jahr 0,5 Prozent, bei seit 1910 fallender Tendenz. Dafür verursachten die Kolonien enorme Kosten, vor allem bei der Niederschlagung der Aufstände. Auch wenn die Kolonien einzelnen privaten Interessenten einträgliche Geschäfte und gute Gewinne verschafft hatten, so waren sie, von staatlicher Seite aus betrachtet, ein riesiges Verlustgeschäft gewesen: Die Reichszuschüsse zwischen 1884 und 1914 beliefen sich auf 646 Millionen Mark.

Deutschland hätte also 1919 aufatmen können, dass man durch den Krieg von den Kosten und Lasten eines wirtschaftlich nicht einträglichen Kolonialreiches befreit worden war. Das wurde allerdings von den Zeitgenossen ganz anders gesehen. Plötzlich war man, obwohl man sich noch als Großmacht fühlte, zu einer »postkolonialen« Nation in einer ansonsten nach wie vor kolonialen Welt geworden. Die als ungerecht empfundene »Wegnahme« der Kolonien wurde geradezu zu einem Symbol für die in Versailles festgeschriebene neue Weltordnung – und Deutschlands untergeordnete Rolle darin.[21] Dem Verlust der Kolonien folgte ein kollektiver Aufschrei, wohl nie waren sie populärer. Ihr Wiedererwerb bildete eine Frage des nationalen Prestiges.[22] Der erbitterte Kampf gegen die »Kolonialschuldlüge«, die den deutschen Nationalstolz tief verletzte, wurde in der Weimarer Republik zu einem Eckpfeiler der gesamten Bemühungen, die Bestimmungen des Versailler Vertrags rückgängig zu machen. Der Ausdruck »Kolonialschuldlüge« wurde von Heinrich Schnee, dem letzten Gouverneur von Deutsch-Ostafrika, in einer 1924 erschienenen Streitschrift geprägt. Schnee drehte die von den Alliierten erhobenen Beschuldigungen um und wollte beweisen, dass die anderen Kolonialmächte eigentlich wesentlich schlimmer in ihren Kolonien agiert hätten als die Deutschen. Als großes Kulturvolk hätten die Deutschen das Recht, an der Kolonisation mitzuarbeiten.[23] Große Worte, die vom Umgang mit Schwarzen in Deutschland gerade in der Anfangszeit der Weimarer Republik Lügen gestraft wurden.

Bis zum Ende des Ersten Weltkrieges hatten offenbar die meisten in Deutschland lebenden Afrikaner, die zuvor als Darsteller in Völkerschauen gearbeitet hatten oder als Söhne der jeweiligen Elite einer Kolonie zur Ausbildung nach Deutschland gekommen waren,[24] das Deutsche Reich verlassen. 1919 schätzte das Auswärtige Amt die Zahl der in Deutschland lebenden Afrikaner aus den ehemaligen Kolonien auf 25 bis 30 Personen. Aber nicht sie, sondern die an Rhein und Ruhr stationierten farbigen französischen Besatzungssoldaten beschäftigten unmittelbar nach dem Ersten Weltkrieg die deutsche Öffentlichkeit und Politik.[25]

Am 19. Mai 1920 richteten Angehörige aller in der Nationalversammlung vertretenen Parteien – mit Ausnahme der USPD – eine gemeinsame Anfrage an die Reichsregierung, in der sie die »missbräuchliche Verwendung der Farbigen« als eine »unauslöschliche Schmach« für das deutsche Volk anprangerten. Insgesamt wirkte die Besetzung durch die Siegermächte schockierend auf die deutsche Bevölkerung, der Einzug farbiger Okkupationstruppen steigerte das Gefühl der nationalen Erniedrigung noch zusätzlich.[26] Kritik an der Besatzung und rassistische Propaganda gingen Hand in Hand. Zeitgenössischen Berichten zufolge waren farbige Soldaten an Belästigungen deutscher Frauen zwar weniger häufig beteiligt als weiße französische, doch in der einsetzenden Propagandakampagne wurden die farbigen Soldaten systematisch als »Untermenschen« diffamiert, die von einem triebhaften, ungezügelten, »raubtierwollüstigen« Sexualverhalten beherrscht seien. Die deutsche Frau als Opfer »zügelloser schwarzer Sinnengier« stand im Zentrum des Protestes.[27]

Afrikaner als Besatzungstruppen in Deutschland: deutsche Frauen als Objekte »wollüstiger Neger«. Propagandaplakat gegen die »Schwarze Schmach«, ca. Anfang der 20er Jahre.

Bis 1923, als die Kampagne abebbte, hatte sie mit einem bis dahin beispiellosen Aufwand und unter Verwendung des Films, vor allem aber der Presse, durch Vorträge und öffentliche Kundgebungen, ja selbst durch das Prägen besonderer Münzen und die Komposition von Schlagern versucht, ein Schreckensbild zu entwerfen. Primäres Ziel dieser Propaganda gegen die »Schwarze Schmach« war es, die Weltöffentlichkeit gegen Frankreich aufzubringen und zur Revision des Versailler Vertrages sowie zum Abzug der farbigen Truppen zu bewegen. Gleichzeitig gibt sie aber Einblicke in die rassistische Einstellung der einflussreichen, meinungsbildenden Bevölkerungskreise Deutschlands.[28]

Zur gleichen Zeit blieb der juristische Status der aus den ehemaligen deutschen Kolonien stammenden Afrikaner unklar, das Auswärtige Amt deklarierte sie überwiegend zu Staatenlosen. Dadurch waren die häufig als Musiker oder in künstlerischen Berufen Tätigen bei Arbeitslosigkeit in ihrer Existenz bedroht.[29] Das Auswärtige Amt fürchtete allerdings aus Prestigegründen ihre Verelendung, denn schließlich sollten sie bei ihrer Rückkehr nach Afrika ein positives Deutschlandbild vermitteln und damit die deutschen Revisionsforderungen unterstützen. Damit war das grundsätzliche und bis Anfang der 40er Jahre dauernde Spannungsverhältnis vorgegeben, in dem sich die deutsche Politik gegenüber den Kolonialafrikanern bewegte: Förderung ihrer »freiwilligen« Ausreise unter Sicherung ihrer Existenz in der verbleibenden Zeit des Aufenthalts in Deutschland.[30]

In diesem Sinne beauftragte das Auswärtige Amt Anfang 1926 die Deutsche Gesellschaft für Eingeborenenkunde mit der Betreuung der aus den ehemaligen Kolonien Stammenden. Sie sollte eine vorübergehende Unterstützung jener »Eingeborenen« der früheren Schutzgebiete leisten, die ohne eigene Schuld in finanzielle Not geraten waren. Zunächst erfolgte ihre systematische Erfassung, denn bei aller Unterstützung stand der Kontrollaspekt durchaus im Vordergrund. Ebenfalls aus Gründen der außenpolitischen Imagepflege erfolgten 1928 die Auszahlungen des ausstehenden Soldes an die ehemaligen afrikanischen Askari. Dadurch sollte das Bild einer Kolonialmacht, die sich um »ihre« Kolonisierten kümmert, unterstrichen werden. Mit Beginn der Weltwirtschaftskrise 1929 wurde die Situation der in Deutschland lebenden Afrikaner jedoch immer kritischer: Sie fanden kaum mehr Arbeit und wurden durch einen zunehmend offeneren Rassismus bedrängt.[31]

Kolonialrevisionismus in der Weimarer Republik

In der sich formierenden kolonialrevisionistischen Bewegung der Weimarer Republik sammelten sich vor allem solche Personen, die ein unmittelbares Interesse an kolonialen Angelegenheiten hatten, sei es als ehemalige Siedler, Beamte und Offiziere, sei es als Vertreter von einschlägigen Firmen oder Banken. Durch persönliche Verbindungen innerhalb der gesellschaftlichen und wirtschaftlichen Eliten verfügte die Bewegung über Einflussmöglichkeiten in der Politik und in den Medien, die weit über ihre zahlenmäßige Bedeutung hinausreichten.[32]

Gegenüber den kleineren Organisationen kann man die relativ große DKG als »Speerspitze« des Kolonialrevisionismus während der Weimarer Republik bezeichnen. Die DKG war 1887 aus dem Zusammenschluss des Deutschen Kolonialvereins und der Gesellschaft für deutsche Kolonisation hervorgegangen. Ihr Ziel war es, den Kolonialgedanken sowohl mit gezielter Werbung und Propaganda äals auch mit Lobbyarbeit im Volk zu festigen. Es gelang ihr aber trotz aller Bemühungen nicht, der Kolonialfrage während der Weimarer Republik Priorität zu verschaffen. Sie konnte die Euphorie für die verlorenen Kolonien nach Kriegsende auch nicht dazu nutzen, neue Mitglieder zu gewinnen, ganz im Gegenteil. Verfügte die DKG vor dem Krieg noch über 40 000 Mitglieder, so waren es in der zweiten Hälfte der Weimarer Republik durchschnittlich 25 000.

Am 16. September 1922 führte die allgemeine wirtschaftliche Krise auch zu einer finanziellen Krise der Kolonialbewegung. In der Folge kam es zur Gründung der Kolonialen Reichsarbeitsgemeinschaft (Korag) als einer Dachorganisation der kolonialen Verbände, um die kolonialrevisionistischen Aktivitäten zu koordinieren.[33] Die DKG reihte sich ein, blieb aber die führende Organisation unter dem Dach der Korag. Die Koloniale Reichsarbeitsgemeinschaft diente der Sammlung und Mobilisierung aller kolonialpolitischen Kräfte und beabsichtigte, »die Überzeugung von der Notwendigkeit eigenen Kolonialbesitzes zum Gemeingut des gesamten deutschen Volkes zu machen, die Lüge von der deutschen Kolonialunwürdigkeit und Unfähigkeit zu widerlegen und einen Mittelpunkt zur Zusammenfassung aller kolonialen Bestrebungen zu schaffen«. Das Korag-Programm von 1925 forderte in erster Linie die Rückgabe der ehemaligen deutschen Kolonien.[34]

Im Dezember 1927 veröffentlichte die Zeitschrift *Europäische Gespräche* die Ergebnisse einer Umfrage unter 200 Persönlichkeiten des öffentlichen Lebens, von denen 50 Antworten publiziert wurden. Die Zeitschrift hatte gefragt, ob das Deutsche Reich den Erwerb von Kolonien anstreben, sich mit einem Mandat oder gar nur mit der Gleichberechtigung mit anderen Nationen in fremden Kolonien begnügen sollte. Die Antworten boten einen Überblick über die Haltung der deutschen Eliten zur kolonialen Frage. Der Kölner Oberbürgermeister und spätere Vizepräsident der DKG, Konrad Adenauer, votierte für Kolonialbesitz: »Das Deutsche Reich muß unbedingt den Erwerb von Kolonien anstreben. Im Reiche selbst ist zu wenig Raum für die große Bevölkerung. [...] Wir müssen für unser Volk mehr Raum haben und darum Kolonien.«[35] Skeptisch wie der Bonner Professor der Volkswirtschaftslehre, Moritz Julius Bonn, zeigten sich nur wenige der Befragten. Er hielt eine Massenansiedlung in Afrika für unmöglich und relativierte den wirtschaftlichen Nutzen der Kolonien. Für ihn zeigte das gesamte Kolonialsystem bereits Risse: »Die Grundlagen der gesamten europäischen Kolonisationspolitik sind erschüttert.«[36]

Die Kolonialbewegung entfaltete eine rege Werbeaktivität: Sie organisierte Vorträge, auch mit Lichtbildern und Filmen, gab Zeitschriften heraus und veranstaltete Kolonialausstellungen. Dazu kamen jährliche öffentlichkeitswirksame Kongresse sowie die Errichtung von Kolonialdenkmälern. Große Bedeutung besaß in dieser Hinsicht dass 1922 eingeweihte Wissmann-Denkmal in Hamburg, das in den folgenden Jahren zu einer Art Pilgerstätte der kolonialrevisionistischen Bewegung wurde.[37] Noch spektakulärer war der Erfolg des 1926 von Hans Grimm verfassten Romans *Volk ohne Raum*. Er wurde zu einem Bestseller, von dem sich bis 1940 fast eine halbe Million Exemplare verkauften. Der Titel selbst löste sich vom Buch und wurde ab 1933 ausgerechnet zum Inbegriff der deutschen Ostexpansion.[38]

Zudem konnte sich die kolonialrevisionistische Bewegung auf einen breiten parteipolitischen Konsens stützen. Fast alle politischen Parteien – mit Ausnahme der Kommunisten – standen der Kolonialfrage positiv gegenüber; ob dies aus inhaltlichen oder nur aus rein taktischen Gründen geschah, sei dahingestellt. Eher taktische Erwägungen mögen etwa die NSDAP bewogen haben, in ihr Programm vom 24. Februar 1920 den Punkt 3 einzufügen: »Wir fordern Land und Boden (Kolonien) zur Ernährung unseres Volkes und Ansiedlung unseres Bevölkerungsüberschusses.« Beim kolonialen Engagement der bürgerlich-antidemokratischen DNVP spielten mehr allgemeine machtpolitische Motive die entscheidende Rolle. Im DNVP-Programm hieß es: »Die Freiheit des deutschen Volkes von fremder Zwangsherrschaft ist die Voraussetzung der nationalen Wiedergeburt. Darum erstreben wir [...] den Wiedererwerb der für unsere wirtschaftliche Entwicklung notwendigen Kolonien.« Größten Widerhall fand der Kolonialrevisionismus bei der DVP: »Die Deutsche Volkspartei wird alles daransetzen, um für Deutschland ein seinen wirtschaftlichen Bedürfnissen entsprechendes Kolonialland wiederzuerlangen.« Die katholische Zentrumspartei postulierte Ähnliches: »Deutschland hat einen unveräußerlichen Anspruch auf einen angemessenen Kolonialbesitz und auf Teilnahme an der kolonialen Kulturarbeit.« Der kolonialrevisionistische Flügel der SPD schließlich gruppierte sich um die Zeitschrift *Sozialistische Monatshefte*. Die den Gewerkschaften nahestehenden SPD-Parlamentarier unterstützten die kolonialen Forderungen ebenfalls mit dem Argument angeblicher wirtschaftlicher Notwendigkeit. Diese parteiübergreifende Stimmung nutzend, gründete am 20. Mai 1925 der ehemalige Kolonialminister Johannes Bell vom Zentrum die »Interfraktionelle koloniale Vereinigung«. Ihre Mitglieder kamen aus allen Parteien, von der

Cover des Bestsellers *Volk ohne Raum* von Hans Grimm – ein Roman über Deutsch-Südwestafrika, dessen Titel zum Schlagwort für die Ostexpansion werden sollte, 1931 (zuerst 1926).

NSDAP bis zur SPD.[39] Die Kolonialbewegung betonte stets ihre Überparteilichkeit und innenpolitische Integrationsfunktion. Sie wollte über die koloniale Forderung die Einheit des deutschen Volkes herstellen, eine »Brücke zwischen den Klassen« sein und fühlte sich als richtungweisende »Elite in der Elite« des Weimarer Revisionismus.[40]

Was die offizielle Regierungspolitik betrifft, so war die Reichsregierung öffentlich von Anfang an für eine Rückgabe der Kolonien eingetreten. Allerdings deuteten die organisatorischen Maßnahmen schon früh in eine andere Richtung: Das erst 1919 in ein Reichskolonialministerium umgewandelte Reichskolonialamt wurde bereits 1920 wieder aufgelöst, seine Aufgaben dem Ministerium für Wiederaufbau zugeteilt. Die Zuständigkeit für kolonialpolitische Fragen wurde 1924 schließlich dem Auswärtigen Amt übertragen.[41] Nachdem man lange mit der kolonialen Bewegung zusammengearbeitet hatte, kam es ab Mitte der 20er Jahre aufgrund ausbleibender Erfolge zunehmend zu Spannungen. Die Korag und mit ihr die DKG warfen der Reichsregierung vor, sich nicht entschieden genug für die Rückgewinnung der ehemaligen Kolonien einzusetzen, und versuchten, den politischen Druck zu erhöhen.[42]

Da es der Kolonialbewegung trotz all ihrer Aktivitäten nicht gelungen war, neue Mitglieder zu gewinnen,[43] machte die DKG Ende der 20er Jahre Anstalten, ihre soziale Basis zu verbreitern, vor allem hinein in die Arbeiterschaft. Die DKG ging zwar auch weiterhin davon aus, dass der koloniale Gedanke nie zu einer Massenorganisation führen werde, da er aber in vielen Parteien und Schichten des Volkes Gemeingut bleibe, könne für ihn von der DKG als »kleinem Stoßtrupp« bei Bedarf mobilisiert werden.[44] Eine weitere wichtige Zielgruppe bildete die Jugend, die bis dahin vernachlässigt worden war. In den Richtlinien des Jugendausschusses der DKG von 1929 wurde ein »niederschwelliges Angebot« unterbreitet. Nicht der Eintritt in eine vereinsmäßige Gruppe war Voraussetzung, sondern »die lose geistige Gemeinschaft«. Aber die intensivierte Werbekampagne hatte kaum greifbare Erfolge.[45]

Dennoch gingen die Kolonialrevisionisten zu dieser Zeit auf Konfrontationskurs mit der Regierung in Berlin. Am 24. Juni 1929 fand im Reichstag eine Kolonialdebatte statt, bei der mehrere Kolonialpolitiker die Reichsregierung zu einer klaren Stellungnahme aufforderten. Außenminister Stresemann erklärte, dass Deutschland von den Völkerbundmächten erwarten dürfe, zu gegebener Zeit aktiv am Mandatssystem beteiligt zu werden.[46] DKG-Präsident Theodor Seitz wandte sich daraufhin im August 1929 in einem Schreiben an den NSDAP-Reichstagsabgeordneten und Präsidenten des Deutschen Kolonialkriegerbundes, Franz Xaver Ritter von Epp: »Ich sehe keinen Weg mehr, im Benehmen mit der Regierung auch nur das geringste zu erreichen, und wir stehen deshalb vor der Frage, ob es nicht angebracht ist, auch öffentlich in scharfe Opposition zu der jetzigen Politik der Regierung bezüglich der Mandate zu treten.« Das brauchte man Epp, der 1928 in die NSDAP eingetreten war, nicht zweimal anzutragen. Er antwortete, er habe »seit langem die ernstesten Zweifel, daß es der Regierung mit der Vertretung der kolonialen Belange in unserem Sinne Ernst sei, und glaube, daß eine scharfe Opposition zu der jetzigen Politik der Regierung der einzige Weg« sei.[47]

Im Sommer 1931 erklärte Seitz in vermeintlicher Übereinstimmung mit den Zielen Hitlers: »Auch wir fühlen, wie Adolf Hitler, die brennende Wunde im Osten des Reichs und sind der Ansicht, daß die Hauptaufgabe der deutschen Gegenwart der Kampf gegen den Ansturm des Slawentums im Osten ist. Wir verlangen wie er Rückgabe der alten deutschen Gebiete [...], aber wir halten das Ziel nur für erreichbar durch Heranziehung überseeischer, besonders auch tropischer Gebiete, die uns an Rohstoffen und Genussmitteln im wesentlichen das bieten, was Mitteleuropa nicht zu produzieren vermag.«[48] Um an der Standhaftigkeit der DKG in der deutschen Öffentlichkeit und im Ausland keine Zweifel aufkommen zu lassen, verbreitete Heinrich Schnee, der Seitz als DKG-Präsident abgelöst hatte, im September 1931 einen Aufruf, der schon deutlich von dieser Annäherung an die Nationalsozialisten geprägt war: »Nach unserer Überzeugung reicht der begrenzte mitteleuropäische Raum nicht aus für die wirtschaftliche Erhaltung, die soziale Gesundung, die geistige Weiterentwicklung und zahlenmäßige Entfaltung der deutschen Volksgemeinschaft. Wir benötigen hierfür die Gewinnung neuer deutscher Lebensräume in Übersee. [...] Auch wir erblicken in der Herbeiführung der Lösung der Ostfragen eine Hauptaufgabe der deutschen Politik. Aber ebenso wichtig erscheint uns die Gewinnung überseeischen Raumes für unser Volk.«[49] Die Hoffnungen, die die Kolonialbewegung schließlich in die Nationalsozialisten setzte, verstellten ihr zusätzlich den Blick für die Realität. Sie war selbst Teil eines taktischen Kalküls und zusammen mit ihren Standesgenossen bloß ein Helfer Hitlers auf dem Weg zur Macht. Ihm spielte das Selbstverständnis einer von den Verhältnissen enttäuschten Elite in die Hände.[50]

Ehemalige Kolonialpolitiker als Kolonialrevisionisten: Theodor Seitz, Gouverneur von Kamerun zwischen 1907 und 1910, Präsident der Deutschen Kolonialgesellschaft.

Die Zeit der Weichenstellung: 1933 bis 1936

Nazifizierung und Gleichschaltung der Kolonialbewegung

Nach dem 30. Januar 1933 setzte die NSDAP erst langsam neue Akzente auf kolonialpolitischem Gebiet. Einem Vertreter des *Sunday Express* diktierte Hitler am 11. Februar 1933 in den Notizblock: »Was unsere Überseekolonien betrifft, so haben wir koloniale Bestrebungen keinesfalls aufgegeben. […] Es gibt eine große Menge Dinge, die Deutschland aus den Kolonien beziehen muß, und wir brauchen Kolonien genau so nötig, wir irgendeine andere Macht.«[1] Solche und ähnliche Äußerungen blendeten die kolonialen Aktivisten und ließen sie daran glauben, dass die neue Regierung das koloniale Bekenntnis auch durch die Tat beweisen werde. Nach einem Treffen von Hitler und Heinrich Schnee, dem Präsidenten der Deutschen Kolonialgesellschaft (DKG), am 30. März 1933 hofften diese Kreise auf »die endliche Verwirklichung des kolonialen Zieles«.[2] Ein Symbol für den Übergang der Kolonialbewegung von der Weimarer Republik in die NS-Zeit bildete die im Mai 1933 eröffnete Berliner Kolonialausstellung, die mit großem Aufwand die Notwendigkeit von Kolonien demonstrieren sollte.[3]

Die Nationalsozialisten ergriffen die Initiative und forderten zunächst einen Umbau der DKG. Die DKG kooperierte dabei bereitwillig. Der jüdische SPD-Reichstagsabgeordnete und Mitglied ihres Hauptausschusses Max Cohen-Reuß legte sein Amt auf der Sitzung am 5. Mai 1933 »freiwillig« nieder. Gleichzeitig beriet die DKG über organisatorische Änderungen: Die Hälfte der Mitglieder des ständigen Arbeitsausschusses sollte »aus dem Kreise der kolonial tätigen und kolonialerfahrenen Nationalsozialisten« stammen.[4] Schon bald zogen die neuen Machthaber die Zügel an, was sich unter anderem in der Überführung der kolonialen Jugend als »Kolonialscharen« in die Hitler-Jugend zeigte. Ihnen verblieb nur das Privileg, zum HJ-Dienstanzug das »Kreuz des Südens« auf dem linken Unterarm zu tragen.[5] Die Mitgliederversammlung der Kolonialen Reichsarbeitsgemeinschaft (Korag) stimmte am 10. Juni 1933 einstimmig für die Errichtung eines Reichskolonialbundes (RKB) als neuer Dachorganisation, in dem die in der Korag organisierten Verbände aufgingen.[6] Die DKG gliederte sich auf der Kolonialtagung vom 8. bis 11. Juni 1933 wie alle anderen kolonialpolitischen Organisationen dem RKB an. Die NSDAP sicherte sich ihre Führung unter anderem dadurch, dass die Gauleiter des RKB ab Mitte 1934 Mitglieder der NSDAP sein mussten und den Kolonialreferenten der NSDAP unterstellt waren.[7]

Willige Anpassung an das neue Regime: Heinrich Schnee, Gouverneur von Deutsch-Ostafrika zwischen 1912 und 1919, Präsident der Deutschen Kolonialgesellschaft von 1930 bis 1936, Anfang der 30er Jahre.

Der Kampf um Mitglieder: Werbedia des Reichskolonialbundes, Anfang der 30er Jahre.

Mochte es zunächst so aussehen, als hätten sich die Nationalsozialisten an die Spitze der kolonialen Bewegung gesetzt und sich ihre politischen Ansprüche zu eigen gemacht, so zeigte sich doch recht schnell, wie instrumentell Hitler mit der Kolonialforderung umging und dass sich die Kolonialpropaganda jeweils dem Stand und der Richtung der Außenpolitik anzupassen hatte. Zwar wurde die Forderung nach Wiedergewinnung der Kolonien nie ganz fallengelassen, aber vornehmlich in dem Taktieren gegenüber Großbritannien mal lauter erhoben, mal in den Hintergrund geschoben. Das macht ein Blick auf die zwölf Monate zwischen März 1935 und März 1936 deutlich. In seiner Unterredung mit dem britischen Außenminister Sir John Simon und dem Lordsiegelbewahrer Anthony Eden am 25. März 1935 strebte Hitler eine koloniale Restitution für Deutschland an, weil er meinte, dass koloniale Revisionsansprüche England besonders empfindlich treffen würden, und um so Wünsche der britischen Gegenseite auf eine Rückkehr Deutschlands in den Völkerbund abzuwehren. Nur wenige Tage zuvor hatte Heinrich Schnee erklärt, die deutsche »Gleichberechtigung« auf kolonialem Gebiet sei die Voraussetzung für einen Wiedereintritt Deutschlands in den Völkerbund, den es 1933 verlassen hatte. Nachdem das Flottenabkommen vom Juni 1935 nicht das gewünschte Bündnis mit Großbritannien gebracht hatte, setzte Hitler noch stärker auf die kolonialpolitische Karte, diesmal um die Briten zum Einlenken zwingen zu können.[8] Nur fünf Monate später waren intern ganz andere Töne zu vernehmen. In Hitlers Namen wandte sich der Chef der Reichskanzlei, Hans Heinrich Lammers, an Epp. Hitler bedauere, dass es zu einer Beunruhigung der englischen öffentlichen Meinung durch überzogene koloniale Äußerungen und Publikationen gekommen sei.[9] Wiederum vier Monate später war es mit dieser Zurückhaltung wieder vorbei. Bei einer Rede zum Einmarsch in das entmilitarisierte Rheinland am 7. März 1936 stellte er erneut koloniale Forderungen und läutete damit eine neue Phase der politischen und der planerischen Aktivitäten ein.[10]

1936 erfolgte dann die endgültige »Gleichschaltung« der zuvor aufgelösten Kolonialverbände und brachte damit auch das definitive Ende der bürgerlich-konservativen DKG. Bundesführer des RKB wurde als Nachfolger Heinrich Schnees mit

Hoffnungsträger der Kolonialbewegung: Franz Xaver Ritter von Epp

Franz Xaver Ritter von Epp wurde am 16. Oktober 1868 als Sohn eines Kunstmalers und Akademieprofessors in München geboren. Nach dem Abitur wurde Epp Berufssoldat in einem bayerischen Infanterieregiment. Ab 1900 war er Mitglied des ostasiatischen Expeditionskorps, das den Boxeraufstand in China niederschlagen sollte. Zwischen 1904 und 1906 nahm Epp als Kompaniechef an den Kämpfen gegen die Herero in Deutsch-Südwestafrika teil. Im Ersten Weltkrieg kommandierte er das bayerische Infanterie-Leibregiment in Frankreich, Südtirol, Serbien und Rumänien. Für seine militärischen Verdienste wurde Epp mit dem Militär-Max-Joseph-Orden ausgezeichnet und in den Ritterstand erhoben.

Franz Xaver Ritter von Epp, ca. 1936.

Am 8. Februar 1919 stellte er ein nach ihm benanntes Freikorps zur Niederschlagung der Münchener Räteregierung auf. Im April 1920 bekämpfte das Freikorps Epp im Ruhrgebiet und in Hamburg kommunistische Aufstände. Anfang 1921 erhielt Epp das Kommando über die bayerische 7. Division; im Oktober 1923 schied er als Generalleutnant freiwillig aus der Reichswehr aus. Ab 1925 war Epp Bundesführer des Kolonialkriegerbundes.

Am 1. Mai 1928 wurde er Mitglied der NSDAP und als nationalsozialistischer Spitzenkandidat Bayerns in den Reichstag gewählt. Mit Epps Eintritt in die NSDAP waren die Weichen für eine beiderseitige Annäherung von Kolonialbewegung und NS-Bewegung gestellt. Epp stand paradigmatisch für den Weg vom Kolonialen zum Nationalsozialismus. Im September 1932 wurde er zum Reichsleiter des Wehrpolitischen Amtes der NSDAP beim Stabe der Obersten SA-Führung ernannt.

Am 7. April 1933 avancierte Epp zum Reichsstatthalter in Bayern. Am 5. Mai 1934 trat er als Reichsleiter an die Spitze des neu gegründeten Kolonialpolitischen Amts der NSDAP. 1935 wurde Epp zum General der Infanterie befördert und am 13. Juni 1936 zum Bundesführer des Reichskolonialbundes ernannt. Der designierte Kolonialminister sollte ab März 1939 die Arbeiten für eine »Wiedererlangung von Kolonien« in Afrika zügig vorantreiben.

Während des Zweiten Weltkriegs trat Epp politisch in den Hintergrund; seine Abneigung gegen den Nationalsozialismus wuchs. Im April 1945 wurde er im Zusammenhang mit der Niederschlagung des Aufstands der Freiheitsaktion Bayern verhaftet und nach Salzburg gebracht. Am 31. Dezember 1946 starb Franz Ritter von Epp in Internierungshaft in einem Münchener Krankenhaus.[1]

---

1 Zur Biografie von Epp vgl. Wächter, Katja-Maria: Die Macht der Ohnmacht. Leben und Politik des Franz Xaver Ritter von Epp (1868–1946). Frankfurt a. M. 1999.

Franz Xaver Ritter von Epp ein Nationalsozialist.[11] Auf der außerordentlichen Mitgliederversammlung des RKB am 19. Mai 1936 in Berlin wurde dessen Auflösung als Dachverband beschlossen. An seine Stelle sollte ein einheitlicher, alle bisherigen Verbände umfassender, großer kolonialer Volksbund gleichen Namens treten. Auf der Vorstandssitzung am 13. Juni 1936 erklärte die DKG ihren Übergang in den neuen RKB.[12] In einem Aufruf am 1. August von Franz Xaver Ritter von Epp hieß es, der neue RKB habe nun die Aufgabe, »als einzig anerkannte koloniale Organisation im Reiche auf der Grundlage der nationalsozialistischen Weltanschauung in enger Zusammenarbeit mit den zuständigen Stellen der Partei und der Regierung den kolonialen Gedanken in das ganze deutsche Volk zu tragen«.[13] Dass in Sachen Gleichschaltung der Kolonialbewegung Druck gemacht wurde, zeigte sich darin, dass den bestehenden kolonialen Organisationen »nahegelegt« wurde, sich bis zum 15. November 1936 »freiwillig« aufzulösen und ihre Mitglieder zu veranlassen, als Einzelmitglieder dem RKB beizutreten. Falls sie dem nicht nachkämen, seien sie »zwangsweise aufzulösen«.[14]

Im Herbst 1936 registrierten die Gewährsleute der SPD ein Anschwellen der Kolonialpropaganda. In ganz Deutschland – so ihre Beobachtungen – wurden kolonialpolitische Veranstaltungen durchgeführt. Die Presse schaltete sich in steigendem Maße ein, und die Zigarettenindustrie, die erfahrungsgemäß die Propagandakonjunktur besonders gut wittere, legte – wie auch andere Betriebe – den Packungen Kolonialbildserien bei.[15] Insgesamt aber blieb es dabei, dass für Hitler – trotz des wiederholten Eintretens für die Rückgewinnung der Kolonien – die Kolonialfrage keine Priorität besaß, wie von Epp bei einem Besuch Ende Oktober 1936 enttäuscht feststellen musste.[16]

Neue Organisationen

Außer dem von den Nationalsozialisten bald dominierten Reichskolonialbund entstanden in den Anfangsjahren noch weitere Organisationen, die sich mit kolonialen Fragen beschäftigten. Die beiden wichtigsten waren das Kolonialpolitische Amt (KPA) und die Deko-Gruppe.

Im Mai 1934 gliederte die NSDAP das Kolonialreferat aus dem Verband ihres Wehrpolitischen Amtes aus und formte daraus das neue KPA. Es gab für die Behandlung aller kolonialpolitischen und kolonialwirtschaftlichen Fragen innerhalb der NS-Bewegung und ihrer Presse die Richtlinien und Weisungen heraus. Zum Leiter des KPA wurde Franz Xaver Ritter von Epp ernannt. War der RKB die Nachfolgeorganisation der traditionellen Kolonialbewegung und eher für die Kolonialpropaganda verantwortlich, so bildete das KPA das für politische, wirtschaftliche und wissenschaftliche Kolonialfragen zuständige Amt der NSDAP. Zwischen beiden Organisationen bestand gleichwohl ein enger Arbeitszusammenhang, der nicht zuletzt über die Person Epps gewährleistet wurde, nachdem er auch Bundesführer des RKB geworden war.[17] Die Idee, Epp einzusetzen, kam nicht von ungefähr. Er brachte nicht nur Erfahrungen im Kolonialdienst mit, sondern verfügte auch über ausgezeichnete Kontakte zu den traditionalistisch-konservativen Kreisen der Kolonialanhänger.[18] Das KPA besaß zunächst vier Abteilungen: Koloniale Schulung; Wirtschaft und Währung; Verkehr; Recht, Schule, Wissenschaft, Gesundheit und Geographie. Nachdem angesichts des erfolgreichen Kriegsverlaufs das KPA als Grundstock für ein künftiges Kolonialministerium fungieren sollte, erfolgte später, 1941, die Aufteilung in das KPA/Staat, zuständig für den Aufbau der Administration in den zukünftigen Kolonien, und das KPA/Partei, verantwortlich für die kolonialen Angelegenheiten im Deutschen Reich.[19]

Im Dezember 1935 legte das KPA eine erste vertrauliche Denkschrift vor, die die Rohstofferzeugung der ehemaligen deutschen Kolonien von 1929 bis 1935 darstellte, verbunden mit dem Versuch, deren potentielle koloniale Leistung unter Annahme eines siebenjährigen Wirtschaftsplanes zu errechnen. Die von Kurt Weigelt, dem Leiter der Abteilung Wirtschaft, verfasste Denkschrift betrachtete den Wiedererwerb von Kolonien als Ausweg aus der deutschen Rohstoff- und Devisenknappheit.[20] Im Februar 1936 präsentierte Weigelt die Planungen des KPA »einem kleinen Kreise von Hamburger Kolonialleuten«. Er entrollte vor ihnen das ganze Panorama der klassischen Kolonialpolitik und betonte, dass »rein wirtschaftliche kaufmännische Gesichtspunkte« walten sollten. An eine Massensiedlung in den Kolonien sei – so Weigelt – jedenfalls nicht gedacht. Am wichtigsten erschien ihm jedoch, für eine fundierte Vorbereitung zu werben: »Eines ist aber notwendig: Dass in dem Moment, wo die Glocke geschlagen hat, wir nicht unvorbereitet dastehen dürfen.«[21] Weigelts Ausführungen fanden bei den Vertretern der hamburgischen und bremischen Kolonialfirmen breite Zustimmung. Es gab ein beiderseitiges Interesse an einer engen Zusammenarbeit.[22]

Das KPA bemühte sich intensiv darum, die kolonialen Vorträge sowie die Schulung zu kontrollieren und zu verbessern. Daneben erweiterte es seine Pressearbeit und versuchte die laufende Informierung der Zeitungen und Zeitschriften in kolonialen Fragen zu monopolisieren.[23] Im September 1936 ließ das KPA in Wilhelmshagen bei Berlin einen ersten kolonialpolitischen Lehrgang durch den RKB veranstalten. Er sollte der »Bildung eines Stammes von Kolonialfachleuten, die anderen ihr Wissen übermitteln«, dienen.[24]

Die zweite wichtige neue Organisation in Kolonialfragen war die Gruppe Deutscher Kolonialwirtschaftlicher Unternehmungen, kurz Deko-Gruppe. Ihre im Juli 1936 erfolgte Gründung gewann vor dem Hintergrund des im August 1936 aufgestellten Vierjahresplans an Bedeutung, und die Deko-Gruppe wurde zum organisatorischen Zentrum der kolonialwirtschaftlichen Planungen. Zu ihrem Leiter wurde der »Außenminister« der Deutschen Bank, Kurt Weigelt, ernannt, der auch im KPA für die Abteilung Wirtschaft zuständig war.[25] Neben den Aufgaben einer Wirtschaftsgruppe sollte sie die praktischen Vorarbeiten für die Rückgewinnung deutschen Kolonialbesitzes leisten.[26]

Im November 1936 konnte Weigelt seine Vorstellungen auf einer Tagung der Reichsarbeitskammer präsentieren. Er hielt die ehemaligen deutschen Kolonien in ihrer Kapazität für so bedeutend, dass sie einen erheblichen Teil der bis dahin für Devisen eingekauften Rohstoffe liefern könnten. Die Erschließung dieser

Die Graue Eminenz der Kolonialplaner: Kurt Weigelt

Kurt Weigelt, 1933.

Kurt Weigelt wurde am 4. Juni 1884 in Berlin geboren. Er studierte Jura und Volkswirtschaft, absolvierte 1912 sein Assessorexamen und trat ein Jahr später in die Deutsche Bank ein. Im Ersten Weltkrieg war er Leiter des Kriegsausschusses für Öle und Fette, von 1918 bis 1922 Direktor der Deutschen Petroleum AG. 1923 avancierte er zum stellvertretenden, später zum Direktor der Deutschen Bank; er galt seitdem als ihr »Außenminister«. 1934 wurde er förderndes Mitglied der SS und trat 1937 in die NSDAP ein. Weigelt war ein typischer Multifunktionär, er war unter anderem Vizepräsident der Deutschen Lufthansa AG, Vorsitzender des Deutschen Aero Lloyd, Aufsichtsratsmitglied bei diversen Firmen, Mitglied im Bankenbeirat des Mitteleuropäischen Wirtschaftstages und Delegierter bei der Deutsch-Ungarischen Schuldenverwaltung in Paris. Besonders bedeutsam war sein Engagement in diversen Kolonialinstitutionen, so z. B. als stellvertretender Vorsitzender der Deutsch-Ostafrikanischen Gesellschaft, als Beiratsmitglied des Hamburger Kolonialinstituts, als Aufsichtsratsmitglied der Deutschen Kolonialschule Witzenhausen, Mitglied des Geschäftsführenden Ausschusses des Afrika-Vereins sowie des Kolonialrechtsausschusses der Akademie für Deutsches Recht und nicht zuletzt als Mitglied des Kolonialrats des Reichskolonialbundes. Ab 1935 als Leiter der Abteilung Wirtschaft im Kolonialpolitischen Amt der NSDAP und ab 1936 als Leiter der Gruppe Deutscher Kolonialwirtschaftlicher Unternehmungen saß Weigelt an den Schaltstellen der NS-Kolonialplanungen auf wirtschaftlichem Gebiet.

Bis Ende 1943 wohnte Weigelt in Berlin, danach in Potsdam. Am 11. März 1945 ging er nach Ungarn – angeblich auf der Flucht vor der Gestapo – und kehrte Anfang April auf seinen kleinen Hof bei Traunstein in Bayern zurück. Bei Kriegsende befand sich sein Name auf der Liste der 42 Industriellen, die von den Alliierten als Kriegsverbrecher gesucht wurden. Ab Juli 1946 verbrachte er einige Zeit in amerikanischer Untersuchungshaft, wurde entnazifiziert und im April 1947 von einem amerikanischen Militärgericht zu zwei Jahren Gefängnis und einer Geldstrafe von 50 000 RM verurteilt. Weigelt konnte seine Karriere in der Nachkriegszeit fast bruchlos fortsetzen: Er wurde wieder Vorsitzender in diversen Aufsichtsräten, unter anderem bei der Deutschen Lufthansa AG, und erhielt 1954 das Große Bundesverdienstkreuz. Weigelt starb am 5. August 1968.[1]

---

1 Zur Vita von Weigelt vgl. Linne, Karsten: Afrika als »wirtschaftlicher Ergänzungsraum«: Kurt Weigelt und die kolonialwirtschaftlichen Planungen im »Dritten Reich«. In: Jahrbuch für Wirtschaftsgeschichte (2006) 2, S. 141–162, hier bes. S. 144 f.

Rohstoffquellen müsse systematisch und planmäßig erfolgen: »Die Frage exakter Organisation, pünktlichster Hingabe und fast militärischer Genauigkeit bildet hier den Schlüssel zum Erfolge.« Weigelt betrachtete deshalb die Ausweitung der Produktion als »ein deutsches Arbeits- und Organisationsproblem«.[27] Er verhandelte in dieser Zeit mit Görings Amt für deutsche Roh- und Werkstoffe über verschiedene Vorhaben, um eine stärkere Versorgung Deutschlands mit Hölzern, Fetten und Erzen aus Westafrika zu erreichen.[28]

Traditionsreiche Institutionen

Die kolonialpolitischen Neulinge trafen auf bereits existierende, traditionsreiche Institutionen, die bei den nationalsozialistischen Kolonialplanungen, aber auch bei den konkreten Vorarbeiten und in der Schulung ebenfalls eine wichtige Rolle spielten.[29] Eine der bedeutendsten war die Deutsche Kolonialschule (DKS) im nordhessischen Witzenhausen als Zentrum der Ausbildung von Landwirten für die Kolonien. Die Schule war am 18. Mai 1898 gegründet worden, um dem damals registrierten Mangel an geschulten Arbeitskräften in den Kolonien zu begegnen. Sie sollte ein breiteres Wissen als die normalen landwirtschaftlichen Hochschulen vermitteln und dabei vor allem den Charakter der Schüler formen.[30] Nachdem Deutschland keine Kolonien mehr besaß, war die Weiterexistenz der DKS beredter Ausdruck für den Glauben an eine »koloniale Zukunft«: »Ihre jungen Koloniallandwirte sind gewissermaßen der Stoßtrupp, der auf den Einsatz zu gegebener Zeit wartet.«[31] Die Ausbildung an der DKS war stark auf die koloniallandwirtschaftliche Praxis hin orientiert, vom theoretischen Niveau her dagegen eher schwach. Erklärtes Ausbildungsziel der ab 1934 sechs Semester dauernden Kurse war es, Koloniallandwirte zu schulen, die autark arbeiten konnten. Es wurde ein breites Spektrum an unterschiedlichen Fächern unterrichtet, von land- und hauswirtschaftlichen bis hin zu technischen.[32]

Auf dem Höhepunkt der Kolonialeuphorie erließ der Reichserziehungsminister neue Bestimmungen über die DKS, die mit Wirkung vom 1. Oktober 1940 in Kraft gesetzt wurden und der Bedeutung, die man zukünftig der Ausbildung von Koloniallandwirten beimaß, Rechnung trugen. Die Schule war als Fachschule staatlich anerkannt. Der Lehrgang sollte nun vier Semester umfassen. Nach bestandener Abschlussprüfung wurde eine Urkunde als »Staatlich geprüfter Koloniallandwirt« verliehen.[33] Auch ansonsten sah sich die Schule im Sommer 1940 vor großen kommenden Aufgaben. Da die Einrichtungen und Räume eng geworden waren, plante man, sofort nach Beendigung des Krieges mit umfangreichen Neu- und Erweiterungsbauten zu beginnen. Es war vorgesehen, dass das Reich die DKS dann als Reichskolonialschule übernehmen würde.[34] Für diese Zeit rechnete man mit einem großen Ansturm auf die Schule, wollte die Zahl der Schüler aber zunächst begrenzt lassen. Auf der anderen Seite gab es bereits Hinweise darauf, dass das die Zahl der Schüler an der DKS erhöht werden sollte.[35] Ab März 1942 nutzte die Wehrmacht die Räumlichkeiten der DKS teilweise als Reserve-

Ausbildung für die künftigen Kolonien: Gesamtansicht der traditionsreichen Deutschen Kolonialschule in Witzenhausen an der Werra, 1935.

lazarett, 1943 kamen die letzten Schüler, der Schulbetrieb wurde im Herbst 1944 endgültig eingestellt.[36]

Neben der DKS gab es eine weitere Kolonialschule, die Koloniale Frauenschule Rendsburg (KFS), die auf Vorschlag des Kolonialen Frauenbundes und des Reichsministeriums des Innern am 24. März 1926 gegründet worden war.[37] Die »einzige Kolonialschule der Welt für Frauen« begann am 1. Mai 1927 ihren ersten Kursus mit acht Teilnehmerinnen. Bis 1930 schwankte der Charakter der Schule zwischen dem einer Volkshochschule und einer landwirtschaftlichen Frauenschule, erst danach begann die Entwicklung zu einer kolonialen Fachschule im eigentlichen Sinne.[38]

Die originären Aufgaben der Kolonialen Frauenschule Rendsburg lagen in der theoretischen und praktischen Ausbildung von Frauen für die haus- und landwirtschaftlichen Berufe in deutschen Kolonien, ferner in der kolonialen Zusatzschulung für andere Berufe.[39] Der Unterrichtsstoff der Schule umfasste dementsprechend Tätigkeiten wie Kochen, Schlachten, Tischlerei, Schneiderei, Viehzucht, Obst- und Gemüseanbau, Molkerei und Käserei, Hygiene und Krankenpflege, zu denen in der NS-Zeit auch »nationalpolitischer Unterricht«, »Vererbungslehre«, »Erbgesundheitslehre« und »Rassenkunde« hinzukamen.[40]

Die Schülerinnen sollten den deutschen Farmern »tüchtige Helferinnen« sein, die später einmal selbst – nämlich durch Heirat – »tüchtige Farmersfrauen« werden könnten. Überhaupt wurde der bevölkerungs- und sexualpolitische Aspekt in bemerkenswerter Offenheit thematisiert.[41] Um die richtigen Frauen für diese Aufgaben zu finden, wollte man eine strenge Auswahl treffen. Vor allem sollte her-

Frauen für die Kolonien: Zeitgenössische Postkarte mit dem Hauptgebäude der Kolonialen Frauenschule Rendsburg, Anfang der 30er Jahre.

ausgefunden werden, ob die Schülerinnen die verlangte und für so eminent wichtig gehaltene notwendige »Erbtüchtigkeit« mitbrachten und ob sie die »geborenen Kolonisatoren« waren. Indikatoren für diese Qualitäten waren nicht eine bestimmte Vorbildung, sondern eine gute körperliche Konstitution sowie Charakter, Willensstärke und eine einwandfreie nationalsozialistische Gesinnung.[42] Die so ausgewählten Schülerinnen sollten »das neue Deutschland verkörpern«. Sie sollten in den Kolonien den Nationalsozialismus vorleben, »in der stillen Art der Frau, die aber oft wirksamer ist als die lautere manches Mannes«.[43]

Die Jahre ab 1936, speziell ab 1939 brachten einen Aufschwung für die KFS. Die Schülerinnenzahlen stiegen, und neue Gebäude wurden errichtet.[44] 1941/42 wuchs die Zahl der Schülerinnen durch das Hinzufügen einer neuen Internatseinheit von durchschnittlich 58 auf das Doppelte an.[45] Das war, wie das Mitteilungsblatt der Schule verriet, durchaus als Vorgriff auf die erwarteten Kolonien zu betrachten: »Schon jetzt aber stellt sich die Schule auf alle die neuen, großen und schönen Aufgaben ein, die mit dem siegreichen Ende des Krieges voraussichtlich zusammenhängen werden. [...] Die Absolventinnen der Rendsburger Schule [...] werden, sofern sie sich als tüchtig erwiesen haben, mit Vorzug eingesetzt werden.«[46]

Während des Kriegs setzte die Schule ihre Arbeit fort. Später konzentrierte man sich auf die eroberten Ostgebiete. Zeitweilig bestand eine Niederlassung der Schule in Potok Złoty in der Nähe von Tschenstochau, im Distrikt Radom des »Generalgouvernements«. Ab 1942 befanden sich einige Schülerinnen im »Osteinsatz«. Eine ehemalige Landwirtschaftslehrerin war ab Ende 1942 im Distrikt

Praktischer Unterricht: Schießübungen von Schülerinnen der Kolonialen Frauenschule Rendsburg, Anfang der 30er Jahre.

Lublin tätig. Ihren Aussagen zufolge wurde 1942 in der KFS verkündet, dass die Kolonien nicht länger mehr in Afrika lägen, sondern im Osten.[47] Ab 1943 durften nur noch jene Schülerinnen den PKW-Führerschein erwerben, die sich fest für den Osteinsatz verpflichteten. Noch Anfang des Jahres 1944 führte Direktor Karl Körner Gespräche über einen weiteren Einsatz der Absolventinnen mit dem Wirtschafts- und Verwaltungshauptamt der SS, das die besten Erfahrungen mit den Schülerinnen in seinen Betrieben in den besetzten Ostgebieten gemacht hatte. Da die Schule von der Richtung der »Siedlungspolitik des Reiches« abhängig sei, erschien Körner die Ausrichtung auf Afrika in dieser Zeit als überholt.[48] Das Reichsministerium des Innern billigte den Schwenk auf den »Osteinsatz«, ohne dass damit der Kolonialgedanke und die koloniale Schulung ganz fallengelassen würden. Das war auch die persönliche Meinung Heinrich Himmlers, der für die Schule großes Interesse aufbrachte. Er entschied noch im September 1944, von ihrer Stilllegung abzusehen.[49]

Das war nur ein kurzer Aufschub. Am 15. April 1945 wurde mit den Prüfungen des laufenden Kurses der Schulbetrieb eingestellt. Die letzten Schülerinnen verließen Rendsburg im Oktober 1945.[50] Die Koloniale Frauenschule bildete das langlebigste koloniale Projekt in Deutschland. Anders als bei der Deutschen Kolonialschule in Witzenhausen bereitete es ihr keine Schwierigkeiten, die Umlenkung der Kolonialpolitik auf den Osten mitzumachen.[51]

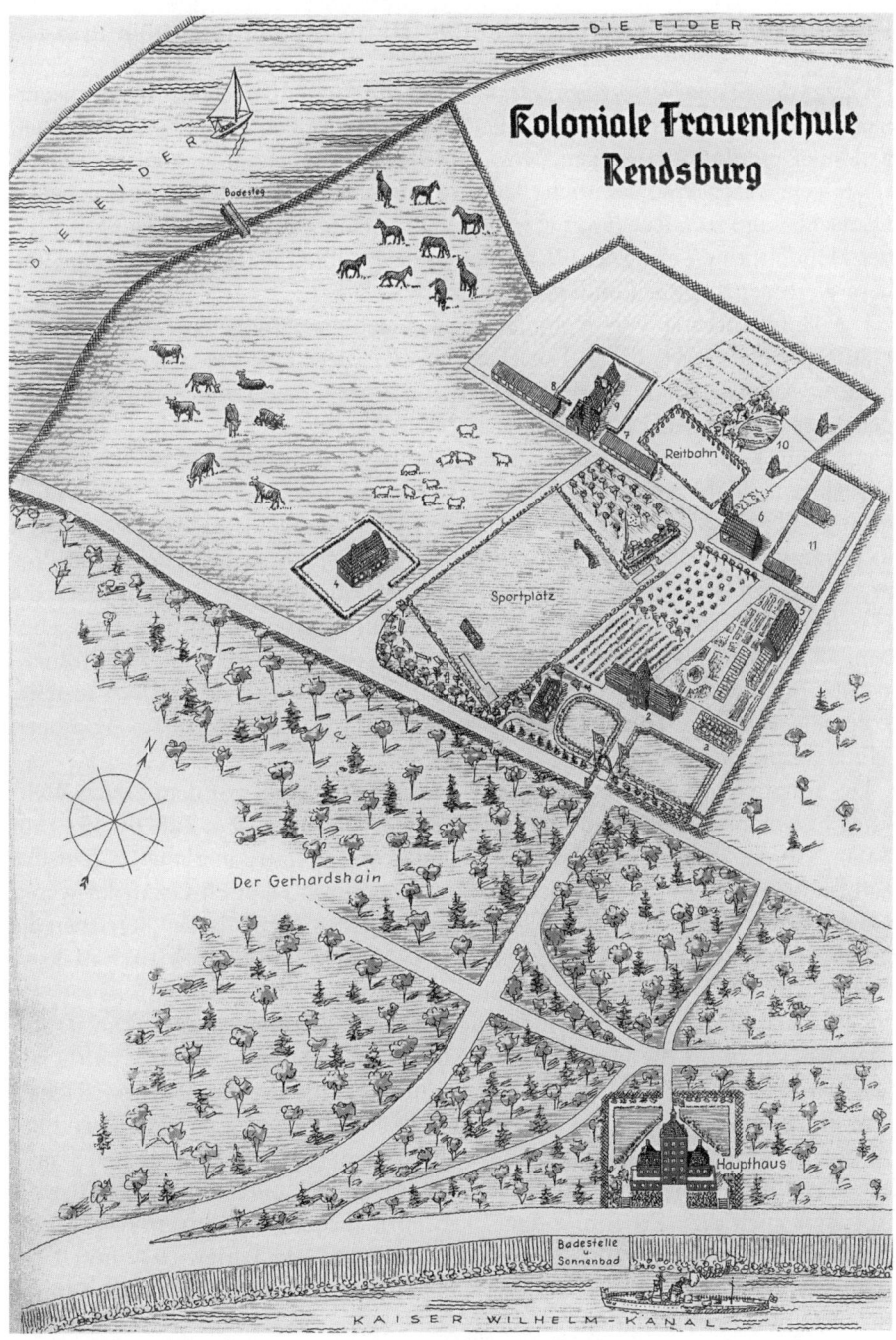

Lernen für die Kolonien in malerischer Umgebung: Lageplan der Kolonialen Frauenschule Rendsburg am Nord-Ostsee-Kanal, 1939.

Wirtschaftliche Notwendigkeit oder Ort für Massenansiedlung?

Im Zuge des Ersten Weltkriegs war der deutsche Außenhandel mit Afrika zusammengebrochen. Die deutschen Firmen und Farmer in den ehemaligen deutschen Kolonien wurden überwiegend von den Mandatarmächten enteignet. Deshalb setzte sehr rasch eine staatliche Unterstützung für die in Afrika verbliebenen Deutschen und zum Rückkauf von Farmen und Unternehmen sowie zur Stützung der Handelsfirmen ein. Diese Wirtschaftskräfte sollten die Basis bei einem Wiedererwerb der Kolonien bilden.

Die Unterstützung von Kolonialunternehmen begann bereits in der ersten Hälfte der 20er Jahre durch Darlehen auf die später laut Versailler Vertrag zu zahlenden Entschädigungssummen und wurde unter dem Einfluss des Auswärtigen Amts forciert. Als Ende Oktober 1924 beispielsweise ehemals deutsche Pflanzungen am Kamerunberg versteigert werden sollten, bemühte man sich um ein Darlehen in Höhe von 7,5 Millionen Goldmark für die Pflanzer. Tatsächlich gelang – über Strohmänner – der Rückerwerb der meisten deutschen Pflanzungen in Kamerun. Ein Umstand, der das Land für die späteren Planungen und Programme besonders interessant machen sollte. Mitte der 20er Jahre wurden die Handels- und Niederlassungsbeschränkungen für Deutsche schrittweise aufgehoben: im britischen Mandatsteil Kameruns 1924, in Tanganyika 1925, im französischen Mandatsteil Kameruns und in Togo erst 1927. Bis Mitte 1926 waren für koloniale Wiederaufbauzwecke insgesamt Mittel in Höhe von 35,5 Millionen Mark gezahlt worden.[52]

Die Stützungsaktionen waren relativ erfolgreich: Gab es vor dem Ersten Weltkrieg 73 Kolonialgesellschaften in den Kolonien, so wuchs deren Zahl bis 1933 auf 85 an.[53] In der Südafrikanischen Union und in Südwestafrika erlangten deutsche Kaufleute erneut führende Positionen. Im ehemaligen Deutsch-Ostafrika waren die deutschen Farmen auf dem besten Weg, unter den europäischen Betrieben die dominierende Rolle zu spielen. Die sich 1929 ankündigende Wirtschaftskrise zerstörte diese Ansätze jedoch wieder.[54]

Gleichwohl liefen die wirtschaftlichen Stützungsaktionen weiter. Die staatlichen Garantien für die Handelsfirmen sollten dabei helfen, die wirtschaftlichen Schwierigkeiten zu überbrücken und dadurch der deutschen Exportwirtschaft ihre Stützpunkte im Ausland zu erhalten. Solche Firmen seien ein »wertvolles Aktivum des gesamten Deutschtums«, hieß es einem Papier des bremischen Staatsrats Karl Lindemann vom 4. Oktober 1933.[55] Daneben unterstützte das Auswärtige Amt auch die »Erhaltung deutschen Farmbesitzes in Südwestafrika (Stützungsaktion II)« mit 500 000 RM im Jahr 1936. In den Jahren 1937 und 1938 stellte das Auswärtige Amt 300 000 RM für Südwestafrika und die gleiche Summe für Ostafrika zur Verfügung.[56]

Insgesamt wuchs der deutsche Afrikahandel; er überstieg während der Weimarer Republik das Vorkriegsniveau. Die Wareneinfuhr aus Tropisch-Afrika erreichte 1929 einen Gesamtwert von 335,23 Millionen RM gegenüber 245,89 Millionen im Jahr 1913 und 103,06 Millionen im Jahr 1925. Es handelte sich dabei über-

Deutsche wirtschaftliche Stützpunkte in Afrika: ein Blick auf die wiedererworbene »Victoria-Pflanzung« in Kamerun, 1936/38.

wiegend um Rohprodukte wie Ölfrüchte, Erdnüsse, Kautschuk, Kakao, Kaffee, Kupfer, Naturfasern, Häute und Felle.[57] In einer langfristigen Betrachtung des deutschen Außenhandels lassen sich für den Import aus Afrika aber nur geringfügige Steigerungen feststellen. Als Absatzmarkt für deutsche Exporte verloren die ehemaligen deutschen Kolonialgebiete sogar an Bedeutung, bei gleichzeitig leicht steigenden Exportquoten.[58] So machte Afrikas Anteil an der deutschen Gesamteinfuhr 1931 fünf, 1934 5,8 und 1935 6,2 Prozent aus. Sein Anteil an der Gesamtausfuhr betrug 1931 lediglich zwei, 1934 2,5 und 1935 2,9 Prozent. Alles in allem war das Handelsaufkommen sehr gering, afrikanische Staaten waren aber in einzelnen Bereichen – so bei Kakao, Sisal und Palmkernen – der Hauptlieferant.[59]

Trotz dieser recht bescheidenen Ausmaße gab es führende Nationalsozialisten, die einen eigenen Kolonialbesitz mit dem Hinweis auf wirtschaftliche Notwendigkeit forderten. Zu ihnen gehörte der Reichbankpräsident Hjalmar Schacht. Nach seiner Ansicht erfüllten Kolonien drei Funktionen: Siedlungsland stellen, Absatzgebiete für deutsche Fertigprodukte und Rohstoffquellen für die Selbstversorgung der heimischen Wirtschaft bieten.[60] In seiner Rede auf der Leipziger Frühjahrsmesse am 4. März 1935 betonte Schacht nachdrücklich die Notwendigkeit deutscher Kolonien: »Dabei zeigt sich immer klarer, daß für einen Industriestaat der Besitz kolonialer Rohstoffgebiete als Ergänzung seiner heimischen Wirtschaft unerläßlich ist.«[61] Kolonialbesitz schien Schacht für Deutschland als rohstoff-

Die wirtschaftlichen Argumente standen im Vordergrund. Werbung des Reichskolonialbundes für deutsche Kolonien als Rohstofflieferanten, 1936/38.

armem Industrieland absolut notwendig, um seine Rohstoffbedürfnisse im eigenen Hoheits- und Währungsbereich zu befriedigen. Letztlich sei dies auch die Voraussetzung für eine friedliche Welt und deren wirtschaftliche und kulturelle Neuordnung.[62] Im umgekehrten Fall führe der Versuch, »ein großes Volk durch dauernden äußeren Druck zur Schrumpfung zu bringen«, so Schacht in einem Vortrag zur Hundertjahrfeier des Vereins für Geographie und Statistik in Frankfurt am Main im Dezember 1936, »mit Notwendigkeit zunächst zu sozialen Nöten und Unruhen, schließlich aber zu irgendeiner Explosion«. Insofern sei die Kolonialfrage für Deutschland eine »Lebensfrage«.[63] Das deutsche koloniale Problem sei »kein imperialistisches Problem, kein bloßes Prestigeproblem, sondern einzig und allein ein Problem der wirtschaftlichen Existenz«. Aber gerade deshalb werde von dessen Lösung, von der kolonialen Befriedigung der »Have-Nots«, »die Zukunft des europäischen Friedens abhängen«.[64]

Gleichzeitig warnte er unmissverständlich vor der damit in Konkurrenz stehenden Option einer Ostexpansion, die nach seiner Ansicht »viel Unheil« stiften werde. Er erkannte, dass Polen genauso dicht bevölkert wie Deutschland war und dass im gesamten Ostraum für deutsche Siedlungen nur Platz gemacht werden könnte »durch eine glatte Entvölkerung der betreffenden Gebiete, die in heutiger Zeit auch bei noch so entscheidendem Siege kein vernünftiger Mensch mehr für möglich halten« würde. Wahrscheinlich war er sich der prophetischen Qualität seiner Intervention überhaupt nicht bewusst.[65]

Mit seinen Worten jedenfalls griff Schacht in eine Debatte ein, die seit Anfang der 30er Jahre ausgetragen wurde und zu Spannungen führte zwischen den Vertretern einer traditionellen Kolonialpolitik der Weimarer Republik, die primär auf die Wiedergewinnung der Kolonien ausgerichtet war, und nationalsozialistischen Positionen, die eine kontinentale Ostexpansion favorisierten.

Einige Kolonialplaner betrachteten diese Expansionsrichtung als Gegensatz zur kolonialen Expansion.[66] Rudolf Böhmer, einflussreicher politischer Schriftsteller *(Das Erbe der Enterbten)* und Vorstandsmitglied der DKG, behauptete hingegen, er habe noch nie einen Anhänger der Kolonialpolitik kennengelernt, der nicht gleichzeitig entschlossene Ostpolitik gefordert habe.[67] Auch das KPA hielt Kolonialwirtschaft und Ostraumsiedlung für keine trennenden, sondern sich ergänzende Begriffe.[68] Und Weigelt betonte in seinem »Programm« für Hitler vom 23. Oktober 1933, dass es darauf ankomme, nicht nur neuen »Lebensraum« im Osten, sondern auch in »anderen Gebieten« zu schaffen, womit er Kolonien in Übersee meinte.[69] Ritter von Epp hingegen geißelte die Ausdehnung nach Osten als »Ostland-Reiterei«, als »eine historisch romantische Idee ohne Realitätssinn«.[70]

Hintergrund für diese Dissonanzen war ein schon in der Weimarer Republik angeschlagenes Thema, das der Schriftsteller Hans Grimm mit dem Titel seines 1926 erschienenen Romans auf eine griffige Formel gebracht hatte: Die Deutschen seien ein »Volk ohne Raum«, das für seine Weiterexistenz neuer Lebensräume bedürfe. Für die Kolonialrevisionisten der Weimarer Republik lautete die Antwort auf dieses vermeintliche Problem: Massenansiedlung von Deutschen in den wiederzugewinnenden Kolonien. So erklärte Epp auf der Kundgebung der kolonialen Verbände am 15. Oktober 1932 in Berlin unmissverständlich: »Der deutschen Jugend fehlt der Raum, zu leben und zu schaffen. Kolonien könnten Hunderttausenden neuen Wohn- und Arbeitsraum geben, und Hunderttausende in der Heimat könnten leben durch sie.«[71] In der Frühphase des NS-Regimes hielt sich der Gedanke einer deutschen Massensiedlung in afrikanischen Kolonien. Selbst eingefleischte Nazis konnten behaupten, dass er dem nationalsozialistischen Standpunkt entsprach, da sie die Erweiterung des deutschen Lebensraumes bringe. Die Kolonialpolitik habe dabei von denselben Gesichtspunkten auszugehen, die auch für Deutschland galten; das hieß, die Auswanderer sollten planmäßig in kleinbäuerlichen Betrieben angesiedelt werden.[72]

Einen Dämpfer erhielten solche Vorstellungen allerdings schon im ersten Jahr der NS-Herrschaft. Grundsatz der Kolonialpropaganda müsse bleiben, so Goebbels im Dezember 1933, dass der zukünftige überseeische Kolonialbesitz nur zur Gewinnung von Rohstoffen und Kolonialerzeugnissen für die deutsche Wirtschaft, nicht aber als Siedlungsland dienen solle, was auch Hitlers Einstellung entspreche.[73] Bald formierte sich eine Phalanx derjenigen Kolonialplaner, die vehement gegen eine deutsche Massensiedlung in Afrika votierten und in den Folgejahren die Oberhand gewannen.[74] Zu ihnen zählten Prominente wie Paul Rohrbach, ehemals selbst Ansiedlungskommissar in Deutsch-Südwestafrika, oder der bereits mehrfach genannte Kurt Weigelt. Er ging 1937 so weit, zu behaupten, dass »wohl

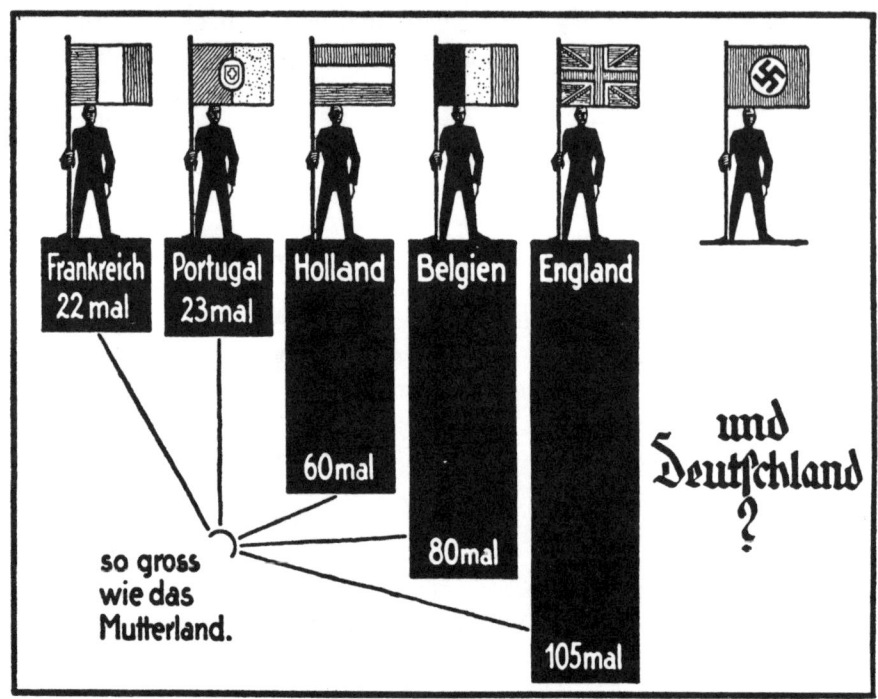

»Volk ohne Raum«? – »Die kolonialen Reserveräume der Völker Europas«. Propaganda für deutschen Kolonialbesitz als potentiellen Siedlungsraum, 1936.

niemand heute ernstlich deutscherseits an Massensiedlungen in Übersee« denke. Gewiss gebe es beschränkte Siedlungsmöglichkeiten, aber diese Fragen träten in wirtschaftlicher Beziehung weit zurück hinter dem Rohstoffproblem.[75] In den offiziösen Schulungsrichtlinien des KPA klang es ähnlich: »Der Siedlungsgedanke ist jedenfalls so zu behandeln, daß Massensiedlungen in den Kolonien abgelehnt werden, dagegen eine planmäßige und begrenzte Siedlung als Mittel zur Entwicklung der Rohstoffquellen nicht entbehrt werden kann.«[76] Damit war diese Diskussion entschieden.

Duldung und Kontrolle der Afrikaner in Deutschland

Weitaus unentschlossener zeigten sich Nationalsozialisten bei der Frage, wie man mit den in Deutschland lebenden Schwarzen umgehen sollte. Zunächst setzte man auf Härte. Bereits kurz nach der Machtübergabe an Hitler erfolgten die ersten Ausweisungen von Afrikanern, vornehmlich solchen, die aus französischen und britischen Kolonien stammten. Die Nationalsozialisten ließen nach 1933 umgehend alle verbliebenen Pässe der noch in Deutschland lebenden »Eingeborenen« aus den früheren deutschen Kolonien einziehen und gegen »Fremdenpässe« ein-

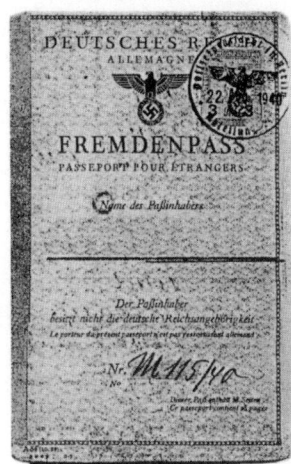

Restriktive Politik gegenüber Afro-Deutschen aus den ehemaligen Kolonien: »Fremdenpass«, ausgestellt vom Polizeipräsidium Berlin, 1940.

tauschen.⁷⁷ Die zunehmende rassistische Diskriminierung der schwarzen Deutschen durch die Behörden, aber auch durch die Bevölkerung, bereitete dem Auswärtigen Amt allerdings aus außenpolitischen Gründen Sorgen. In einer Aufzeichnung hieß es 1934 dazu: »Sollte die Frage einer Mandatserteilung an Deutschland in Afrika einmal akut werden, kann dieser Umstand für Deutschland höchst unangenehme Rückwirkungen haben.⁷⁸

Der Rassismus hatte für die in Deutschland verbliebenen Afrikaner auch ökonomische Folgen: Wegen der Ablehnung in der Bevölkerung wagten Unternehmer kaum noch, sie einzustellen.⁷⁹ Es gab aber keine einheitliche Politik des NS-Regimes gegenüber Menschen afrikanischer Abstammung in dieser Frage, wie man einem Schreiben des Leiters der Partei-Kanzlei, Martin Bormanns, an das Auswärtige Amt vom 31. Oktober 1935 entnehmen kann: »Mir ist bekannt, daß der Führer es nicht wünscht, daß den in Deutschland lebenden ehemaligen deutschen Kolonialnegern, die größtenteils für Deutschland gekämpft haben, bei ihren Bemühungen, in Arbeit und Brot zu kommen, Schwierigkeiten bereitet werden und daß sie sonst auch nicht belästigt werden.«⁸⁰

Eine farbige Minderheit im »Dritten Reich« blieb jedoch von dieser vergleichsweise moderaten Haltung ausgeklammert: die Kinder der »Schwarzen Schmach«.⁸¹ Bereits am 13. April 1933 hatte Göring eine Statistik über die Anzahl und das Alter der von farbigen französischen Besatzungssoldaten gezeugten »Mischlinge« gefordert. Im Frühjahr 1937 bildete die Gestapo dann eine Sonderkommission, die die möglichst unauffällige Sterilisierung der »Rheinlandbastarde« durchführen sollte. Im Juni 1937 begann die Verfolgung und Sterilisierung der Kinder. Die genaue Zahl der durchgeführten Sterilisierungen ist anhand der Akten nicht sicher festzustellen.⁸²

Ein Jahr zuvor hatte der ehemalige Gouverneur von Deutsch-Südwestafrika, Friedrich von Lindequist, die »Eingeborenenfrage in Deutschland« entdeckt. Die Afrikaner sollten biologisch vom »Volkskörper« isoliert werden, waren aber explizit vom Sterilisierungsprogramm ausgenommen, da solche Maßnahmen mit den deutschen kolonialen Interessen im Widerspruch standen. Der vorgeschlagene Kompromiss lehnte sich an ältere Erfahrungen mit den Völkerschauen an und beinhaltete das Konzept eines »ambulanten Negerdorfes«, in dem die Afrikaner ihren Lebensunterhalt durch die Produktion von Kunstgewerbe, Singen und Tanzen etc. verdienen sollten.[83]

Zu dieser Zeit lebten etwa 50 »Neger« mit ihren Familien in Deutschland, die im Ersten Weltkrieg auf deutscher Seite gekämpft hatten. Sie waren fast sämtlich ohne feste Arbeit. Martin Bormann forderte, sie unter besonderen Schutz zu stellen. Gegen eine Beschäftigung bestünden keine Bedenken, jede Einzelaktion gegen sie sei zu unterlassen.[84] Diese Ausnahmeregelung galt nicht für die übrigen Afrikaner in Deutschland, aber auch bei ihnen reklamierte das Auswärtige Amt häufiger eine bessere Behandlung aus außenpolitischer Rücksichtnahme. So kritisierte man 1936, dass der Tochter eines liberianischen Staatsbeamten die Aufnahme in die Volksschule verweigert worden war.[85] Bei der Hamburger »Mulattin« Erika Diek einigten sich die höchsten Stellen, sie aus »kolonialpolitischen Rücksichten« im Dienst zu belassen.[86] Bei der Einreise von Alexander Olympio aus Togo erhob das Rassenpolitische Amt jedoch Einwände, mit dem Argument, dass er auf eine ablehnende Haltung der deutschen Bevölkerung stoßen werde. Seiner prodeutschen Einstellung sei durch ein von Deutschland gefördertes Studium in Paris besser gedient.[87]

Im Herbst 1935 hatten sich die Betreiber des »Negerdorfs« mit der Bitte um Unterstützung an das Auswärtige Amt gewandt und eine eigene Schau vorgeschlagen. Sie werde den deutschen Afrikanern Beschäftigung bieten sowie ihre Zusammenziehung und Kontrolle ermöglichen.[88] Aus dieser Initiative entstand die »Deutsche Afrika-Schau«, die Anfang 1936 mit einem Ensemble von etwa 20 Darstellern auf Tour ging. Nach finanziellen Schwierigkeiten übernahm die Deutsche Arbeitsfront (DAF) die Verantwortung für das Unternehmen. Nach den Wünschen der DAF sollte eine »kleine ausgewählte Kolonialschau« gezeigt werden, um damit »den kolonialen Gedanken im deutschen Volke, insbesondere in den kleinen Orten und auf dem Land zu verbreiten«. Die Schau offerierte dem Publikum fortan die Afrikaner so, wie es sie sehen wollte: als tanzende und singende »Neger« in einem »traditionellen« Dorf sowie bei »typischen« Handarbeiten, die auch zum Verkauf angeboten wurden.[89]

Unterhaltung für das deutsche Publikum und Arbeit für Afrikaner in Deutschland: Deckblatt des Programmhefts für die »Deutsche Afrika-Schau«, 1937/38.

Konsolidierung und Ausdifferenzierung: 1937 bis 1939

In der Zeit von 1937 bis 1939 konsolidierte sich die Kolonialbewegung weiter; gleichzeitig kam es zu einer institutionellen Ausdifferenzierung. Die Planungen und die praktischen Vorbereitungsarbeiten wurden intensiviert, sie nahmen konkretere Gestalt an.

Kritische zeitgenössische Beobachter wie der australische Historiker Stephen Henry Roberts, erkannten, dass Hitler die Kolonialfrage nur als taktisches Instrument betrachtete: »Ich bin jedoch noch nicht überzeugt, dass Hitler, trotz der Popularität der Kolonialpropaganda in Deutschland, die sogar bis hin zu Zigarettenbildern reicht, die Kolonien anders als eine Verhandlungswaffe in der Diplomatie ansieht.«[1] Die kolonialen Aktivisten meinten es hingegen sehr ernst und ließen in ihrem Engagement, vor allem in ihren Revisionsbemühungen, nicht nach. Die meisten von ihnen betrachteten die Bekämpfung der »Kolonialschuldlüge« nach wie vor als Verpflichtung und die Rückübertragung des Mandats der früheren deutschen Kolonien als den einzig möglichen Weg.[2]

Die organisierte Kolonialbewegung

In den 30er Jahren hatte die Kolonialbewegung einen rasanten Zulauf erhalten. Im April 1937 wurde die Mitgliederzahl des Reichskolonialbundes (RKB) auf eine Million begrenzt. Seine Arbeit sollte sich vor allem auf die Schulung und Werbung in Deutschland sowie auf kulturelle und Wohlfahrtsaufgaben in den ehemaligen Kolonien erstrecken.[3] Der RKB entfaltete im Sommer 1937 eine rege Propagandatätigkeit, die er im Winter weiter steigerte. Vorträge, Filmvorführungen und Propagandaaufmärsche waren an der Tagesordnung. Weite Kreise der deutschen Bevölkerung seien davon überzeugt, so die Einschätzung sozialdemokratischer Gewährsleute, dass Deutschland wieder Kolonien besitzen müsse.[4] Am 19. Dezember 1937 jährte sich die Gründung der Deutschen Kolonialgesellschaft zum 50. Mal, und Hitler hob deren Verdienste um den kolonialen Gedanken hervor. Gleichzeitig wünschte er, dass es dem RKB als der Nachfolgeorganisation gelingen möge, »eine neue koloniale Front zu bauen, die an zähem Willen und selbstloser Einsatzbereitschaft es denen gleichtun wird, die als erste die Fahne Deutschlands in Afrika und in der Südsee aufgepflanzt« hatten.[5] Der Geschäftsbericht des RKB für das Jahr 1938 spiegelte die verstärkten Anstrengungen und Aktivitäten wider. Durch die Einverleibung Österreichs und des Sudetenlandes

Erweiterung der Aufgaben nach dem »Anschluss« Österreichs: Großveranstaltung des Reichskolonialbundes in Wien am 26. November 1938 mit Wilhelm Rothhaupt als Redner.

erweiterte sich dessen Aufgabenkreis. Es kamen sieben Gau- und fast 2000 Ortsverbände hinzu, die organisatorisch eingebunden werden mussten.[6]

Wie weit die kolonialen Phantasien gingen, zeigte sich daran, dass selbst untergeordnete Beamte behaupteten, die Übernahme von Kolonien sei bis ins Kleinste vorbereitet. Am Tage der »Erfüllung« stünde die ganze Organisation vom Gouverneur über den Stationsvorsteher bis zum letzten Straßenfeger bereit.[7]

Am 3. März 1938 empfing Adolf Hitler den britischen Botschafter Sir Nevile Henderson, der ihm übermittelte, dass seine Regierung zu kolonialen Kompromissen bereit sei. Der Vorschlag sah den individuellen Besitz oder die gemeinsame Verwaltung eines Kolonialgebiets vor, das ungefähr dem Kongobecken entsprach. Bei dieser multilateralen Regelung im Anschluss an die Berliner Kongoakte von 1885 hätte Deutschland im Zweifelsfall ein unter seiner Hoheit stehendes Kolonialgebiet erhalten. Hitler reagierte auf den Vorschlag sehr zurückhaltend. Deutschland wolle sich nicht an ein neues internationales System ketten, sondern auf einfachem Wege seine Kolonien zurückhaben. Hitler hielt die Kolonialfrage für noch nicht »lösungsreif«, man könne »ruhig 4, 6, 8 oder 10 Jahre warten«.[8]

Gleichwohl wurden die Kolonialplanungen intensiviert. Den schlagendsten Beweis für ihre Ernsthaftigkeit sahen die Beobachter der illegalen SPD in den fortschreitenden organisatorischen Vorbereitungen für die Übernahme der Kolonien: Der RKB veranstaltete Kurse und Lehrgänge für künftige Farmer, und der Reichsbeamtenbund rief eine Reichskolonial-Verwaltungsschule ins Leben.[9] Das Kolonialpolitische Amt (KPA) untersuchte, welche früheren Kolonialbeamten noch im Bereiche der Reichsjustizverwaltung tätig waren und welche jüngeren Beamten zum Dienst in den Kolonien bereit seien.[10] Systematisch betrieb das KPA die Schulungsarbeit weiter. Nicht zuletzt die ideologische »Aufrüstung« der Teilnehmer mit Vorträgen über die »Grundlagen der nationalsozialistischen Rassen- und Bevölkerungspolitik«, »Rassenfragen in den Kolonialländern« und die »Kolonial-Schuldlüge« spielten dabei eine wesentliche Rolle.[11] In Ladeburg bei Bernau wurde Ende Oktober 1938 das erste Kolonialpolitische Schulungshaus für die Schulungsarbeit des KPA und des RKB errichtet. Aus den Teilnehmern der Schulungskurse hatte man angeblich bereits im Frühjahr 1938 Leute ausgewählt, mit denen Verträge über ihre Einstellung in den kolonialen Verwaltungsapparat abgeschlossen worden waren.[12] Bei einer Ansprache zur Einweihung des Kolonialpolitischen Schulungshauses konnte Epp am 29. Oktober 1938 denn auch über die Fortschritte bei der Planung einer künftigen deutschen Kolonialverwaltung berichten.[13]

Hitler wurde Anfang 1939 eine Denkschrift des KPA zugeleitet, und er wünschte daraufhin, »daß die Vorbereitungsarbeiten für die künftige Kolonialverwaltung in straffer organisatorischer Zusammenfassung, unter zentraler Leitung, unter Vermeidung jeglicher Nebeneinanderarbeit und im engsten Einvernehmen der beteiligten Stellen durchgeführt« werden sollten. Die Vorbereitung der Kolonialverwaltung erklärte er zu einer Aufgabe des KPA, die außenpolitischen Angelegenheiten zur Wiedererlangung der Kolonien blieben die Domäne des Auswärtigen Amts. Hitler beauftragte Epp am 9. März 1939, die vorbereitenden Arbeiten für

Im Zeichen der Konsolidierung der Kolonialbewegung: Eröffnung des Kolonialpolitischen Schulungshauses in Ladeburg bei Berlin durch Ritter von Epp am 29. Oktober 1938.

die künftige Kolonialverwaltung mit Nachdruck zu fördern und die notwendigen Vorbereitungen für die Errichtung eines Reichskolonialamtes zu treffen.[14]

Konkrete Vorbereitungen

Kolonialrecht

Eine Reihe von Institutionen kümmerte sich intensiv um die Vorbereitungsarbeiten in dem Bereich Recht und Verwaltung: Neben dem KPA waren es vor allem das Reichsjustizministerium und der Ausschuss für Kolonialrecht der Akademie für Deutsches Recht (ADR).[15] Er nahm Anfang 1937 seine Arbeiten auf. Der Ausschuss sollte die Grundlinien des NS-Rechts für die künftigen Kolonien entwickeln, dabei an die Tradition der deutschen Kolonialrechtswissenschaft und Kolonialpraxis der Vorkriegszeit anknüpfen und zugleich den Wandel berücksichtigen, der seitdem stattgefunden hatte.[16] In einer großen Tagung im Juni 1938 legten seine Mitglieder die Aufgaben fest. Der Vorsitzende des Ausschusses, Axel von Freytagh-Loringhoven, Professor des Völkerrechts und Preußischer Staatsrat, sah sie vor allem in der Sammlung der juristischen Grundlagen des Anspruchs auf Rückgabe der Kolonien, der Überwachung der Politik und Verwaltung der Mandatsmächte und der Vorbereitung der Grundsätze einer künftigen nationalsozialistischen Kolonialgesetzgebung.[17] In der ersten Arbeitssitzung des Ausschusses legte der Hauptreferent in der Dienststelle Ribbentrop, Rudolf Karlowa, in einem Referat über »Die politische Struktur der zukünftigen deutschen Kolonien« erste Grundlagen für die künftige Diskussion. Seinen Thesen zufolge sollten die Kolonien staatsrechtlich als Nebenland des Reichsgebiets, zollrechtlich als besonderes Gebiet behandelt werden. Die Organisation der Kolonialbehörden dürfe dieselbe bleiben, wie sie in den früheren deutschen Kolonien bestanden hatte. Als heimische Zentrale fungierte ein Kolonialministerium, in den Kolonien als Chef der Verwaltung ein Gouverneur.[18] In einem undatierten, wohl aus dem Jahr 1937 stammenden Entwurf des Kolonialrechtsausschusses zu einem Reichskolonialbeamtengesetz wurden bereits die Grundlagen des Verwaltungsaufbaues geplant. Die Reichskolonialbeamten sollten neben ihrem festen Gehalt eine Kolonialzulage sowie Alters- und Stellenzulagen bekommen. Auch die Pensionsregelungen waren großzügig. Bei der Berechnung sollte die in den Kolonien zugebrachte Zeit doppelt berücksichtigt werden.[19]

Im Reichsjustizministerium liefen ebenfalls Vorbereitungsarbeiten auf kolonialem Gebiet. Bis zum Sommer 1939 hatte man die früher in den Kolonien tätigen Beamten der Reichsjustizverwaltung und die Rechtsanwälte ausfindig gemacht, Erhebungen darüber angestellt, welche Beamte für den Dienst in den Kolonien bereitstünden. In Zusammenarbeit mit der ADR hatte das Ministerium unter anderem »Leitsätze für eine Gerichtsverfassung der Nichteingeborenenrechtspflege« ausgearbeitet, Probleme des kolonialen Bodenrechts, des kolonialen Straf- und Zivilprozessrechts sowie das Verfahren der freiwilligen Gerichtsbarkeit bearbeitet.[20]

Kolonialärzte

Besonderen Stellenwert besaß im Rahmen der konkreten Vorbereitungen die Ausbildung künftiger Kolonialärzte, da eine gesundheitliche »Sanierung« der Afrikaner von den Kolonialplanern für genauso wichtig gehalten wurde wie die medizinische Betreuung und Versorgung der Deutschen in den künftigen Kolonien. Für Epp schien eine Übernahme der sanitären Verwaltung in den Mandatsgebieten mit dem aktuell vorhandenen Personal nicht möglich; sie könne nur erfolgen, wenn ein mindestens gleichwertiger Stamm deutscher Regierungsärzte zur Verfügung stünde.[21] Die kolonial interessierten Kreise waren davon überzeugt, dass man auch in Zukunft an den organisatorischen Aufbau der deutschen Kolonialzeit anknüpfen könne. Vorgesehen war dementsprechend ein Medizinalreferent beim Kolonialamt in Deutschland und ein Medizinalreferent, der zugleich Chefarzt der Schutztruppe sein würde, beim Gouverneur der jeweiligen Kolonie. Vorgeschlagen wurde ein allgemeiner Gesundheitsdienst für die afrikanische Bevölkerung nach dem Muster der deutschen Betriebsuntersuchungen, kurzum eine

Die Ausbildungsstätte der künftigen Kolonialärzte: das 1900 gegründete Hamburger Institut für Schiffs- und Tropenkrankheiten, 25. April 1939.

»allgemeine gesundheitliche Überwachung«. Die Ausbildung von »Eingeborenen für den niederen Sanitätsdienst in der klinischen Behandlung und der Seuchenbekämpfung« hielten die Planer für unumgänglich.[22]

Mangels eigener Kolonien mussten die Tropenmediziner ausweichen: Im Sommer 1937 wurde deshalb in Trujillo auf Santo Domingo ein Institut aufgebaut. Der Reichsforschungsrat (RFR) zeigte stärkstes Interesse, die dortigen »tropenmedizinischen Arbeitsmöglichkeiten« zu nutzen.[23] Der Leiter der Fachsparte Medizin im RFR, der weltberühmte Chirurg Ferdinand Sauerbruch, setzte sich vehement für eine Förderung der deutschen tropenmedizinischen Forschung ein, die er für ein »Gebot der Stunde« hielt. Er plädierte dabei für eine führende Beteiligung des traditionsreichen, am 1. Oktober 1900 gegründeten hamburgischen Instituts für Schiffs- und Tropenkrankheiten. Dessen Chef, Peter Mühlens, sollte im Frühjahr 1938 eine Informationsreise nach Westafrika unternehmen und Vorschläge für eine dortige Zweigstelle unterbreiten.[24] Der Reichskolonialrat beauftragte Mühlens mit der Bildung eines vorbereitenden Ausschusses, der eine Planung aufstellen sollte.[25]

Der RFR bereitete eine zentrale Schulungsstätte in Spanisch-Guinea auf der Insel Fernando Póo vor. Dort sollten die bisher an räumlich weit auseinander liegenden Stellen arbeitenden Stipendiaten regelmäßig zu einer abschließenden einheitlichen tropenmedizinischen Ausbildung zusammengefasst werden.[26] Der

»… bis zum letztem Atemzug« – Der Tropenmediziner Peter Mühlens

Peter Mühlens ca. Ende der 30er Jahre.

Peter Mühlens wurde am 12. Mai 1874 in Bonn als Sohn eines Weinhändlers geboren. Er besuchte von 1884 bis 1893 das dortige Gymnasium, ab Sommer 1893 die Universität seiner Heimatstadt. Sein Medizinstudium schloss er 1898 mit der Promotion ab. Mühlens war von 1899 bis 1911 Marinearzt, davon 1901/02 am Tropeninstitut in Hamburg und von 1905 bis 1907 am Robert-Koch-Institut in Berlin. 1909 wurde er vom preußischen Kultusminister zum Professor ernannt. Ab 1911 war er fest am Tropeninstitut angestellt. Im Ersten Weltkrieg diente Mühlens als Garnisonshygieniker in Wilhelmshaven, als Hygieniker der Mittelmeerdivision in Konstantinopel und als Armeehygieniker bei der türkischen sowie bei der bulgarischen Armee. Er erhielt dafür viele Auszeichnungen, unter anderem das Eiserne Kreuz I. Klasse. Ab Januar 1919 arbeitete Mühlens wieder am Hamburger Tropeninstitut und wurde 1923 von der Hamburger Universität zum Honorarprofessor der Medizinischen Fakultät ernannt. Von 1921 bis 1922 leitete Mühlens die in die Sowjetunion entsandte Hilfsexpedition des Deutschen Roten Kreuzes.[1]

Muhlens war vor 1933 Mitglied der Deutschen Volkspartei und trat am 1. Mai 1937 in die Ortsgruppe Hamburg der NSDAP ein.[2] Er stellte sich in erster Linie deshalb auf die Seite der Nationalsozialisten, weil er von ihnen die Wiedererrichtung eines deutschen Kolonialreiches erwartete. Während der NS-Zeit publizierte er verstärkt Aufsätze zu rassenbiologischen oder kolonialrevisionistischen Themen, und auch das von ihm herausgegebene *Archiv für Schiffs- und Tropenhygiene* nahm sich vermehrt solcher Inhalte an. Mühlens leitete ab 1925 die klinische Abteilung des Tropeninstituts und führte es von 1934 bis zu seinem Tod 1943 als Direktor.[3] Mit Kriegsbeginn 1939 war Mühlens Beratender Hygieniker des Sanitätschefs der Kriegsmarine und Hygienischer Berater der bulgarischen Armee, im Januar 1942 wurde er Bevollmächtigter zur Bekämpfung des Fleckfiebers im Wehrkreis X. Mühlens starb am 7. Juni 1943 in Hamburg.[4] In einem Nachruf im *Deutschen Ärzteblatt* hieß es: »Mühlens wurde einer der großen Baumeister der Tropenmedizin. Er diente als Arzt der Menschheit und als Forscher seinem Vaterland bis zum letzten Atemzug.«[5]

1 Olpp, Gottlieb: Hervorragende Tropenärzte in Wort und Bild. München 1932, S. 285 f.; Nauck, Ernst Georg: 50 Jahre Hamburger Tropeninstitut. In: Zeitschrift für Tropenmedizin und Parasitologie 2 (1950) 2, S. 151–175, hier S. 155.
2 BAB, 3200/P 0023, Bl. 246, NSDAP-Mitgliedskarte von Mühlens.
3 Tode, Sven: Forschen – Heilen – Lehren. 100 Jahre Hamburger Tropeninstitut. Hamburg 2000, S. 16 f.
4 StaA HH, 352-8/9 Bernhard-Nocht-Institut, Nr. 2–101, Lebenslauf von Peter Mühlens, bis 1938 selbst geführt, von Walter Menk ergänzt.
5 Lippelt, Heinrich: Prof. Dr. P. Mühlens. In: Deutsches Ärzteblatt 73 (1943) 13, vom 1. 7. 1943, S. 172.

endgültige Anstoß für die systematische Förderung der tropenmedizinischen Arbeiten erfolgte durch die Einsetzung eines »Sachbearbeiters für die Vorarbeiten auf dem Gebiete des Gesundheitswesens im Kolonialdienst« im Februar 1937. Dessen erstes Ziel war die Schulung des Nachwuchses. Aufschwung bekamen die Vorarbeiten ferner durch die Zuweisung von Vierjahresplanmitteln an die Fachsparte Medizin des RFR. Die Deutsche Forschungsgemeinschaft vergab entsprechende Stipendien an geeignete Ärzte, die sich zu einer Tätigkeit in den Tropen verpflichteten.[27] Mühlens bemühte sich weiter, für sein Institut eine Monopolstellung in der Ausbildung zu erreichen. Mitte Mai 1939 sollte dort ein neunwöchiger Vorbereitungskurs für immerhin 50 Ärzte beginnen.[28] In Gestalt der Militärärztlichen Akademie Berlin kristallisierte sich jedoch ein ernstzunehmender Konkurrent für die Hamburger Bestrebungen heraus, deren Mitarbeiter eigene Vorstellungen für die künftige sanitäre Organisation in den Kolonien entwickelten. Sie wichen zwar inhaltlich kaum von den sonst kursierenden ab, waren allerdings – nicht zuletzt durch den Einfluss des Leiters der Militärärztlichen Akademie, Ernst Rodenwaldt – stärker rassenpolitisch motiviert.[29]

Kolonialpolizei und koloniale Wehrmacht

Die massiven Bemühungen um die Aufstellung einer Kolonialpolizei setzten spätestens 1936 ein und umfassten vorbereitende Arbeiten für ihren Einsatz in den künftigen deutschen Kolonien, den Entwurf eines Polizeiverwaltungsgesetzes und die Planung des Personalbedarfs.[30] Es herrschte weitgehend Konsens darüber, dass wenigstens ein Teil der Angehörigen der kolonialen Landespolizei die wichtigsten »Eingeborenensprachen« beherrschen sollte. Als Sprachen kamen Suaheli, Ewe oder Haussa, Duala, Jaunde und Ful in Betracht.[31] Die Sprachschulung konzentrierte sich auf die beiden renommierten Institute für afrikanische Sprachen in Hamburg und Berlin. In Berlin engagierte sich ferner die Ausland-Hochschule in diesem Bereich.[32] Dort fand ein erster Kolonial-Sonderkurs für Polizeibeamte im Februar 1938 statt. Er beinhaltete 60 Sprachstunden sowie mehrere Vorlesungen über Kartographieren, Kolonialrecht, Tropenhygiene und Kolonialtechnik.[33] Der Versuch wurde als geglückt eingestuft, und der Chef der Ordnungspolizei schlug Folgekurse vor.[34]

Im März 1939 forderte Himmler Offiziere und Mannschaften der Polizei auf, sich zur »Vorbereitung der Aufstellung einer zur Verwendung in den Schutzgebieten geeigneten Polizeitruppe« freiwillig zu melden.[35] Es meldeten sich 380 Offiziere und 2000 Wachtmeister. Die Offiziere wurden auf ihre Tropendienstfähigkeit hin untersucht. Der Generalinspekteur der Polizeischulen, Karl Pfeffer-Wildenbruch, und Major Fritz Kumnetz fuhren am 20. Mai 1939 nach Rom, um die Ausbildung von Polizeioffizieren im italienisch besetzten Libyen und Abessinien zu besprechen.[36] Man nutzte die Zeit dort auch zum Studium der italienischen Kolonialpolizei und der Verwaltungs- und Gesetzesvorschriften, inklusive der Rassenpolitik, da man dachte, einige Punkte könnten für die deutsche Kolonialpolizei relevant werden. Das betraf etwa die Übernahme der Verwaltung durch Wehrmacht und Polizei in der ersten Zeit, die direkte Unterstellung des Befehlshabers der Landespolizei unter den Kolonialminister, den Einsatz von motorisierten Sonderabteilungen und Flugzeugen bei der Kolonialpolizei sowie die Bevorzugung von verheirateten Kräften.[37]

Was die Aufstellung einer Kolonialtruppe betraf, so wurde man ebenfalls aktiv. Hitler befahl Anfang 1938 Kriegsminister Werner von Blomberg, diesbezügliche Vorarbeiten durch einen Offizier mit Kolonialerfahrung durchführen zu lassen. Der ausgewählte Werner von Geldern wurde am 1. März 1938 als alleiniger Kolonialreferent in das Oberkommando der Wehrmacht (OKW) versetzt.[38] Auch Marine und Heer trafen Vorbereitungen für die Aufstellung einer Schutztruppe. Am weitesten voraus war die Kriegsmarine. Sie hatte im Mai 1938 Stoßtrupps in Form von zwei Kompanien in Cuxhaven und Swinemünde aufgestellt und entsprechende Ausbildungsrichtlinien erlassen. Für das Heer wurde das Infanterie-Regiment 69 in Hamburg als Kern der neuen Schutztruppe in Betracht gezogen.[39] Hinsichtlich der kolonialen Wehrmacht vertrat Epp die Ansicht, dass die Ausbildung von Kolonialtruppen Zeit brauche und man deshalb nicht früh genug damit beginnen könne. Die Einheiten der Kriegsmarine taugten nach seiner Einschätzung nur für eine Besetzung der Küsten. Für eine schnelle Okkupation des Landesinneren von Kolonien seien aber nur Truppen des Heeres zu verwenden.[40]

Auf dem Weg zur hamburgischen Kolonialuniversität

Nicht nur auf juristischem, medizinischem sowie polizeilichem bzw. militärischem Gebiet machte man sich ab 1936 an konkrete Vorbereitungen für den künftigen Kolonialbesitz, sondern auch in der Wissenschaft. Im Zentrum stand dabei der Ausbau der Hamburger Universität, die starke koloniale Wurzeln hatte, da sie 1919 aus dem 1908 gegründeten Kolonialinstitut hervorgegangen war, das in der Universität aufging. Neben der Universität gab es in Hamburg unter anderem noch das Institut für Schiffs- und Tropenkrankheiten sowie das Hamburgische Welt-Wirtschafts-Archiv, die sich ebenfalls mit kolonialen Fragen beschäftigten. Wissenschaft, Politik und Wirtschaft, die in der Hansestadt besonders eng zusammenarbeiteten, waren ab 1933 emsig bemüht, die Universität wieder in koloniales Fahrwasser zu bringen.[41]

Im Bereich der Lehre und Forschung stach die Wiedereröffnung des Hamburgischen Kolonialinstituts im April 1938 hervor, die innerhalb der deutschen Kolonialbewegung sehr begrüßt wurde.[42] Reichsminister Rust erklärte sich im November 1938 ausdrücklich mit der Aufnahme der Tätigkeit des Kolonialinstituts einverstanden.[43] Das »neue« Hamburger Kolonialinstitut begann mit einem Sonderlehrgang, an dem 400 Studenten teilnahmen. Ab dem Wintersemester 1938/39 gab es ein besonderes Vorlesungsverzeichnis, und Mitte 1939 umfasste das Institut 31 Professoren und Dozenten sowie elf Wissenschaftliche Räte und Assistenten. Am 9. Mai 1939 erfolgte die feierliche Eröffnung. »Das neue Kolonial-

Auf dem Weg zur »Kolonialuniversität«: Vorlesung über tropische Fettpflanzen an der Hansischen Universität Hamburg, 1937.

Institut nimmt seine Arbeit auf in unerschütterlichem Glauben, daß der Tag kommen wird, da die Fahne des neuen Reiches wieder über deutschem überseeischem Kolonialland wehen wird!«, hieß es in der *Afrika-Rundschau*.[44] An der Universität selbst sah man sich in der Tradition des alten Kolonialinstituts. Seitdem habe die koloniale wissenschaftliche Tätigkeit in Hamburg niemals vollständig geruht, sondern sei ständig entwickelt und gepflegt worden. Aufgabe des neuen Institutes war die planmäßige Zusammenfassung der auf die Forschung und Lehre gerichteten kolonialwissenschaftlichen Arbeit der Universität und ihre Nutzbarmachung für die Praxis.[45]

Die Ziele waren aber noch viel weiter gesteckt: Die kolonial interessierten Hamburger Kreise wollten zumindest eine Hansische Kolonialhochschule im Rahmen der Universität aufbauen, wenn nicht gar eine eigenständige Kolonialuniversität etablieren, wie sie in Antwerpen existierte.[46] Die Handelskammer setzte sich ebenfalls für einen entsprechenden Ausbau der Universität ein. Reichsstatthalter Karl Kaufmann flankierte diese Bemühungen von politischer Seite.[47] Er wünschte explizit, dass der Lehrbetrieb noch deutlicher als bisher auf die Gebiete der Auslands- und Überseekunde sowie des Kolonialwesens auszurichten und im Blick auf dieses Ziel der geplante Neubau der Universität zu fördern seien. Professor Adolf Rein wurde von der Universität als Sonderbeauftragter für die Fragen der Ausrichtung des Lehrbetriebs der Universität und ihrer künftigen baulichen Gestaltung berufen.[48] Rein sah die Hauptaufgaben einer Kolonialen Universität in der wissenschaftlichen Bearbeitung der kolonialen Fragen und in der Ausbildung des Personals für die maßgeblichen Stellen im kolonialen Staats- und Wirtschaftsleben.[49]

Zur Abrundung dieser universitären Pläne versuchten die Hamburger noch weitere koloniale Einrichtungen in die Hansestadt zu locken. Als es Gerüchte über den Bau einer Kolonialverwaltungsschule in Templin in der Uckermark gab, brachte man Hamburg als den einzig möglichen Sitz ins Gespräch.[50] Gleiches galt für den geplanten Kolonialgerichtshof. Hier bemühten sich die Hamburger ebenfalls, ihre Stadt als den idealen Standort zu präsentieren.[51] Göring hatte auf einer Tagung in Berlin bereits verkündet, dass das 1931 gegründete kolonial-forstliche Institut von Tharandt nach Hamburg übersiedeln werde. Das Institut sollte in diesem Zuge zu einem Reichsinstitut aufgewertet werden, was im Oktober 1939 geschah. Im April 1940 übersiedelte es in das dafür umgebaute Schloss Reinbek.[52]

Kolonialprodukte für den Vierjahresplan

Hatte es sich im Februar 1933 noch um eine reine Propagandalosung Hitlers gehandelt, so entwickelte sich der auf dem Reichsparteitag 1936 verkündete sogenannte Zweite Vierjahresplan zu einer aufwendigen bürokratischen Institution im Range einer Obersten Reichsbehörde. Er zielte auf eine rüstungswirtschaftliche Lenkung der deutschen Wirtschaft ab, die sich in einer schwierigen Versorgungslage befand. Hermann Göring sollte als »Beauftragter für den Vierjahresplan« die deutsche Wirtschaft in vier Jahren auf einen kriegsfähigen Stand bringen, also forciert das rüstungswirtschaftliche Potential und die Autarkie erhöhen.[53] Da aufgrund des akuten deutschen Devisenmangels kriegswirtschaftlich wichtige Erzeugnisse nur sehr spärlich im Ausland erworben werden konnten, gewann die Idee, wichtige Rohstoffe über deutsche Produzenten in den ehemaligen Kolonien zu beziehen, an Attraktivität.[54] Für Kurt Weigelt war die zentrale Frage: »Was braucht die Heimat?« Ganz gleich, wie die Antwort inhaltlich ausfalle, müsse die Kolonialwirtschaft in jedem Fall zukünftig planmäßig im Rahmen sinnvoller Maßnahmen geleitet werden: »Es wird im wesentlichen das zukünftige deutsche Kolonialprogramm kennzeichnen, dass es nicht eine Frage des laisser faire und laisser aller ist und nicht nackte Ausbeutung gestattet. Es ist in erster Linie ein deutsches Arbeits- und Organisationsprogramm und berechtigt zu der Überzeugung, daß wir diese Gebiete mit den lebenspendenden Mitteln deutscher Arbeit zweckmässiger entwickeln werden als andere.«[55]

Die von Weigelt geleitete Deko-Gruppe konzentrierte ihre Aktivitäten vor Ort zunächst auf Kamerun und arbeitete mit prominenten Kolonialwissenschaftlern zusammen. So traf der Direktor des Institutes für ausländische und koloniale Forstwirtschaft in Tharandt, Franz Heske, mit der deutschen Debundscha-Pflanzung in Kamerun, die 1924 zurückerworben worden war, eine Vereinbarung in »Erkenntnis der dringenden Notwendigkeit, jetzt schon forstwirtschaftliche

Untersuchungen auf Kameruner Boden aufzunehmen«.[56] Auf den Kameruner Pflanzungen arbeiteten mehrere deutsche Forstwissenschaftler an der Frage, wie weit sich das Gebiet für den Anbau verschiedener Hölzer eignete. Das Aufbauprogramm der Debundscha-Pflanzung sollte in erster Linie den Erfordernissen des Vierjahresplans entsprechen.[57] Nach Ansicht der Experten gewann Holz als Rohstoff immer stärkere Bedeutung, etwa in der Form von Sperrholz, Zell- und Faserstoff, Zeitungspapier oder Kunstseide. Deshalb benötige man die koloniale Forstwirtschaft als Ausgleich für den vermehrten heimischen Einschlag. Auf der Likomba-Pflanzung im britischen Mandatsteil von Kamerun sollte mit Reichsmitteln eine Zellulosefabrik errichtet werden.[58]

Kolonialprodukte für den Vierjahresplan: Werbedia des Reichskolonialbundes, 1936/38.

Unter der Führung der Deutschen Bank wurde im Frühjahr 1937 das Übersee-Holz-Syndikat gegründet, an dem die wichtigsten deutschen Zellstoff-Fabriken beteiligt waren. Es setzte sich die Aufgabe, neue Rohstoffquellen für die Zelluloseherstellung zu erschließen, wobei insbesondere an die Verwertung tropischer Weichhölzer gedacht wurde. Das Syndikat nahm Verhandlungen über eine Mehrheitsbeteiligung bei der portugiesischen Firma Compagnia de Cabinda in Angola auf.[59]

Weigelt plante, analog zum Übersee-Holz-Syndikat ein Übersee-Minen-Syndikat zu gründen. An ihm sollten neben den vier Berliner Großbanken das Amt für deutsche Roh- und Werkstoffe, der Metallhandel und die Industrie sowie französische Unternehmen beteiligt werden. Durch sie wollte man Zugang nach Togo, Dahomey und Kamerun bekommen.[60] In Verhandlungen mit dem französischen Kolonialminister konnte Weigelt die Erlaubnis zur Einreise für deutsche Forscher in französische Kolonien erreichen.[61] Weigelt bemühte sich bei seinen Gesprächen in Paris weiter um deutsch-französische Gemeinschaftsprojekte, von denen einzelne im Frühjahr 1939 spruchreif schienen. Bei den Gemeinschaftsprojekten handelte es sich unter anderem um die Ausbeutung der Erzvorkommen von Conakry durch die deutsche Firma Otto Wolff und den Abbau bestimmter Erze in Marokko.[62]

Ein besonders dringliches Problem der deutschen Wirtschaft bestand in der sogenannten Fettlücke, also dem Mangel an tierischen und pflanzlichen Fetten. Ausgedehnte Plantagen in Kamerun sollten nach Ansicht einiger Kolonialplaner das Problem lösen und die »Fettlücke« schließen können.[63] Die Produktion in den

Loyal zu Reich und »Führer« – »Vorposten« in Afrika für den künftigen Kolonialbesitz: die Deutschen in Kamerun bei der Wahl 1938.

Mandatsgebieten sei, so Weigelt, gegenwärtig schon in der Lage, rund 18 Prozent des deutschen Einfuhrbedarfs an Fetten und Ölen zu liefern und könne im Falle zielgerichteter Förderung einen noch weit höheren Prozentsatz decken.[64] Der Chef der Pflanzungsgesellschaft Victoria, Wilhelm Kemner, untersuchte auf Wunsch von Weigelt im Frühjahr 1937 die Möglichkeiten, Kamerun in den deutschen Vierjahresplan einbeziehen zu können. Die Deko-Gruppe wollte versuchen, in einem Bezirk ein Monopol für den Ankauf bzw. den Anbau von Erdnüssen zu erhalten. Es war aber klar, dass die Produkte in Devisen gezahlt werden mussten oder durch den Verkauf deutscher Waren kompensiert würden. Kemner riet aus diesen Gründen von der großflächigen Neuanlage von Erdnusskulturen ab und empfahl stattdessen, den Export deutscher Waren mit allen Mitteln zu steigern und die Erdnüsse einzukaufen.[65] Das sah Weigelt anders.

In einer Eingabe an das Reichswirtschaftsministerium vom 8. September 1937 forderte die Deko-Gruppe eine systematische Entwicklung der »nationalwirtschaftlich wertvollen Kulturen« in den ehemaligen deutschen Kolonien und bat um entsprechende Finanzmittel.[66] Die Deko-Gruppe bzw. das KPA wollten sich unter den Schutz von Görings Vierjahresplanbehörde, genauer gesagt dem Amt für deutsche Roh- und Werkstoffe stellen, das die Betreuung der wirtschaftlichen Vorhaben auf kolonialwirtschaftlichem Gebiete übernehmen sollte, um eine einheitliche Steuerung zu ermöglichen. Dem Amt war der Gedanke einer »Produk-

»Deutsche Kamerun-Bananen«? – Der Kolonialwirtschaftler Willi Ganssauge

Willy Ganssauge, 50er Jahre.

Willi Ganssauge wurde am 3. Mai 1901 in Hamburg geboren. 1919 machte er sein Abitur am Altonaer Realgymnasium, begann anschließend eine Lehre bei einem Schiffsmakler und ab 1920 als Außenhandelskaufmann bei der Reederei F. Laeisz, bei der sein Vater Teilhaber war. Dort stieg er 1925 zum Prokurist auf, später zum Geschäftsführer der Tochtergesellschaft Afrikanische Frucht-Compagnie AG (AFC), die in Kamerun Bananen anbaute.

Bedingt durch die führende Position der AFC spielte Ganssauge eine wichtige Rolle in verschiedenen Wirtschaftsorganisationen, so als Plenumsmitglied der Industrie- und Handelskammer Hamburg von 1938 bis 1944 und im Afrika-Verein. Von 1937 bis Mitte 1940 führte Ganssauge den Vorsitz dieses Interessenverbandes. Bei der Gruppe Deutscher Kolonialwirtschaftlicher Unternehmungen saß Ganssauge im Landesausschuss für Westafrika und im Fachausschuss für Arbeiterfragen, ferner im Beirat des von Weigelt gegründeten Übersee-Holz-Syndikats. Der umtriebige Ganssauge engagierte sich auch im wissenschaftlichen Bereich: So gehörte er zum »Gründer-Konsortium« des Hamburgischen Welt-Wirtschafts-Archivs, war äußerst aktiv in der Gesellschaft der Kaufleute im Hansischen Hochschulring, einer seit 1937 tätigen Sponsorengruppe für die Hamburger Universität, und gründete die Koloniale Arbeitsgemeinschaft dieser Gesellschaft. Als einer der eifrigsten Propagandisten einer engen Zusammenarbeit von Wirtschaft und Wissenschaft war er Beiratsmitglied des im Mai 1939 wiedereröffneten Hamburger Kolonialinstituts und gehörte zur »Hundertschaft« der Vereinigung der Freunde des Hamburger Tropeninstituts.

Nach 1945 baute er das Überseegeschäft von Laeisz wieder mit auf. Er saß erneut im Vorstand des Afrika-Vereins und war im Ausschuss für Volkswirtschaft der Hamburger Handelskammer tätig. Ganz im Sinne Hamburger Mäzenatentums war er ab 1937 Vorsitzender des Bezirksvereins der Deutschen Gesellschaft zur Rettung Schiffbrüchiger und engagierte sich ab 1951 für das erste Hamburger Studentenwohnheim. Von 1953 bis 1957 saß er als Abgeordneter des Hamburg Blocks, eines Zusammenschlusses von CDU, FDP und Deutscher Partei, in der Hamburger Bürgerschaft.[1] Willi Ganssauge verstarb 1992.[2]

1 HWWA, Zeitungsausschnittsammlung, Personenmappe Ganssauge, Das Porträt. Willi Ganssauge. In: Die Welt vom 6. 5. 1961; Das Porträt. Willi Ganssauge. In: Mitteilungen der Handelskammer Hamburg, Nr. 10, Oktober 1971.
2 Zu Ganssauge und zur AFC vgl. Linne, Karsten: »Deutsche Kamerun-Bananen«. Die Afrikanische Frucht-Compagnie Aktiengesellschaft. In: Möhle, Heiko (Hg.): Branntwein, Bibeln und Bananen. Der deutsche Kolonialismus in Afrika – Spurensuche in Hamburg. Hamburg 1999, S. 143–148.

Beladen eines Dampfers der Afrikanischen Frucht-Compagnie in Tiko (Kamerun) mit Bananen, Mitte der 30er Jahre.

tion von deutschen Rohstoffen mit Hilfe der eigenen Währung im zukünftigen Kolonialraum« sehr sympathisch.[67]

Viele deutsche Plantagen in Kamerun waren, wie erwähnt, in den 20er Jahren von den deutschen Besitzern nach ihrer Enteignung durch die Alliierten zurückgekauft worden. Besonders die hamburgische Afrikanische Frucht-Compagnie (AFC) hatte sich in den Folgejahren stark im expandierenden Bananen-Geschäft engagiert und die »deutsche Kamerun-Banane« propagiert.[68] Ihr Chef Willi Ganssauge erweiterte 1937 die Tätigkeit seiner Firma zu einem Konzept eines deutschen Wirtschaftsgebiets in Übersee.[69] Auf die AFC und andere wirtschaftlich gesunde Firmen griff die Deko-Gruppe bei ihrem Programm der Förderung »nationalwirtschaftlich wichtiger« Kulturen zurück. Mehrere Kamerun-Gesellschaften meldeten sich an, um sie anzupflanzen. Vorher sollten die Plantagen mit Bananen bestellt werden, später mit Kautschuk, Kakao und Ölpalmen.[70] Die verlangten Anbauerweiterungen von Kautschuk- und Ölpalmenkulturen konnten aber die Pflanzungen nicht aus eigenen Mitteln finanzieren. Die Deko-Gruppe richtete deshalb einen »Fonds zur Förderung nationalwirtschaftlich wertvoller Kulturen in den früheren Schutzgebieten« ein. Über die Festsetzung des Verteilungsschlüssels für die auf einem besonderen Konto der AFC angesammelten Beträge aus dem Fonds kam es immer wieder zu Auseinandersetzungen.[71] Die Zuständigkeit für den »Bananenfonds« ging im Juni 1938 auf das Reichswirtschaftsministerium über, seine Bewirtschaftung lag bei der Deko-Gruppe. Für die Neuanlage der

Ankunft »deutscher Kamerun-Bananen« der Afrikanischen Frucht-Comagnie im Hamburger Hafen, 1935.

»Deko-Kulturen« wurde ein staatliches Anbauprogramm erstellt. Bei den im Rahmen dieses Programms neu anzulegenden Ölpalmen- und Kautschuk-Kulturen war eine Bananenvorkultur nicht zulässig, eine weitere Ausdehnung der Bananenproduktion ebenfalls nicht geplant. Für das erste Jahr vom April 1938 bis zum März 1939 waren Ausgaben von 576 200 RM vorgesehen; vorausgeplant wurde bis 1949/50, bis dahin wurden Kosten von über 4,8 Millionen RM veranschlagt. Die Umsetzung des Programms lief jedoch schleppend an.[72] Der Kriegsbeginn verhinderte die geplante Ausdehnung des Deko-Programms auf andere Gebiete als Kamerun.[73]

Arbeiterfrage und Rassentrennung

Die überwiegende Mehrheit der Kolonialplaner jeglicher Couleur teilte eine Einschätzung: »So ist die alte deutsche Erkenntnis, daß die Eingeborenen das größte wirtschaftliche Aktivum einer tropischen Kolonie sind, heute erst recht gültig.«[74] In der Tat war diese Ansicht schon zu Kolonialzeiten geäußert worden. Der damalige Kolonialstaatssekretär Bernhard Dernburg hatte 1907 fast dieselben Worte benutzt, als er erklärte, die »manuelle Leistung des Eingeborenen [sei] das wichtigste Aktivum« der Kolonien.[75] Das war nicht nur eine rhetorische Kontinuität. Hinsichtlich der Arbeits- und Sozialpolitik griffen die NS-Kolonialplaner

Deutsche Traditionen der Kontrolle von Afrikanern: südwestafrikanische »Pass-Marke« von 1907.

auf Überlegungen und praktische Erfahrungen zurück, die aus der Zeit der deutschen Kolonialherrschaft stammten. Um dies deutlich zu machen, lohnt sich ein Blick zurück, insbesondere in die ehemalige Kolonie Deutsch-Südwestafrika, die bei der arbeits- und sozialpolitisch bedeutsamen Frage der Kontrolle und Erfassung der Bevölkerung eine Vorreiterrolle eingenommen hatte.

Bereits die erste der sogenannten Eingeborenenverordnungen, die »Bezirks-Polizeiverordnung, betreffend das Verhältnis der Arbeitgeber zu den Arbeitern« vom 3. Juli 1894, enthielt alle Aspekte, die in den nächsten 20 Jahren der Kolonialpolitik gegenüber den Südwestafrikanern das Gepräge gaben und unter dem Nationalsozialismus aufgegriffen bzw. modifiziert wurden: Die Arbeitsverträge mussten nach Möglichkeit schriftlich oder vor der Polizeibehörde abgeschlossen werden. Für entflohene Arbeiter waren Verfolgung und Bestrafung vorgesehen. Vagabundierende ohne Vermögen und festen Unterhalt konnten zur Arbeit gezwungen werden.[76] Der Aspekt der Kontrolle tauchte bereits in den Debatten um die Ausdehnung der »Bezirks-Polizeiverordnung« auf. So sollte jeder von Europäern beschäftigte Afrikaner bei Abschluss des Dienstvertrages eine nummerierte »Dienstmarke« erhalten. Als »Legitimationsmittel« hatte jeder Afrikaner die Marke »an seiner Kleidung bzw. an seinem Lendenschurz befestigt zu tragen«. Der Verordnungsentwurf vom August 1900 sah die Passpflicht für jeden Afrikaner vor, der sich außerhalb seines »Stammesgebietes« bewegte.[77]

Die späteren »Eingeborenenverordnungen« von 1906/07 vervollständigten in einigen wichtigen Punkten das System der Kontrolle. Das »Dienstbuch« war praktisch ein zweiter Pass, der die Fluktuation der afrikanischen Arbeitskräfte verhindern sollte. Afrikaner ohne Arbeitsvertrag waren völlig rechtlos, da sie als Landstreicher bestraft werden konnten. Die Beendigung des Dienstverhältnisses musste von der Polizei bestätigt werden. Ein Verlassen des Aufenthaltsortes war währenddessen verboten. Wer weglief, konnte zur Fortsetzung des Dienstverhältnisses gezwungen werden.[78] Bei einigen Historikern geraten die »Eingeborenenverordnungen« von 1906/07 zu einem paradigmatischen Beispiel, da sie die Beziehungen zwischen Weißen und Afrikanern in Südwestafrika auf eine neue rechtliche Basis stellten. Sie legten die Grundlage für eine Arbeitsmarktordnung, welche die Afrikaner zu einem frei verfügbaren Arbeiterreservoir degradierte. Ziel dieser Politik war eine vollständige »Umerziehung« der Afrikaner in einem tiefgreifenden Prozess der sozialen Disziplinierung.[79] Angestrebt wurde eine möglichst umfassende Mobilisierung, ein »halbfreier« Arbeitsmarkt, mit dem die auf Zwang basierende Rekrutierung des afrikanischen Arbeitskräftepotentials allmählich durch die »freiwillige« Arbeitsaufnahme abgelöst werden sollte.[80] Der Krieg gegen die Herero und Nama beschleunigte die Errichtung des Überwachungsstaates. Oberstes Ziel war die Einrichtung einer »rassischen Privilegiengesellschaft«, in der die Afrikaner die Rolle billiger Arbeitskräfte spielen sollten. Dazu war ihre umfassende Registrierung und fortwährende Kontrolle unerlässlich.[81]

In der NS-Zeit wurden solche Überlegungen aufgegriffen und weiterentwickelt. So formulierte der Ethnologe Richard Thurnwald 1938 die Aufgabe der Arbeitspolitik in Afrika: »Die eingeborene Arbeitskraft bildet die Grundlage und Voraussetzung für die Gewinnung der Rohstoffe in den tropischen Ländern. Man muß sie bewahren, und man muß die Eingeborenen selbst auch arbeitsfreudig erhalten.«[82] Die Planer, die eine Massensiedlung von Europäern in Afrika ablehnten, argumentierten, dass Weiße im kolonialen Raum nur »Herr und Gebieter«, die geistigen Lenker und Organisatoren der Arbeit sein sollten. Unter dieser weißen Führungsschicht sei die eigentliche Erschließung der Rohstoffquellen des Landes die Aufgabe der afrikanischen Arbeiter.[83]

Eines der wichtigsten Probleme einer künftigen deutschen Kolonialherrschaft bildete deshalb der Arbeitermangel. Zentral war dabei die Frage, wie die an Subsistenzwirtschaft gewöhnten Afrikaner zur Lohnarbeit gebracht werden könnten. Bislang war der Arbeitermangel kaum überwunden worden, es herrschte eine Konkurrenz um die Arbeitskräfte, welche die Arbeiterwanderung förderte. Diese habe fatale Folgen gehabt: eine Erhöhung der Sterblichkeit, eine Zerrüttung der »Stämme« und Familien sowie die Verbreitung von Krankheiten.[84]

Zur Lösung des Arbeiterproblems schlug Thurnwald vor, in der Nähe von großen Pflanzungen, Bergwerken etc. weitläufige »wohlgepflegte und beaufsichtigte« Siedlungen anzulegen, bei denen eine entsprechende Fläche des Bodens für die Bearbeitung durch die Frauen vorzusehen sei. Auf diese Weise würden die afrikanischen Industriearbeiter und sonstigen Angestellten ihre Beziehungen zum Land nicht völlig verlieren und die Entstehung eines schwarzen Proletariats verhindert werden.[85] Die Heranziehung der »Eingeborenen« zur Arbeit in festen Dienstverhältnissen fand nach Ansicht des Kolonialrats – ein Gremium von Honoratioren, das den Bundesführer des Reichskolonialbundes beriet und unterstützte – ihre Grenze in der Fürsorge um die Erhaltung der Familien und Dorfgemeinschaften. Die Europäerbetriebe – also die Betriebe, die von Europäern geleitet wurden, im Gegensatz zur »Eingeborenenwirtschaft« – sollten deshalb ihre Arbeiter nach Möglichkeit aus der unmittelbaren Nachbarschaft rekrutieren. Wenn Arbeiter aus weiter entfernt gelegenen Gebieten geholt würden, sollte unbedingt ihre Sesshaftmachung angestrebt werden.[86] Eines der wichtigsten Ziele einer vorausschauenden »Eingeborenenpolitik« sollte es sein, eine »Stammesentfremdung« der Arbeiter zu verhindern. Dafür böten sich zwei Methoden an: die Förderung der »freien Eingeborenenkulturen« und ein System der Teilpacht, das

Ein Altnazi als kolonialer Sozialplaner: Wilhelm Rothhaupt

Wilhelm Rothhaupt, 1935.

Wilhelm Rothhaupt wurde am 8. Dezember 1888 in Mehlsack/Ostpreußen als Sohn eines Königlichen Eisenbahnzugführers geboren. Nach dem Besuch der Oberrealschule in Allenstein absolvierte er eine Lehrzeit in einem Sägewerk und wurde Holzkaufmann. Im Dezember 1912 ließ er sich von der Deutsch-Ostafrika-Compagnie als Pflanzungs-Assistent verpflichten. Er war bis August 1914 auf der Sisalpflanzung Kikwetu bei Lindi tätig. Danach kämpfte er in der Schutztruppe unter General von Lettow-Vorbeck, bis er 1918 wegen Krankheit den Engländern übergeben wurde. Bis 1926 war er Mitinhaber einer Großfärberei in Wien. Später widmete er sich hauptberuflich der Schriftstellerei und verfolgte seine politischen Ambitionen. Er gründete 1924 in Wien den »Bund deutscher Kolonialfreunde«, den er 1927 der Deutschen Kolonialgesellschaft unterstellte. In den Jahren 1928/29 war er als Leiter einer Film- und Jagdexpedition in Ostafrika und 1931/32 erneut auf einer Studienreise durch West-, Süd- und Ostafrika. In den Folgejahren engagierte er sich für die NSDAP in Österreich, in die er am 16. März 1932 eingetreten war. Als Schulungsleiter der NSDAP-Bezirksgruppe Mariahilf in Wien musste er nach der Aufdeckung geheimer Korrespondenz im Juni 1935 das Land verlassen. Er emigrierte nach Berlin und übernahm Funktionen im Apparat des Reichsministeriums für Volksaufklärung und Propaganda und des Reichskolonialbundes, danach im Kulturamt der Deutschen Arbeitsfront.[1]

1938 trat Rothhaupt in das Arbeitswissenschaftliche Institut (AwI) ein und bearbeitete die Fragen der kolonialen Sozialpolitik, zunächst im Rahmen der Auslandsabteilung, zu deren Leiter er avancierte, bevor er 1939 Leiter des neu geschaffenen Referats für Koloniale Sozialpolitik wurde. Damit war er einer der wenigen bürgerlichen Altnazis unter den Referatsleitern im AwI.[2] Rothhaupt war noch mindestens bis zum Oktober 1943 im Institut beschäftigt.[3] Nachdem seine Wohnung in Berlin ausgebombt worden war, bezog er im September 1944 einen neuen Dienstsitz auf der Ordensburg Crössinsee in Pommern. Danach verlieren sich seine Spuren. Nach 1945 lebte er in Kitzbühel in Tirol und nahm seine belletristische Produktion wieder auf. Über sein weiteres Schicksal ist nichts bekannt.[4]

---

1 BAB, R 1001/6736, Bl. 247, Schreiben des Obmannes der Deutschen Kolonialgesellschaft Wien, Schneider, an das Auswärtige Amt vom 29. 10. 1937.
2 Vgl. insgesamt zu seiner Vita Rothaupt, Wilhelm: Jagdabenteuer in Deutsch-Ostafrika. Bochum 1941, S. 263.
3 Begleitzettel zur AwI-Denkschrift »Kritische Bilanz der nationalsozialistischen Sozialpolitik« vom 19. 10. 1943. Zit. nach: Sozialstrategien, Teil B/Abt. 2, Fiche 130, Bl. 696.
4 BAB, NS 5 I/237, Bericht von Marcel Mitschke vom 24. 7. 1953.

Der Arbeitermangel als Hauptproblem: afrikanische Arbeiter beim Schneiden von Sisal auf einer Plantage in Ostafrika, Mitte der 30er Jahre.

die afrikanischen Produzenten einer schärferen Kontrolle durch die Europäer unterwerfe.[87]

Bei den Fragen der Arbeits- und Sozialpolitik spielte das 1935 von der Deutschen Arbeitsfront als Experten-Instanz zur Lösung sozialpolitischer Probleme gegründete Arbeitswissenschaftliche Institut (AwI) eine zentrale Rolle. Was die Arbeiterfrage betraf, so war das dort 1938 eingerichtete Referat Koloniale Sozialpolitik unter seinem Leiter Wilhelm Rothhaupt zunächst ganz auf einen »Plantagen-Paternalismus« eingeschworen. Der afrikanische Arbeiter wolle laut Rothhaupt gelenkt und geführt werden, ohne dass er diese Betreuung als Zwang empfinde. Ihn zum »freiwilligen Helfer« zu gewinnen hieße nicht nur, die Arbeiterknappheit bekämpfen, sondern auch die Arbeitsleistungen sichern und erhöhen.[88] Der Schlüsselgedanke dabei war, den unterstellten »Gemeinschaftssinn« beim Aufbau einer umfassenden Arbeitsorganisation zu nutzen. Deshalb sollte die private Anwerbung einer amtlichen Arbeitsvermittlung weichen, die nicht nur für einen planmäßigen Arbeitseinsatz, sondern auch für die sozialrechtliche Betreuung der Arbeiter zuständig sein sollte.[89]

Ein »Heimatdienst« sollte unter der Führung eines bestellten »Arbeitspflegers« alle arbeitsfähigen Männer einer Gemeinde umfassen. Der »Arbeitspfleger« – entweder der Gemeindeälteste selbst oder sein Schreiber – meldete die Namen der Arbeitssuchenden an die Arbeitsvermittlungsstellen weiter. In den kolonialen Produktionsbetrieben sollten sie die afrikanischen Lohnarbeiter sozialfürsorgerisch betreuen.[90] Im Sammellager der Bezirksstelle sollte der verpflichtete Lohnarbeiter

Gediegene Wohnverhältnisse: »Europäersiedlung« der Westafrikanischen Pflanzungsgesellschaft Victoria in Kamerun, 1936/38.

gesundheitlich untersucht und ihm ein Arbeitsbuch ausgehändigt werden. Dem angeworbenen Lohnarbeiter sollte ferner von der Arbeitsvermittlungsstelle ein unter der Nummer seines Arbeitsbuches geführtes Konto eingerichtet werden, dem das bisher vom Unternehmen an den Anwerber gezahlte Geld zufließen sollte. Dieses erste Guthaben, die »Stammeinlage«, war »heimatgebunden« und sollte dem Arbeiter nach abgeleisteter Arbeit in der Heimat für Familiengründung und Ansiedlung ausgezahlt werden. Obligatorisch war nach Rothhaupt ein schriftlicher, vor der Arbeitsvermittlungsstelle abgeschlossener Arbeitsvertrag. Der Arbeitgeber musste auch die Kosten des Transports von der Sammelstelle der Arbeitsvermittlung zur Arbeitsstelle tragen. Nach Eintreffen in den Arbeitsorten war eine erneute ärztliche Untersuchung vorgeschrieben.[91]

Das Internationale Arbeitsamt in Genf hatte sich bereits seit den 20er Jahren mit kolonialen Sozialproblemen beschäftigt. Seine Vorschläge fanden weltweite Resonanz und wurden natürlich auch von den nationalsozialistischen Kolonialplanern aufmerksam zur Kenntnis genommen. Rothhaupt kritisierte die Entwürfe des Internationalen Arbeitsamtes zur Regelung der Arbeitsverträge vom Juli 1939. Der Wortlaut der Texte sei so elastisch gehalten, dass jede Kolonialbehörde in ihrer Arbeitsgesetzgebung nach Belieben verfahren könne. Eine einheitliche Sozialpolitik sei so keinesfalls gewährleistet.[92] Rothhaupt beendete seine Stellungnahme mit dem bekannten paternalistischen Blick auf die Afrikaner: »Dem eingeborenen Arbeiter muß der Unternehmer noch weit mehr Arbeitsführer, also Betreuer, als Arbeitgeber sein.«[93] Auch in der Überblicksdarstellung »Sozialpo-

Beengte Wohnverhältnisse: typisches afrikanisches Arbeitercamp der Moliwe-Farm in Kamerun. In einem Raum von vier Quadratmetern wohnten zwei Afrikaner, 1938.

litik im afrikanischen Kolonialraum«, die im AwI-Jahrbuch 1938 erschienen war, stellte der Verfasser – vermutlich handelte es sich ebenfalls um Rothhaupt – die »Menschenführung« in den Mittelpunkt. Wichtig sei vor allem die ruhige Behandlung der afrikanischen Arbeiter, »heftige und schreiende Anreden machen den Neger entweder störrisch oder gleichgültig«.[94] Die Denkschrift kritisierte die Kolonialpolitik der europäischen Mächte, vor allem aber deren Uneinheitlichkeit. Dagegen formulierte das Arbeitswissenschaftliche Institut sein Alternativprogramm: »Noch zu keiner Zeit hat sich der Neger Afrikas von einem wirklich selbstlosen Anwalt betreut gesehen. [...] Das Treuamt eines gerechten Mittlers des Eingeborenen wird also in der Kolonialpolitik von morgen eine erstmalige Erscheinung sein. Seine von Wissen, Willenskraft und Herz bestimmte Ausübung bedeutet die Gesundung der afrikanischen Eingeborenenpolitik.«[95]

Die Rede vom »selbstlosen Anwalt« und vom »Treuamt eines gerechten Mittlers« konnte schwerlich verhehlen, dass die deutschen Kolonialplaner in der afrikanischen Bevölkerung nur ein willfähriges Instrument zur Ausbeutung des Landes sahen. Mit ihnen näher zu tun haben wollten sie nicht. Im Gegenteil. Die wenigen Deutschen, die als Führungsschicht in den künftigen Kolonien vorgesehen waren, sollten sich durch eine strikte Rassentrennung von den Afrikanern separieren.

Die »Apartheid auf deutsch« entsprach den gängigen Vorstellungen der nationalsozialistischen Rassentheorie: Günther Hecht, Mitarbeiter des Rassenpolitischen Amtes der NSDAP, ging von natürlichen »Rassenunterschieden« aus; die

Praktizierte Rassentrennung als Vorbild künftiger Politik: »Farbigenabteil« in einem Zug auf der Strecke Windhuk–Swakopmund in Südwestafrika, Ende der 30er Jahre.

»Herrenvölker« hätten ein naturgegebenes »Lebensrecht«, das ihnen das Recht gebe, über andere Völker zu herrschen. Er wandte sich – wie alle Kolonialplaner – scharf gegen jede Form der »Rassenmischung«.[96] Der schon genannte Ethnologe Richard Thurnwald entwickelte ein komplettes Programm für eine Rassentrennung auf der Grundlage einer Dreiteilung der jeweiligen Kolonie in einen weißen, einen schwarzen und einen gemischten Siedlungsbereich. Dabei sollte es sich um geschlossene Siedlungsgebiete mit Kleinsiedlern in den Hochländern, Großbetriebe mit »Eingeborenenarbeit« und »Eingeborenenreservate« handeln.[97] Die Reservate sollten nicht von Weißen betreten werden, mit Ausnahme von »Betreuern«, Ärzten, Missionaren oder Technikern. Thurnwald empfahl, jedes schwarze Siedlungsgebiet einem deutschen »Betreuer« zu unterstellen.[98] Sein Konzept einer rigorosen Trennung der Siedlungsgebiete zielte in erster Linie darauf, einen »rein weissen Bezirk mit nur weisser Arbeit« zu schaffen. Diesem »weissen Land« stünde ein »schwarzes Land« gegenüber, die sogenannten Reservate. Dort, wo sich die Betriebe der Europäer befänden, sowie in Städten und Hafenorten gebe es »gemischtes Land«. Nur auf diese Weise könne man einerseits dem Zusammenarbeiten und Zusammenwirtschaften der Rassen und andererseits ihrer kulturellen Eigenart und Distanzierung Rechnung tragen.[99] Der »weisse Raum« sollte mit dem »schwarzen Raum« kaum in Berührung treten, hauptsächlich durch die Anwerbung afrikanischer Arbeitskräfte für die Unternehmen der Europäer. Die so entstehende Verflechtung der Tätigkeitsbereiche mache in gewissem Ausmaß

Die typische »rassische« Taxierung der Afrikaner. Originalunterschrift: »Bastard und Bantuneger, in Rasse und Kleidung entartet«, 1939.

das nachbarliche Siedeln unvermeidlich. Dort sollte eine scharfe Apartheidpolitik greifen, die sich von selbst ergebe: »Die Segregation ist etwas Natürliches und das Gegenteil nur durch Missionare, Schwärmer oder Verhetzer in die Afrikaner hineingebracht worden.«[100]

Solche Ansichten vertrat auch das Kolonialpolitische Amt. Laut Schulungsrichtlinien des KPA lehre der Nationalsozialismus anstatt des Rassenhasses die Rassenachtung. Er sei bestrebt, jeder Rasse ihr Volkstum und ihre Eigenarten zu erhalten.[101] In dieser Form verbrämten die Kolonialplaner häufig ihren Rassismus. Ein Beispiel dafür war der Tropenmediziner Fritz Zumpt, gleichzeitig Mitarbeiter im Rassenpolitischen Amt der NSDAP, Gau Hamburg. Angeblich habe der nationalsozialistische Rassenstandpunkt nichts mit Über- oder Unterbewertung irgendeiner Rasse zu tun, man sei lediglich der Ansicht, dass die Rassen dieser Erde verschieden, also anderswertig seien. Darüber hinaus besitze jede Rasse ihren Eigenwert und könne nur etwas leisten, wenn man sie davor bewahre, sich mit anderen Rassen, die ihr in körperlicher und seelischer Hinsicht fern stehen, zu vermischen: »Richtige Eingeborenenpolitik ist Rassenpolitik!«[102]

Der Kriegsbeginn als Zäsur: Herbst 1939 bis Frühsommer 1940

Mit dem deutschen Überfall auf Polen begann am 1. September 1939 der Zweite Weltkrieg. Der Kriegsbeginn markiert einen wichtigen Wendepunkt bei den Kolonialplanungen: Der bislang auf friedlichem Wege angestrebte Wiedererwerb von Kolonien wurde jetzt durch die militärische Option ergänzt. Hinzu kam, dass der aus deutscher Sicht zunächst äußerst erfolgreiche Kriegsverlauf die Planungseuphorie befeuerte.

Deutsche Kolonialfirmen im »Osteinsatz«

Für die deutschen Außenhandelsfirmen bedeutete der Kriegsbeginn allerdings erst einmal einen harten Einschnitt. Mit der zwei Tage später erfolgten Kriegserklärung Großbritanniens und der britischen Seeblockade geriet das Afrika-Geschäft in die Krise. Die Schiffahrtsverbindungen nach Afrika waren unterbrochen, die in den britischen Kolonien und Mandatsgebieten Afrikas tätigen Kaufleute wurden überwiegend interniert. In einer fünf Tage nach Kriegsbeginn geführten Besprechung im Reichswirtschaftsministerium wurde ein düsteres Bild der Situation gezeichnet. Ein Vertreter der Hamburger Wirtschaft berichtete, dass mehr als 2000 Überseehändler keine Arbeit mehr hätten.[1] Das Reichswirtschaftsministerium und das Auswärtige Amt hatten ein konkretes Interesse daran, die Kolonialfirmen auch während des Kriegs zu erhalten, boten sie doch die beste Gewähr dafür, nach dem Krieg in das dann erhoffte, stark erweiterte Kolonialgeschäft direkt wieder einsteigen zu können.[2] Und es sollten sich schon bald neue Möglichkeiten in einem kontinentalen »Kolonialgebiet« auftun: im besiegten und aufgeteilten Polen.

Besonderes Interesse hatten die Kolonialfirmen an Danzig und den annektierten westpolnischen Gebieten, da sie stärker industrialisiert waren als das eher landwirtschaftlich geprägte »Generalgouvernement«.[3] Aufgrund dieser strukturellen Defizite zögerten die Firmen beim »Generalgouvernement« zunächst, entfalteten aber hinsichtlich der westpolnischen Gebiete hektische Aktivitäten, um sich die Filetstücke zu sichern.[4] Bereits am 1. März 1940 hatte Reichswirtschaftsminister Walther Funk die Anweisung erteilt, 40 geeignete Firmen als Kreisgroßhändler auszuwählen, deren Aufgabe darin bestehen sollte, die Bevölkerung mit Waren zu versorgen, gleichzeitig aber die landwirtschaftlichen Kontingente zu erfassen und die »Überschüsse« nach Deutschland zu bringen. Bevorzugt werden sollten

Firmen, die schon Erfahrung mit dem Handel in fremden Ländern mit »primitiven Verhältnissen« gesammelt hatten – also die hanseatischen Übersee- und Kolonialfirmen.⁵ Aber offensichtlich zögerten viele von ihnen mit einem Engagement zunächst noch, weil das »Generalgouvernement« kein attraktives Gebiet zu sein schien, und später, weil sie im Mai/Juni 1940 im Zuge des militärischen Sieges über Frankreich mit einer raschen Wiederaufnahme des eigentlichen Kolonialgeschäfts rechneten.⁶ Als aber klar wurde, dass mit der andauernden britischen Vorherrschaft auf den Meeren an eine Übernahme französischer Kolonien nicht zu denken war, wandten sie sich umso intensiver den Ostgebieten zu.⁷

Reichswirtschaftsminister Walther Funk sorgte für den »Osteinsatz« der Kolonialfirmen.

Anfang 1940 hatten sich einige Firmen bereits mit ihrem Einsatz im »Generalgouvernement« bestens arrangiert. Der in dieser Frage sehr engagierte Chef der Firma G. L. Gaiser, Rolf Brettschneider, hielt die Kolonialfirmen auch deswegen für prädestiniert, weil sie über größere Mengen Waren verfügten, die dem »Überseegeschmack« entsprachen und für den deutschen Markt überwiegend ungeeignet waren. Nachdem sie aufgrund des Kriegsbeginns nicht mehr ausgeführt werden konnten, bildeten diese Waren – neben der »Arisierung« jüdischer Betriebe – die Voraussetzung für die Tätigkeit in Polen.⁸

Die Tätigkeit der Kolonialfirmen begann in dem »Probewirtschaftsbezirk« Tarnów, wo Exportwaren zunächst im Tauschhandel und später gegen Bezugsscheine abgesetzt wurden. Diese Art des Handels, bei der der Import deutscher Fertigwaren mit der Erfassung der landwirtschaftlichen Erzeugung gekoppelt war, ähnelte in gewisser Hinsicht der von Faktoreibetrieben in den Kolonialgebieten. Beobachter sahen in dieser Form »halbkolonialer Pioniertätigkeit« bereits den »Typ des neuen kontinentalen Exportkaufmanns«.⁹ So war es nicht erstaunlich, dass man in Hamburg in der »Osttendenz« der Überseehäuser in den folgenden Jahren mehr als lediglich einen kriegsbedingten Ausgleich für mangelnde Überseegeschäfte sah, sondern sie als Vorboten einer kommenden »Mittelstellung Hamburgs zwischen Übersee und weiten Teilen des östlichen Europas« betrachtete.¹⁰

Dass das Wirtschaften der Kolonialfirmen im »Generalgouvernement« bisweilen schwierig war, ergibt sich aus den Berichten der Firmen. Die renommierte Bremer Firma C. F. Corssen & Co. hatte vor dem Krieg hauptsächlich im Belgischen Kongo, Französisch-Äquatorialafrika, Uganda und der Südafrikanischen

Union gearbeitet. Im September 1939 hatte die Firma neue Aufgabengebiete in Belgien, Portugal, Frankreich und dem »Generalgouvernement« gesucht. Der dortige Einsatz als Kreisgroßhändler war dem Umsatz und der Bedeutung nach der wichtigste während des Kriegs. Dabei sei man auf fast koloniale Verhältnisse gestoßen: »Bei Beginn unserer Arbeit standen wir vor dem Nichts.« Die Räumlichkeiten mussten neu eingerichtet, Arbeitsmaterialien beschafft werden. »Trotz der erheblichen Aufwendungen, die namentlich durch die Investierungen für die Kontor- und Lagerräume wie für Transportmittel notwendig wurden, haben sich unsere Geschäfte finanziell gut angelassen«, hieß es in einer Denkschrift der Firma am Kriegsende.[11]

Planungen der Deko-Gruppe und des Kolonialpolitischen Amts

Mit Kriegsbeginn änderte auch die Deko-Gruppe die Richtung ihrer Aktivitäten. Nun stand nicht mehr die Förderung deutscher Unternehmen in den ehemaligen Kolonien im Vordergrund, also eine Kolonialpolitik ohne eigenen Kolonialbesitz, sondern die Planung für künftige Kolonien. Erste Hinweise darauf zeigten sich in der Gründung eines Südwestafrika-Ausschusses.[12] Als direkter Auftakt für die später als »Sofort-Programm« bezeichneten Planungen kann eine Unterredung von Weigelt mit Göring Ende 1939 angesehen werden.[13] Nach Weigelts Aussagen verlangte das Jahr 1940 von der Deko-Gruppe die Klärung zahlreicher Fragen, die für die künftigen wirtschaftlichen Arbeiten wichtig waren. Dazu zählte er einen »Gesamtwirtschaftsplan« für Südwestafrika und ein »vorläufiges Programm für kulturfördernde Arbeiten in Deutsch-Ostafrika«. Nach den Wünschen von Weigelt sollte die Gruppe einen »lückenlosen Informationsdienst« aufbauen, dessen »Saugapparate« und »Verwertungssystem« vorrangig mit ausländischen Stellen Kontakt aufnehmen sollte.[14]

Der Reichswirtschaftsminister beauftragte die Deko-Gruppe Anfang Februar 1940 offiziell damit, im Rahmen von Arbeitsausschüssen die wichtigsten derzeitigen und künftigen Wirtschaftsfragen und Produktionsmöglichkeiten der deutschen Kolonien zu prüfen und die Ergebnisse mit den entsprechenden Vorschlägen vorzulegen.[15] Später wurde der Auftrag auf weitere westafrikanische Gebiete ausgedehnt. Dabei sollte die Produktion wichtiger Rohstoffe und Nahrungsmittel dort und in den ehemaligen deutschen Kolonien festgestellt werden. Darauf aufbauend seien die Möglichkeiten für eine Ausweitung der Produktion in den Gebieten darzustellen und ein entsprechender Produktionsplan mit einer Laufzeit von vier bis fünf Jahren aufzustellen.[16]

In der Zwischenzeit war Kurt Weigelt, der Leiter der Deko-Gruppe, auch in seiner Funktion als Leiter der Wirtschaftsabteilung des KPA nicht untätig gewesen. Schon 19 Tage nach dem Überfall auf Polen hatte Weigelt mit Epp in München über die Ausarbeitung einer »Kriegsziel-Denkschrift« diskutiert, deren Grundlinien er bereits drei Tage später im Gouvernementsrat präsentierte.[17] In der Folgezeit hatte Weigelt das Memorandum weiter ausgearbeitet und es noch

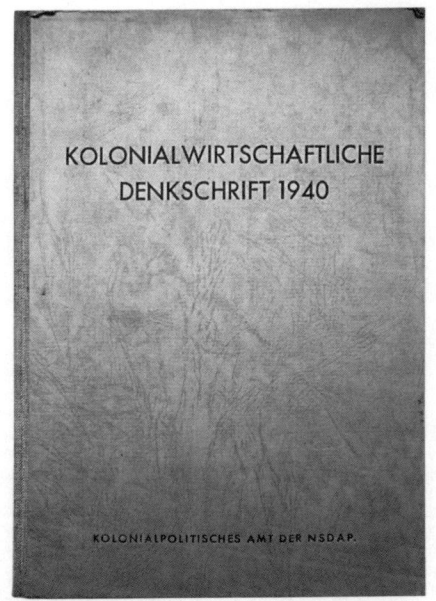

Die »Kriegszieldenkschrift« des Kolonialpolitischen Amtes, 1940.

Intensive Analyse der »zukünftigen Kolonien«, 1940.

vor der militärischen Niederlage Frankreichs fertiggestellt. Es erschien Ende Juli 1940 unter dem Titel »Kolonialwirtschaftliche Denkschrift 1940« zunächst in 50 Exemplaren und wurde an die relevanten Ministerien und Dienststellen versandt.[18] In der Denkschrift untersuchte Weigelt vor allem die ehemaligen deutschen Kolonien auf ihren wirtschaftlichen Nutzen hin und bewertete die wirtschaftlich erwünschten benachbarten Kolonialgebiete. Dabei ging es ihm primär um das Prinzip der Rohstoffergänzung der heimischen Wirtschaft. Weniger wichtige Stoffe werde Deutschland auch weiter dort beziehen, wohin es als starkes Exportland Fertigwaren liefere. Dagegen benötige die deutsche Wirtschaft in gesicherter eigener kolonialer Produktion vor allem Pflanzenöle, Kautschuk, Textilstoffe, Holz und gewisse Erze – eben die nationalwirtschaftlich wichtigen Rohstoffe.[19]

Weigelt konzentrierte sich dabei auf die Länder an der Guineaküste, denen er den höchsten Wert beimaß. Ausgehend von den ehemaligen deutschen Kolonien Togo und Kamerun bildete für ihn der Raum Goldküste–Togo–Dahomey–Nigeria–Kamerun das ideale Kernstück eines deutschen Afrikabesitzes. Dieses Gebiet bilde das Optimum eines tropischen Ergänzungsraums und decke bis auf wenige Ausnahmen die nationalwirtschaftlich wichtigen Erfordernisse der Heimat. Es könne holzwirtschaftlich durch das französische Kongogebiet vervollständigt werden, eventuell noch durch den Belgischen Kongo, der die Deckung des Kupferbedarfs bringen würde. Auf dem Weg zu diesem Gebiet lägen die Eisenerze von Conakry und die Phosphate des französischen Marokko sowie die Stützpunkte

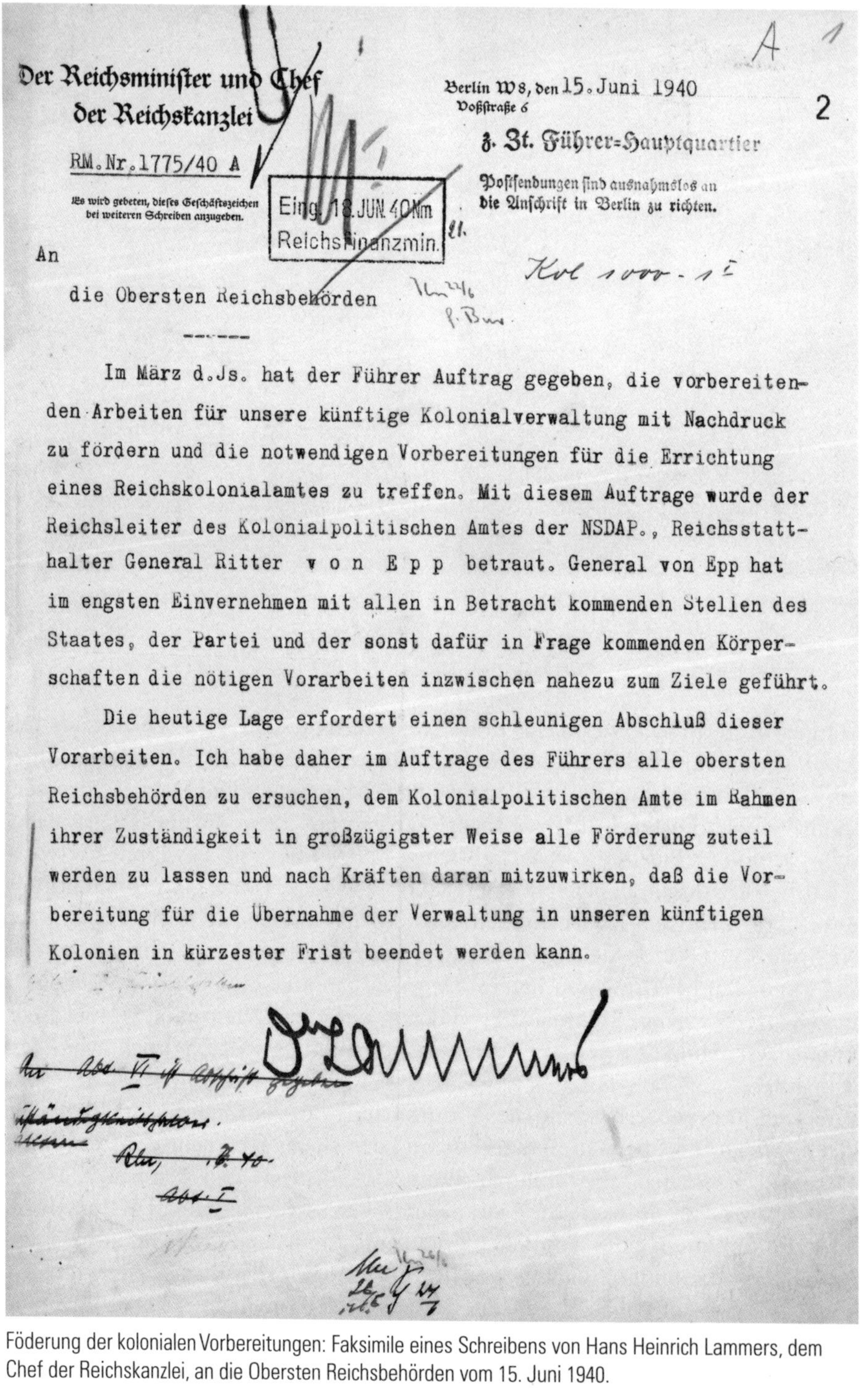

Der Reichsminister und Chef der Reichskanzlei

RM. Nr. 1775/40 A

Es wird gebeten, dieses Geschäftszeichen bei weiteren Schreiben anzugeben.

Eing. 18. JUN. 40 Nm
Reichsfinanzmin.

Berlin W 8, den 15. Juni 1940
Voßstraße 6

z. Zt. Führer-Hauptquartier

Postsendungen sind ausnahmslos an die Anschrift in Berlin zu richten.

An
die Obersten Reichsbehörden

Im März d. Js. hat der Führer Auftrag gegeben, die vorbereitenden Arbeiten für unsere künftige Kolonialverwaltung mit Nachdruck zu fördern und die notwendigen Vorbereitungen für die Errichtung eines Reichskolonialamtes zu treffen. Mit diesem Auftrage wurde der Reichsleiter des Kolonialpolitischen Amtes der NSDAP., Reichsstatthalter General Ritter v o n E p p betraut. General von Epp hat im engsten Einvernehmen mit allen in Betracht kommenden Stellen des Staates, der Partei und der sonst dafür in Frage kommenden Körperschaften die nötigen Vorarbeiten inzwischen nahezu zum Ziele geführt.

Die heutige Lage erfordert einen schleunigen Abschluß dieser Vorarbeiten. Ich habe daher im Auftrage des Führers alle obersten Reichsbehörden zu ersuchen, dem Kolonialpolitischen Amte im Rahmen ihrer Zuständigkeit in großzügigster Weise alle Förderung zuteil werden zu lassen und nach Kräften daran mitzuwirken, daß die Vorbereitung für die Übernahme der Verwaltung in unseren künftigen Kolonien in kürzester Frist beendet werden kann.

Föderung der kolonialen Vorbereitungen: Faksimile eines Schreibens von Hans Heinrich Lammers, dem Chef der Reichskanzlei, an die Obersten Reichsbehörden vom 15. Juni 1940.

Bathurst und Dakar.[20] Es gab offenbar zum Teil vehemente Kritik an der strategischen Ausrichtung der Denkschrift auf Westafrika. Geheimrat Theodor Gunzert monierte die Nichtberücksichtigung Ostafrikas. Staatssekretär Wilhelm Keppler hielt die Mineralvorkommen Nord- und Südrhodesiens für wichtiger.[21] Harald Bielfeld, Leiter der Abteilung Pol X im Auswärtigen Amt, unterstützte hingegen Weigelts Argumentation. Da die Lücke in der Fettversorgung die größte in der Versorgung des Reiches sei, erschienen die Gebiete an der Guineaküste als die wertvollsten.[22] Weigelt überreichte die Denkschrift auch Staatssekretär Ernst von Weizsäcker im Auswärtigen Amt und bezeichnete im Anschreiben Nigeria als den »Kernpunkt aller vernünftigen kolonialen Gestaltungen«.[23]

Im Angesicht des bevorstehenden Sieges über Frankreich drängte nun auch die NS-Führung zur Eile und verlangte, die vorbereitenden Arbeiten für die Kolonialverwaltung und zum Aufbau eines Reichskolonialamtes, mit denen Hitler Epp im März 1939 beauftragt hatte, endlich abzuschließen. In einem Schreiben an die Obersten Reichsbehörden vom 15. Juni 1940 betonte der Chef der Reichskanzlei, Hans Heinrich Lammers: »Die heutige Lage erfordert einen schleunigen Abschluß dieser Vorarbeiten. Ich habe daher im Auftrage des Führers die obersten Reichsbehörden zu ersuchen, dem Kolonialpolitischen Amte im Rahmen ihrer Zuständigkeit in großzügigster Weise alle Förderung zuteil werden zu lassen und nach Kräften daran mitzuwirken, daß die Vorbereitung für die Übernahme der Verwaltung in unseren künftigen Kolonien in kürzester Frist beendet werden kann.«[24] Das KPA kalkulierte mit einem Sofortbedarf von mindestens 500 bis 600 Arbeitsräumen für das geplante Reichskolonialministerium. Es habe die laufenden Geschäfte eines »großen hochentwickelten und komplizierten Kolonialreiches« zu erledigen. Die Einrichtung des Gebäudes würde drängen, da die Arbeiten unverzüglich aufgenommen werden müssten.[25]

Kriegszielplanungen der Marine und des Auswärtigen Amts

Am 26. Mai 1940 erteilte Großadmiral Erich Raeder, Chef der Marineleitung, zwei Mitarbeitern der Seekriegsleitung den Auftrag, sich mit dem »Problem einer Raumerweiterung Deutschlands nach siegreicher Kriegsbeendigung« auseinanderzusetzen und sich mit der Frage zu beschäftigen, welche Stützpunkte die Kriegsmarine von Frankreich und England »zur Sicherung des Großdeutschen Lebensraumes und zur Erfüllung ihrer Aufgabe bei der Sicherung der Seeverbindungen zu einem deutschen Kolonialgebiet in Mittelafrika« fordern müsse. Dabei griff man auf alte Kolonialpläne aus der Zeit vor und während des Ersten Weltkriegs zurück.[26]

In einem Memorandum vom 3. Juni 1940 propagierte ein Mitarbeiter der Seekriegsleitung ein zusammenhängendes Kolonialreich in Mittelafrika, das sich zusammensetzen sollte aus dem Raum von Senegal bis zum Kongo und nach Osten bis Deutsch-Ostafrika. Es umfasste also die französischen Besitzungen südlich der Mündung des Senegal-Flusses, die früheren deutschen Kolonien Mittelafrikas und

Planer im Auswärtigen Amt: Carl Clodius, 1942.

Belgisch-Kongo. Deutsch-Südwestafrika könne zur Abrundung dieses Raumes bezüglich englischen oder portugiesischen Besitzes als Tauschobjekt genutzt werden. Von größter Bedeutung sei der Besitz eines oder mehrerer Stützpunkte auf den Afrika vorgelagerten Inselgruppen, außerdem Madagaskars und der im Indischen Ozean liegenden französischen Inselgruppen.[27] Als Antwort darauf kann man die Vorschläge von Admiral Carls lesen. Er forderte die ehemaligen deutschen Kolonien und die Aufteilung des französischen Kolonialbesitzes zwischen Deutschland, Italien und Spanien, ferner die Abtretung Nordrhodesiens zur Verbindung der ostafrikanischen mit westafrikanischen Besitzungen. Dazu kam die Forderung nach weiteren Stützpunkten zur Sicherung des Seeweges nach und um Afrika: Casablanca inklusive Westmarokko, Dakar mit Senegal und im Fall einer britischen Niederlage Bathurst, das heutige Banjul, die Hauptstadt Gambias. In West-Mittelafrika sei als Ergänzung Deutsch-Kameruns und Belgisch-Kongos Französisch-Kamerun zu fordern. Dazu sollte Deutsch-Südwestafrika kommen. An der ostafrikanischen Küste sollten Madagaskar mit den Komoren und Maskarenen okkupiert werden, ferner im Fall einer britischen Niederlage auch Mauritius und die Seychellen.[28] In einer Besprechung mit Hitler nutzte Raeder am 20. Juni 1940 die Gunst des bevorstehenden Waffenstillstands mit Frankreich, um noch einmal auf die Wichtigkeit der Stützpunkte an der atlantischen Küste hinzuweisen und nannte explizit Dakar.[29]

Etwa zeitgleich zur Marine wurde das Auswärtige Amt aktiv. Am 29. Mai 1940 beauftragte Ribbentrop den Ministerialdirigenten Carl Clodius und den Botschafter zur besonderen Verwendung Karl Ritter mit Ausarbeitungen über das künftige deutsche Kolonialreich.[30] Clodius, stellvertretender Leiter der Handelspolitischen Abteilung des Auswärtigen Amts, entwickelte Ende Mai 1940 sehr weitreichende Kolonialpläne. Seine Aufzeichnung ging davon aus, dass der »Endsieg« errungen sei, also auch England alle deutschen Bedingungen annehme. Dieser Erfolg eröffne die Chance auf Schaffung eines deutschen Kolonialreiches in Afrika, das alle ehemaligen deutschen Kolonien und Belgisch-Kongo umfassen sollte. Deutschland werde dadurch in die Lage versetzt, die Lücken seines Rohstoffbedarfs zum großen Teil zu schließen.[31] Ritter legte am 1. Juni 1940 seine Kolonialplanungen im Auswärtigen Amt vor. Demnach sollte das künftige deutsche Kolonialreich aus den ehemaligen deutschen Kolonien, Belgisch-Kongo, Französisch-Äquatorialafrika und eventuell noch Britisch-Nigeria betehen. Dieses gigantische Territorium konnte nach seiner Ansicht – nach einer längeren Periode intensiver Entwicklung – den Bedarf Großdeutschlands und des europäischen Großwirtschaftsraumes an tropischen und subtropischen pflanzlichen Rohstoffen und Genussmitteln weitgehend decken. In zehn bis 15 Jahren könne es den Bedarf an pflanzlichen Speisefetten ganz decken, was angesichts der deutschen »Fettlücke« besonders wichtig schien.[32]

Solche Kolonialplanungen waren bekannt und wurden intensiv diskutiert. Der Präses der Hamburger Handelskammer, Joachim de la Camp, berichtete über die lebhafte Erörterung der Kolonialfrage in Berlin: »Man denkt in gewissen Kreisen an den Aufbau eines mittelafrikanischen Kolonialreiches, etwa von der Goldküste bis Gabun, das in erster Linie pflanzliche Öle, Holz, Textilrohstoffe und Erze, aber auch Kaffee, Kakao, Früchte, Kautschuk, Felle und dergl. an Mitteleuropa liefern kann.« Rolf Brettschneider ergänzte auf derselben Sitzung, dass weitergehende Berliner Kolonialpläne existierten, die auch Südwestafrika und den Kongo sowie Ostafrika umfassten.[33] Auch die Wirtschaft selbst träumte in dieser Zeit von einem »deutschen Mittelafrika«. In dem im Juli 1940 abgeschlossenen »Wirtschaftsplan Hamburg 1940« der Industrie- und Handelskammer der Hansestadt war davon ebenso die Rede wie in den Nachkriegsplanungen von Lothar Bohlen, »Betriebsführer« der Deutschen Afrika-Linien, für seine Firma.[34]

Das Ende der Rücksichtnahme auf die Schwarzen in Deutschland

Mit Kriegsbeginn und vor allem mit dem Kriegsverlauf änderte sich auch die Situation der in Deutschland lebenden Afrikaner dramatisch. Noch 1939 war die »Deutsche Afrika-Schau« mit ihrem »Negerdorf« auf Jahrmärkten und Volksfesten zu sehen, wobei sie sich immer mehr vom Varieté entfernte und dem Modell der kolonialen Völkerschauen angeglichen wurde. Im Sommer 1940 wurde sie schließlich auf Anordnung der Reichspropagandaleitung der NSDAP eingestellt. In den vorangegangenen Monaten hatten sich die rassistischen Anfeindungen gegen die Schau gehäuft. Zum einen waren Kontakte männlicher Darsteller mit weißen Frauen bekannt geworden, zum anderen hatten sich manche Darsteller zu sehr als Volksgenossen produziert, wenn sie das Publikum etwa mit »liebe Landsleute« und »Heil Hitler« begrüßten.[35] Daraufhin urteilte das Goebbels-Ministerium, es könne nicht angehen, auf der einen Seite Propaganda gegen die »Schwarze Schmach« in Frankreich zu betreiben und auf der anderen Seite in Deutschland Afrikaner auf die Bühne zu stellen. Angesichts des Kriegsverlaufs und der damit verbundenen Erwartung der baldigen Übernahme der ehemaligen Kolonien erschien den Nationalsozialisten im Sommer 1940 die Rückführung der Afrikaner in ihre frühere Heimat als geeignetste Lösung.[36]

Aber es gab auch dramatischere Schicksale: Am 11. Juni 1942 wurde der Kameruner Jonas Alexander N'doki, ein ehemaliger Askari, in der Untersuchungsanstalt Hamburg Stadt durch das Fallbeilgerät hingerichtet, nachdem er vom

Ein unglückliches Schicksal: Postkarte des »deutschen Askari« Bayume Mohamed Husen (d.i. Mahjub Adam Mohamed), ca 1939.

Sondergericht Hamburg wegen versuchter Notzucht zum Tode verurteilt worden war.[37] Ähnlich unglücklich verlief der Lebensweg von Bayume Mohamed Husen aus Daressalam, der als Kindersoldat auf Seiten der Deutschen während des Ersten Weltkriegs in Ostafrika gekämpft hatte. Er arbeitete als Kellner und seit 1934 auch als Schauspieler. Wie kaum ein anderer Afrikaner engagierte er sich in der kolonialrevisionistischen Bewegung und wurde von dieser als Vorzeige-Afrikaner, als Verkörperung des Mythos vom »treuen Askari« vereinnahmt. 1940 erhielt er ein Engagement für den Kolonialfilm »Carl Peters«. Im Zusammenhang mit den Dreharbeiten wurde Husen wegen »Rassenschande« denunziert. Am 27. September 1941 lieferte man ihn ohne vorherigen Prozess in das Konzentrationslager Sachsenhausen ein, wo er am 24. November 1944 starb.[38]

Bis 1940 bestand die »Lösung der Eingeborenenfrage in Deutschland« also darin, die rassenpolitischen Ziele mit pragmatischen kolonialpolitischen Erwägungen auszugleichen. Rassistische Ausgrenzung, Verfolgung und kolonialpolitische Einschließung standen in einem engen und wechselhaften Verhältnis zueinander. Nach der Wende des Kriegsverlaufs verschärften sich die schon vorher schlechten Existenzbedingungen, da die kolonialrevisionistischen Argumente des Auswärtigen Amts an Bedeutung verloren.[39] Die Situation der Afrikaner in Deutschland unterschied sich allerdings in einem entscheidenden Punkt von jener der Juden, der Sinti und Roma: Es gab zu keinem Zeitpunkt den Plan zu ihrer systematischen Vernichtung. Lediglich einige Wenige kamen in Konzentrationslager; die meisten überlebten das Nazi-Regime mehr schlecht als recht.[40]

Von irgendwelchen Rücksichtnahmen konnten die im Zweiten Weltkrieg auf der Seite der Alliierten kämpfenden farbigen Soldaten dagegen nur träumen. Der Einsatz von Afrikanern in Europa wurde von Anfang an massiv von der deutschen Presse aufgegriffen und mit ähnlichen Argumenten wie im Ersten Weltkrieg kritisiert. Die NS-Propaganda schürte gezielt die Angst vor den »schwarzen Bestien«. Am 23. Mai 1940 gab die Abteilung Wehrmachtpropaganda im OKW eine Eilweisung heraus: »Möglichst alle Propaganda-Kompanien suchen schleunige Gelegenheit zur Anfertigung von Bildaufnahmen, die besonders gut gewachsene deutsche Soldaten mit besonders vertiert aussehenden Senegalnegern und anderen farbigen Gefangenen darstellen. Es kommt auf scharfe Rassenkontraste an.«[41] Das gab schon einen Vorgeschmack auf die zu erwartende Behandlung der farbigen Soldaten durch die deutsche Wehrmacht.

Bei der Niederlage der französischen Armee im Juni 1940 gerieten etwa 100 000 Kolonialsoldaten in deutsche Gefangenschaft, zahlreiche von ihnen wurden ermordet, als sie sich ergaben. Damit folgte die kämpfende Truppe einem zu Beginn des Frankreich-Feldzuges ausgegebenen Befehl, keine schwarzen Gefangenen zu machen. Als sich zum Beispiel am 17. Juni 1940 das 25. und das 26. Regiment der Tirailleurs Sénégalais einer Panzer-Division der SS ergeben musste, gerieten die 212 Überlebenden in Gefangenschaft und wurden unmittelbar danach in einer Reihe aufgestellt und mit Maschinengewehrsalven niedergemacht. Am 19. und 20. Juni 1940 machten Soldaten des Infanterie-Regiments »Großdeutschland« regelrecht Jagd auf Angehörige des Regiments der Tirailleurs Sénégalais in Lyon;

Farbige französische Kriegsgefangene aus dem Senegal und Madagaskar in einem deutschen Kriegsgefangenenlager, November 1940.

Verwundete erhielten den »Fangschuss«. Bei L'Arbesle/Lentilly nahm am 20. Juni 1940 der 3. Zug des 1. Infanterie-Regiments 24 weiße französische Soldaten gefangen, 26 »Neger« wurden hingegen massakriert. Ähnliches wiederholte sich nach der Landung der Alliierten in der Normandie vier Jahre später: Im August 1944 erschoss das 2. Bataillon des SS-Regiments »Der Führer« in der Nähe von Tours 100 kriegsgefangene »Neger«.[42]

Wenn es Schwarze doch in die Kriegsgefangenschaft »geschafft« hatten, wurden sie systematisch schlechter behandelt als weiße Gefangene.[43] In den Kriegsgefangenenlagern trat Mitte August 1940 eine kurzzeitige Besserung ihrer Verhältnisse ein. Der Grund für den plötzlichen Wandel lag in den Plänen der deutschen Afrikastrategen, deren Vision eines »mittelafrikanischen Ergänzungsraums« nun mit der militärischen Niederlage Frankreichs in greifbare Nähe gerückt zu sein schien. Zur gleichen Zeit wurden jedoch – unter strengster Geheimhaltung – tropenmedizinische Experimente an schwarzen Kriegsgefangenen durchgeführt, die ebenfalls zur Vorbereitung auf die Übernahme afrikanischer Kolonialgebiete dienten. Bereits Ende Oktober 1940 wurden die schwarzen Gefangenen wieder mit rücksichtsloser Härte behandelt, da die Voraussetzungen für eine koloniale Expansion nicht mehr gegeben waren. Ihre Lage wurde immer verzweifelter. Nach Schätzungen kam die Hälfte von ihnen in den Lagern um.[44] »Saboteure« und Widerstandskämpfer kamen gleich in die Konzentrationslager.[45]

Das lange Jahr der Kolonialeuphorie:
Juli 1940 bis Dezember 1941

Spätestens nach dem Waffenstillstand vom 22. Juni 1940, der den Sieg über Frankreich besiegelte, fielen bei den Kolonialplanern alle Hemmungen, nun nahmen die Vorstellungen und Entwürfe endgültig größenwahnsinnige Züge an. Besonders drastisch kommt das in der Schilderung von Erich Kordt, Leiter des Ministerbüros im Auswärtigen Amt, zum Ausdruck: »Was in den ersten Juliwochen an ausgemachtem Unsinn, an Emanationen des Größenwahns auf meinen Schreibtisch flatterte, ist schwer zu beschreiben. [...] Alles dies wurde aber davon übertroffen, wie Ribbentrop und Ciano bei einer Zusammenkunft Mitte Juli 1940 die Welt unter sich aufteilten. Wie Kinder, denen man gestattet hat, in einem Spielwarengeschäft alles, was ihnen gefällt, nach Herzenslust auszusuchen, standen die beiden Außenminister der Achse vor ausgebreiteten Karten und zogen Linien, die zu annektierende Gebiete oder Einflusssphären bezeichnen sollten.«[1] Karl Guth von der Reichsgruppe Industrie zählte in einer Sitzung am 4. September 1940 die lange Liste der Institutionen auf, die sich mit Kolonialfragen befassten, und konstatierte: »Die Kolonialpolitik setzt jetzt mit starkem Tempo ein.«[2]

Ribbentrops Gespräche in Rom Mitte September 1940 hatten als Resultat die geplante Aufteilung Afrikas. Sie sah vor, dass der gesamte südliche Teil des Kontinents bis zur Kongo-Kolonie und mit Einschluss Britisch- und Deutsch-Ostafrikas deutscher Herrschaftsbereich werden würde, dass Ägypten, der Sudan und große Teile Französisch-Äquatorialafrikas mit den westlichen englischen Besitzungen Nigeria usw. an Italien fielen und dass Spanien den überwiegenden Teil von Marokko erhielte.[3] In der deutschen Bevölkerung kursierten im Herbst 1940 Gerüchte über einen Sonderfrieden mit Frankreich, der die Kolonialfrage zum Gegenstand habe. Deutschland werde die französischen Kolonien als Ausgangspunkt für seine Aktionen in Afrika besetzen; zumindest bedinge sich Deutschland ein Durchmarschrecht durch die französischen Kolonien aus.[4] Das Gerücht hatte durchaus einen realen Hintergrund: Hitler bemühte sich im Oktober 1940 darum, Spanien zum Kriegseintritt und Frankreich zumindest zur militärischen Unterstützung zu bewegen. Bei den Verhandlungen ging es immer wieder um eine Neuverteilung des europäischen Kolonialbesitzes in Afrika. Dazu kam es nicht, weil die Gespräche mit dem spanischen Diktator Franco ebenso scheiterten wie die mit dem französischen Marschall Pétain. Hinzu kam, dass es sich bei dem »kolonialen Ausgleich« nicht um Hitlers primäres Ziel handelte, eine deutsche Besetzung der Vichy-treuen Kolonien die Position des gegen Deutschland kämpfenden Generales Charles de Gaulle gestärkt hätte und darüber hinaus die See-

Spielerisch Afrika erobern: Das »Kolonialspiel«.

wege dorthin durch die unvermindert anhaltende britische Dominanz zu Wasser nicht sicher waren.⁵

Auch bei der Wehrmacht machte man sich entsprechende Gedanken über afrikanische Kolonien. Bei den territorialen Forderungen unterschied der Vertreter des Auswärtigen Amts beim Oberkommando des Heeres, Hasso von Etzdorf, zwischen einer friedlichen Übereinkunft mit England, die neben den ehemaligen deutschen Kolonien den Französischen und Belgischen Kongo, das Gebiet um den Tschadsee und Französisch-Äquatorialafrika bringen würde, und einer Aufteilung der englischen Besitzungen. Dann kämen zusätzlich noch Uganda, Sansibar, die Hälfte Kenias, Nigeria, die Goldküste, Dahomey sowie die Stützpunkte Dakar und Bathurst hinzu.⁶ Der Leiter der Politischen Abteilung X im Auswärtigen Amt, Harald Bielfeld, legte seine Kolonialforderungen an Frankreich Anfang November 1940 nieder. Grundsätzlich sei die Herausgabe des alten deutschen Kolonialbesitzes zu verlangen. Als Endziel schwebte ihm aber ein zusammenhängendes Kolonialreich in Mittelafrika vor, das zur Versorgung des von Deutschland dominierten europäischen Großraums unerlässlich sei. Dabei käme Belgisch-Kongo eine Schlüsselstellung zu.⁷

Die Seekriegsleitung (SKL) hielt an ihrer schon im Ersten Weltkrieg formulierten Peripheriestrategie fest und beurteilte im November 1940 den Ausgang der festgefahrenen italienischen Offensive gegen Ägypten und die Entwicklung der Lage im Mittelmeer mit Ausstrahlungen auf den afrikanischen und vorderasiatischen Raum als kriegsentscheidend.⁸ Die SKL ging bei ihren Planungen davon aus, dass Deutschland die beherrschende Macht auf dem europäischen Kontinent sein und über »ein großes mittelafrikanisches Kolonialreich vom Atlantischen Ozean bis zum Indischen Ozean« verfügen werde.⁹ Für die Verteidigung des Kolonialreiches hielt die SKL eine Reihe von Flottenstützpunkten für erforderlich. Den Forderungen lag die Annahme zugrunde, dass außer den ehemaligen deutschen Kolonien Togo, Kamerun und Deutsch-Ostafrika nur bisher französisches und belgisches Kolonialgebiet in Betracht kam.¹⁰ Die SKL konkretisierte ihre Stützpunktforderungen angesichts der Planungswut anderer Dienststellen weiter, hielt aber überwiegend an bisher bekannten Ansprüchen fest. Das heißt, man verlangte in erster Linie die strategisch wichtigen Häfen und Inseln.¹¹

Zu Recht haben jedoch Historiker darauf verwiesen, dass die über »Mittelafrika« hinausgehenden Maximalforderungen der SKL und des Auswärtigen Amts nicht Hitlers Kalkül im Sommer 1940 entsprachen oder gar mit ihm abgestimmt

Kolonien als Thema: Der italienische Kolonialminister Attilio Teruzzi und Hitler in der Reichskanzlei in Berlin am 17. September 1940.

waren. Denn Hitler hoffte zu dieser Zeit im Grunde noch auf einen Kompromissfrieden mit Großbritannien. Das Projekt »Mittelafrika« hätte sich in diesem Fall realisieren lassen, mehr nicht.[12]

Der Madagaskar-Plan zur »Lösung der Judenfrage«

Der Plan einer »Exterritorialisierung« der »Judenfrage«, also der Ansiedlung der deutschen bzw. europäischen Juden in einem eigenen Staat, reicht weit bis in das 19. Jahrhundert zurück. Schon früh kristallisierte sich in diesem antisemitischen Diskurs die Insel Madagaskar als angeblich geeignetes Terrain heraus.[13] Konkrete Gestalt in Form eines ausgearbeiteten Vorschlags nahm Madagaskar als Deportationsziel für die Juden Europas in NS-Kreisen jedoch erst in dem Moment an, als sich Deutschland in der Lage wähnte, das französische Kolonialreich neu verteilen zu können.[14]

Eine Chronologie der Ereignisse macht die ganze Dynamik und Dramatik bei der Entwicklung des Madagaskar-Plans deutlich: Am 10. Mai 1940 griffen deutsche Truppen Frankreich, Luxemburg, Belgien und die Niederlande an. Am 25. Mai überreichte Himmler Hitler eine Denkschrift »Über die Behandlung der Fremdvölkischen im Osten«. Zur jüdischen Minderheit schrieb Himmler dort:

»Den Begriff Juden hoffe ich, durch die Möglichkeit einer großen Auswanderung sämtlicher Juden nach Afrika oder sonst einer Kolonie völlig auslöschen zu können.«[15] Am 27. Mai 1940 gab Ribbentrop zwei Mitarbeitern seines Ministeriums den Auftrag, ihm Vorschläge für die Zwangsemigration der Juden nach Madagaskar zu unterbreiten.[16] Noch vor der Kapitulation Frankreichs beschäftigte sich der zuständige Referent im Auswärtigen Amt, Franz Rademacher, intensiv mit der Idee, die Insel Madagaskar aus dem französischen Kolonialreich herauszulösen und die europäischen Juden dorthin zu deportieren. Am 3. Juni 1940 legte er seine Gedanken vor.[17]

Am 17. und 18. Juni kamen Hitler und Ribbentrop zu Gesprächen mit Mussolini und Graf Ciano zusammen, bei denen auch Madagaskar ein Thema war. Hitler deutete an, die Juden aus ganz Europa auf der Insel ansiedeln zu wollen.[18] Mit der Unterzeichnung des Waffenstillstandes am 22. Juni bekamen die Kolonialplanungen und das Madagaskar-Projekt einen enormen Schub: Nur einen Tag später meldete Philipp Bouhler, Beauftragter in der Kanzlei des Führers für die »Aktion T4« – also für die Durchführung des Euthanasieprogramms der Nationalsozialisten –, Ansprüche auf den Posten des Generalgouverneurs von Ostafrika an. Wenig später schlug Bouhlers Oberdienstleiter Viktor Brack dem Auswärtigen Amt vor, die Transportorganisation, die er für die Euthanasie-Aktion aufgebaut hatte, »für den Transport der Juden nach Madagaskar einzusetzen«.[19] In einem Brief vom 24. Juni an Ribbentrop stimmte Heydrich dem Madagaskar-Plan des Auswärtigen Amtes zu. Adolf Eichmann, als Referatsleiter im Reichssicherheitshauptamt (RSHA) für die Auswanderung, später für die Deportation der Juden zuständig, kümmerte sich nun um das Projekt und fuhr wegen zusätzlicher Informationen in das Tropeninstitut nach Hamburg.[20] Am 2. Juli 1940 legte Rademacher seinen »Plan zur Lösung der Judenfrage« vor. Demnach sollte Frankreich im Friedensvertrag die Insel Madagaskar »als Siedlungsraum für die Juden Europas zur Verfügung stellen«. Rademachers Plan sah einige Stützpunkte für die Kriegsmarine sowie die Anlage von Flughäfen vor. Der übrige Teil der Insel sollte unter die Verwaltung eines deutschen Polizei-Gouverneurs gestellt werden.[21]

Am 3. Juli versenkten Kommandotruppen der Royal Air Force Teile der französischen Flotte in Mers-el-Kébir und gaben damit den deutschen Hoffnungen auf französischen Kolonialbesitz neue Nahrung.[22] Am selben Tag hielt Eichmann vor Vertretern jüdischer Organisationen einen Vortrag, in dem er ausführte, dass man nach Kriegsende eine europaweite Lösung anstrebe, bei der etwa vier Millionen Juden Europa verlassen müssten und in einem anderen Land angesiedelt würden. Er sandte seinen engen Mitarbeiter Theodor Dannecker nach Paris, der dort in den Archiven des Kolonialministeriums Material über Madagaskar sammeln sollte.[23] Am 8. Juli 1940 besprach Hitler den Madagaskar-Plan mit Generalgouverneur Hans Frank; der gab daraufhin den Auftrag, die Errichtung weiterer Ghettos im »Generalgouvernement« einzustellen.[24] Am 15. August 1940 legte Eichmanns Referat seinen eigenen Plan zur Deportation von vier Millionen europäischer Juden nach Madagaskar vor. Grundsätzlich wichen die Vorstel-

Auch der Madagaskar-Plan wurde beim Besuch Mussolinis bei Hitler besprochen; auf gemeinsamer Fahrt durch München, 19. Juni 1940.

lungen des RSHA kaum von denen des Auswärtigen Amtes ab: Madagaskar sei aufgrund seines insularen Charakters zur Bildung »eines jüdischen Reservates« unter deutscher Oberhoheit geeignet. Aus den Anlagen zu Eichmanns Plan ging hervor, dass er Teil eines künftigen deutschen Mittelafrika-Projekts war.[25] Zu diesem Zeitpunkt waren diese Vorstellungen offensichtlich in der nationalsozialistischen Führungsspitze Konsens, wie auch der Tagebucheintrag von Goebbels vom 17. August 1940 zeigt: »Die Juden wollen wir später nach Madagaskar verfrachten. Dort können auch sie ihren eigenen Staat aufbauen.«[26]

Personelle und inhaltliche Gründe sprechen dafür, den Madagaskar-Plan nicht als ein isoliertes Projekt, sondern als integralen Bestandteil der nationalsozialistischen Kolonialplanungen anzusehen. Madagaskar wurde auch deshalb auserkoren, weil die Insel nicht als ein wertvoller Bestandteil des »kolonialen Ergänzungsraums« in Afrika betrachtet wurde.[27] Doch das Projekt musste aufgrund der militärischen und außenpolitischen Entwicklungen zu den Akten gelegt werden. Am 10. Februar 1942 übermittelte Rademacher Bielfeld die endgültige Entscheidung Hitlers, »dass die Juden nicht nach Madagaskar, sondern nach dem Osten abgeschoben werden sollen. Madagaskar brauche mithin nicht mehr für die Endlösung vorgesehen zu werden.«[28]

Hoffnungen auf ein Reichskolonialministerium

Im November 1940 wurde die Auslandsorganisation der NSDAP (AO) damit beauftragt, alle Vorbereitungen für den Aufbau der Parteiorganisation in den Kolonien zu treffen.[29] Nach der neu verkündeten Arbeitsteilung sollte das Auswärtige Amt für die »Fragen der Wiedergewinnung der deutschen Kolonien«, das KPA für die »Vorbereitungen für die Verwaltung der Kolonien« und die AO für die »Menschenbetreuung in den Kolonien« zuständig sein.[30] Ein Reichskolonialministerium sollte die oberste Reichsbehörde für die künftigen Kolonien bilden. Dem damit beauftragten Epp gelang es jedoch nicht, einen staatlichen und offiziellen Rang für sich bzw. für sein KPA, das als Keimzelle des künftigen Ministeriums vorgesehen war, zu erlangen. Wiederholt lehnte Hitler in diesem Zusammenhang die sofortige Errichtung eines Kolonialministeriums ab.[31]

In einer Besprechung mit dem Hamburger Reichsstatthalter Kaufmann entwickelte Epp seine Pläne des zukünftigen Kolonialministeriums. Er selbst sah sich als künftigen Kolonialminister, Stellvertreter und Staatssekretär sollte sein bisheriger Stabsleiter werden. Die Beamten der Fachabteilungen sollten nach Möglichkeit aus den entsprechenden Ressortministerien übernommen werden, unter Beibehaltung ihrer bisherigen Ämter, so dass eine enge Verzahnung zwischen Kolonial- und Ressortministerium gewährleistet sei.[32] Wie Lammers Epp mitteilte, sollte er allerdings nicht die angestrebte Bezeichnung »Der Bevollmächtigte des Führers für koloniale Angelegenheiten« führen dürfen.[33] Insgesamt ging der koloniale Optimismus aber bereits so weit, dass der Stellenplan des KPA mit der Begründung abgelehnt wurde, dass dessen Aufgaben bald entfielen. »Da nach menschlichem Ermessen der Krieg in absehbarer Zeit beendet sein wird und an den Frieden auch der Erwerb von Kolonien geknüpft ist«, erwartete man die Einrichtung eines Kolonialministeriums, das die Verwaltungsaufgaben übernehmen würde.[34] Dazu passte die Tatsache, dass Hitler im März 1941 den beschleunigten Umbau des Berliner Marstalls für das künftige Reichskolonialministerium anordnete und alle Behörden und Dienststellen dazu aufforderte, dem KPA »in großzügigster Weise alle Förderung zuteil werden« zu lassen.[35]

Sofort nach Kriegsbeginn hatten beim KPA allerdings erste Einschränkungen der Tätigkeit eingesetzt. Die anfallenden Arbeiten sollten nur noch mit »wehrdienstfreien« Kräften bewältigt werden.[36] Im September 1941 wurde der Gegenwind für das KPA dann stärker. Einer der schärfsten Kritiker einer Kolonialpolitik alten Stils, der an Einfluss gewinnende Leiter der Partei-Kanzlei, Martin Bormann, meldete sich zu Wort. Er hielt es für fraglich, ob der Auftrag zur Vorbereitung der künftigen Kolonialverwaltung an das KPA angesichts der Entwicklung im Osten »im gleichen Umfange noch heute den Absichten des Führers entspricht«. Im Zweifelsfall seien die kolonialen Vorbereitungsarbeiten zumindest stark einzuschränken.[37] Lammers teilte Epp einen Monat später mit, dass Hitler die Vorarbeiten für die künftige Kolonialverwaltung für so weit gediehen hielt, dass sie nicht mehr vertieft zu werden bräuchten. Deshalb sollten sie zur Zeit zwar nicht gänzlich ruhen, aber doch stark zurückgefahren werden.[38] Das KPA bemühte sich

Hoffnungen auf ein Kolonialministerium: Der designierte Kolonialminister Franz Xaver Ritter von Epp, 1940.

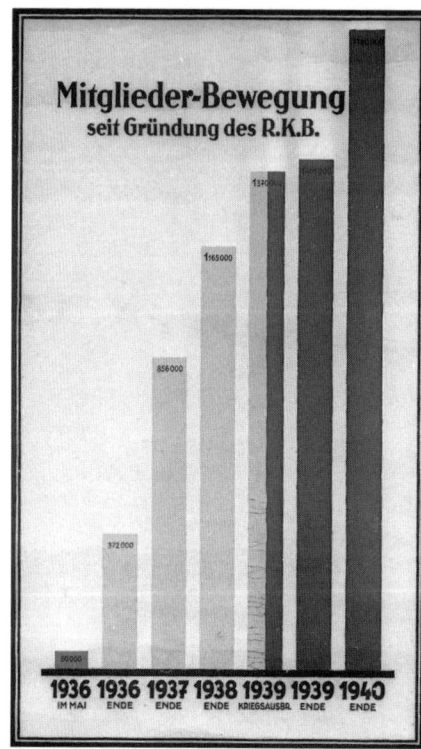

Rasanter Anstieg der Mitgliederzahlen im Reichskolonialbund, 1940.

nach Kräften und baute beispielsweise sein Personal an höheren Beamten um 30 Prozent ab. Ein weiterer Abbau sei für die Arbeit des KPA allerdings »unerträglich«.[39] Man kam für das Haushaltsjahr 1942 auf eine Reduktion der Kosten von rund drei Millionen Reichsmark, ein Betrag, der nach eigener Einschätzung »immerhin Beachtung« verdiente.[40]

Ein ständig wachsendes Interesse der Öffentlichkeit an den zukünftigen Kolonien führte 1940/41 zu einer regen Erörterung des Themas. Die Reichspropagandaleitung der NSDAP wollte jedoch eine öffentliche Auseinandersetzung über die Fragen zukünftiger deutscher Kolonialpolitik unterbinden. Sie befürchtete eine weitere Beunruhigung aller an Kolonialfragen interessierten Kreise sowie schädliche außenpolitische Auswirkungen.[41] Das Verbot bezog sich nicht auf Berichte rein beschreibender Art, Schilderungen früherer kolonialer Arbeit, sondern lediglich auf die zukünftige deutsche Kolonialpolitik. Insbesondere sollten die Fragen der Massensiedlung, des Rassenproblems und des Einsatzes der Missionen nicht debattiert werden.[42]

Im krassen Gegensatz zu diesem Trend kamen im Frühjahr 1941 zwei Filme in die deutschen Kinos, die zum einen antibritisch, zum anderen aber prokolonial waren: »Carl Peters«, uraufgeführt am 21. März 1941 in Hamburg, und »Ohm Krüger«, der am 4. April 1941 in Berlin startete. Einen Tag vor der Premiere von »Carl Peters« hatte die Öffentlichkeit erstmals von der Bildung des Deutschen Afrika-Korps erfahren. So lobte der Berliner Kritiker des *Völkischen Beobachters* den Film, weil »er recht glücklich zur Förderung des kolonialen Gedankens im deutschen Volke beizutragen vermag«.[43] »Ohm Krüger«, der Film über den legendären Paul Krüger, den Führer der Buren, war ab September 1940 in Berlin gedreht worden. Mit einem Budget von 5,4 Millionen Mark wurde er zu einem der teuersten Filme und mit einem Einspielergebnis, das knapp darüber lag, zu einem der erfolgreichsten Filme der NS-Zeit.[44] Die deutsche Öffentlichkeit nahm den Film sehr positiv auf; propagandistisch erfüllte er vor allem für breitere Bevölkerungskreise seine Aufgabe, die Kriegsstimmung gegen England anzuheizen, aber auch die, die eigenen kolonialen Ambitionen zu untermauern.[45]

Von der Kolonialeuphorie des Sommers 1940 angesteckt, meldete sich schließlich noch ein Akteur zu Wort, der sich bisher zurückgehalten hatte: die Missionen. Die Vertreter der Missionsgesellschaften betonten angesichts der antireligiösen Haltung des Nationalsozialismus weniger ihre missionarischen Erfolge als ihre kulturellen, sozialen und wirtschaftlichen Leistungen. Besonders die Missionsschulen hätten sich positiv auf die afrikanische Bevölkerung ausgewirkt.[46] In einer Denkschrift vom 19. Oktober 1940 priesen sie die Missionen als Mittel zur »geistigen und sittlichen Neuorientierung« der Afrikaner, das dem sozialen »Zersetzungsprozeß« entgegenwirke. Das Christentum sei die einzig wirksame Gegentendenz gegen Islam, Bolschewismus und Panafrikanismus. Wichtig für den weiteren Fortschritt sei deshalb eine gute Zusammenarbeit zwischen Regierung und Missionen, die ihre Loyalität versicherten. Aufsicht und Kontrolle der Regierung seien mit der Missionsarbeit vereinbar. Sie habe es auch früher gegeben und daraus sei häufig eine »herrliche Zusammenarbeit« entstanden.[47] Die Missionen rückten bezeichnenderweise besonders ihre »Erziehung zur Arbeit« bei den Afrikanern in den Vordergrund, nach dem Motto »Wer nicht arbeitet, soll auch nicht essen«.[48]

Die Haltung der Nationalsozialisten gegenüber solchen Vorschlägen der Missionsgesellschaften war unterschiedlich. Während manche im Reichskolonialbund und im Kolonialpolitischen Amt sie nicht ablehnten, sondern lediglich ihre Zulassung und eine staatliche Kontrolle der Missionsschulen forderten, waren die kolonialpolitischen Hardliner um Rosenberg und die Auslandsorganisation strikt gegen sie.[49] Dort vertrat man die Auffassung, dass ihre Tätigkeit mehr negative als positive Ergebnisse gezeitigt habe, vor allem die christliche Lehre von der Gleichheit aller Menschen vor Gott habe verheerend gewirkt. Deshalb dürfe es künftig weder eine missionarische Tätigkeit noch Missionsschulen in den Kolonien geben.[50] Da diese Position in der NSDAP dominierte, war die Diskussion um die Rolle der Missionen beendet, kaum dass sie begonnen hatte.

Die »neue Arbeiterpolitik« als Kern der sozialpolitischen Planungen

Die Arbeiterfrage stand nach Einschätzung von Experten im Mittelpunkt der künftigen Kolonialpolitik, da nur der »Eingeborene« zu körperlicher Arbeit in den Tropengebieten befähigt sei. Erschwerend zu den schlechten Rahmenbedingungen – der geringen Bevölkerungsdichte, dem schlechten Gesundheitszustand, der mangelhaften Ernährung – trete der Umstand, »daß der Neger nicht auf intensive Arbeit eingestellt« sei.[51] Das freiwillige Angebot an Arbeitskräften, das ohnehin zu gering sei, werde weiter nachlassen, je mehr man den Lebensstandard der Afrikaner durch Entwicklung der »Eingeborenenproduktion« steigere. Aus diesem Grund werde eine gesetzliche Regelung der Arbeitspflicht zur zwingenden Notwendigkeit.[52] Jeder männliche Afrikaner und gleichgestellte Fremde konnte laut einer Verordnung über den Arbeitseinsatz vom Juni 1941 bei besonderer wirtschaftlicher Notwendigkeit zu einer bis zu drei Monate während entgeltlichen Arbeit herangezogen werden. Bei besonderen Anlässen konnte die Kolonialverwaltung eine kurze unentgeltliche Arbeitsdienstverpflichtung anordnen.[53] Der Vorsitzende des Fachausschusses Arbeiterfragen der Deko-Gruppe, Otto Werner, forderte, dass jeder arbeitsfähige Mann im Alter von 16 bis 35 Jahren gezwungen werden müsse, mindestens 90 Tage pro Jahr in einem europäischen Betrieb oder bei öffentlichen Projekten zu arbeiten.[54]

Den gesamten Arbeitseinsatz innerhalb einer Kolonie sollte der Gouverneur leiten, dem für diesen Zweck ein Referent für Arbeiterfragen und Arbeitereinsatz zugeteilt werde. Dieser Arbeitseinsatzverwaltung unmittelbar unterstellt waren die Arbeiterkommissare, die für bestimmte Gebiete eingesetzt werden sollten. Sie überwachten die sozialen und wirtschaftlichen Belange der Arbeiter, die Arbeitsverträge, die Lohn- und Tarifordnung.[55]

Als wichtigste Voraussetzung für einen geregelten Arbeitseinsatz in den Kolonien galt die lückenlose Erfassung aller männlichen Arbeiter durch deren Registrierung. Sie sollte aufgrund der vorhandenen Steuerlisten durch die Verwaltung vorgenommen werden. Als Ausweis der Registrierung sollte ein Arbeitspass ausgestellt werden. Der Arbeiter musste ihn in einer Blechhülse stets bei sich führen. Außerdem sollte er eine Blechmarke mit der laufenden Nummer seines Arbeitspasses tragen.[56] Ein anderer Vorschlag von Max Karl Graf zu Trauttmansdorff aus dem Reichsarbeitsministerium ging dahin, zwei Identitätsnachweise einzuführen, eine Kennmarke mit Kontrollnummer und laufendem Kennbuchstaben der Kolonie und des Bezirks, die permanent um den Hals getragen werden sollte. Zweitens ein Personal- und Arbeitsbuch mit gleicher Nummer und gleichem Kontrollbuchstaben, das Alter, Wohnort, Beruf etc. sowie einen Fingerabdruck enthalten sollte.[57] In einer »Verordnung über das Arbeitsbuch der Eingeborenen und gleichgestellten Fremden in den Kolonien« war bereits genau kodifiziert, wie die von den Bezirksämtern auszustellenden Arbeitsbücher aussehen sollten. Demnach sollten sie aus drei Teilen bestehen: dem Arbeitsnachweis, dem Steuernachweis und dem Gesundheitsnachweis.[58]

Die Form, in der die Arbeiteranwerbung künftig organisiert werden sollte, war Gegenstand heftiger Debatten. Ein Flügel der Kolonialplaner – vor allem der wissenschaftlich orientierten – votierte dafür, dass sie in staatlicher Hand bleiben und die »eingeborenen Autoritäten« miteinbinden sollte.[59] Nach dem Willen der Deko-Gruppe sollte die Arbeiteranwerbung nicht durch den wirtschaftlichen Einzelbetrieb, sondern durch die Fachorganisationen erfolgen. Für den staatlichen Sektor war eine Zentralstelle für den Arbeitseinsatz vorgesehen. Die Zentralstelle würde den Fachorganisationen bestimmte Teile der Kolonien als Rekrutierungsgebiete zuweisen. Deckte das freiwillige Arbeiterangebot im Rahmen des verfügbaren Arbeiterüberschusses des Bezirks nicht den Bedarf des Werbebüros, so schaltete sich der Bezirksamtmann ein, indem er durch Vermittlung des Häuptlings die entbehrlichen Arbeiter zur Verfügung stellt.[60] Der Ministerialrat im Reichsarbeitsministerium, Oskar Karstedt, legte eine Darstellung vor, die man als offiziöse Stellungnahme des Ministeriums betrachten kann. Auch er hielt die private

Afrikaner als Lohnarbeiter: farbiger Minenarbeiter vor dem »Hund«, 1938.

und berufsmäßige Arbeiteranwerbung für ein Übel, sie ließe sich aber vorerst nicht vermeiden. Aus diesem Grund solle die Anwerbung ausschließlich durch konzessionierte Anwerber erfolgen, die der Aufsicht der zuständigen Behörden unterlagen.[61]

In seinen »Leitsätzen zum Arbeitsrecht der Eingeborenen in afrikanischen Kolonien« forderte das KPA, dass die Gebiete, in denen angeworben werden durfte, durch die Kolonialbehörden festzulegen waren. Sie hatten auch die privaten Anwerber anzuweisen und zu beaufsichtigen. Die Zuteilung der angeworbenen Arbeiter auf die Arbeitgeber sollte ebenfalls durch die Behörden erfolgen.[62]

Grundsätzlich durfte nach Ansicht der Deko-Gruppe jeder männliche »Eingeborene« oder gleichgestellte Fremde vom 16. bis zum 45. Lebensjahr bei körper-

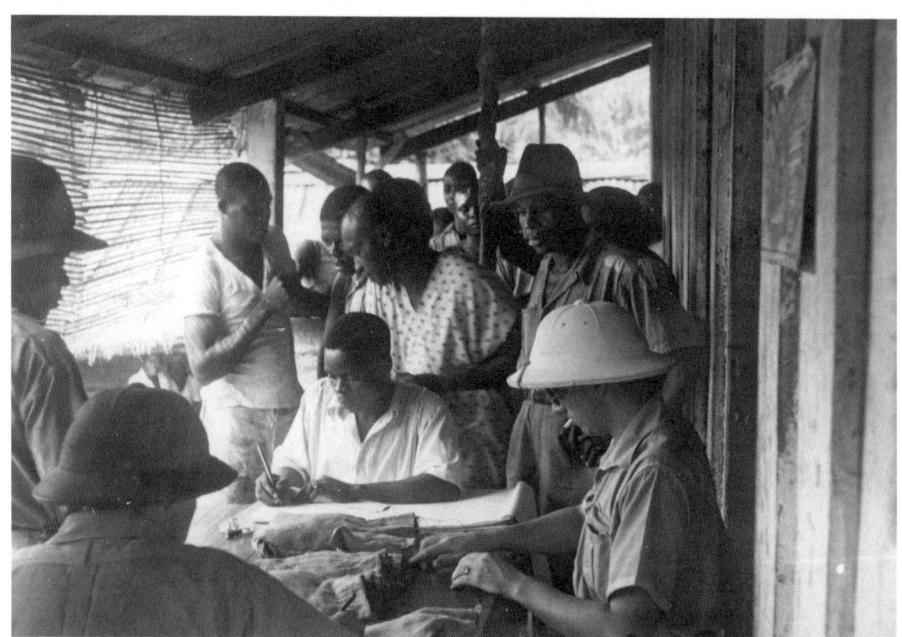

Zahltag auf der Moliwe-Pflanzung in Kamerun. Vor dem Zahlmeister liegen die Geldsäcke, die ausbezahlten Beträge werden registriert, 1938.

licher, amtsärztlich festgestellter Eignung angeworben werden. Die Anzahl der Angeworbenen einer Stammes- oder Dorfgemeinschaft durfte auf Entfernungen, die 150 Kilometer überschritten, nicht mehr als zehn Prozent, auf Entfernungen von weniger als 150 Kilometer das Doppelte betragen.[63]

Verträge mit einer Laufzeit von länger als einem Monat sollten nach Ansicht von Karstedt schriftlich fixiert werden. Die Vertragsdauer sollte sich nicht über eine bestimmte Zeitdauer hinaus erstrecken, die von den örtlichen Behörden zu bestimmen sei. Auf alle Fälle müsse der Arbeiter spätestens nach einem Jahr wieder in seine Heimat entlassen werden.[64] Das KPA legte in seinen Leitsätzen fest, dass kein Arbeiter ohne Arbeitsvertrag beschäftigt werden dürfe. Verträge mit einer Laufzeit von mehr als einem Monat müssten schriftlich erfolgen und von der zuständigen Behörde beglaubigt werden. Ein Arbeitsvertrag durfte grundsätzlich nicht über eine längere Zeit als neun Monate abgeschlossen werden,[65] ein späterer Entwurf sah eine maximale Dauer von zwei Jahren vor. Der Gouverneur konnte für einzelne Gebiete oder Arbeitsarten eine kürzere und in besonderen Fällen, vor allem bei dringendem wirtschaftlichen Bedarf, auch eine längere Höchstdauer bis zu drei Jahren anordnen.[66]

Die Festsetzung der Löhne sollte durch die Behörde und durch die Wirtschaftsgruppen unter Berücksichtigung des jeweiligen Gebietes und der betreffenden Produktion erfolgen. Neben den Barlohn sollte nach den Vorstellungen der Deko-Gruppe ein Deputat treten.[67] Nach dem Willen von Karstedt durfte es keine un-

Der Barlohn sollte sich durchsetzen: Lohnauszahlung auf einer Kaffeepflanzung am Kilimandscharo, Anfang der 40er Jahre.

entgeltliche Arbeitsleistung geben. Der afrikanische Arbeiter habe gegenüber dem beschäftigenden Betrieb Anspruch auf Entlohnung in barem Geld zuzüglich der Verpflegung sowie auf ärztliche Versorgung. Die Kolonialbehörden könnten für einzelne Arbeitszweige und einzelne Verwaltungsgebiete Mindest- und Höchstlöhne festsetzen.[68] Nach Ansicht der AO sollte der Naturallohn beibehalten, der Barlohn nicht als Stundenlohn berechnet werden, sondern als Monatslohn. Bei der Bemessung der Löhne sollte der Staat eingreifen. Bei der Lohnhöhe sollte die Einteilung der Lohnempfänger in Kinder, Jungarbeiter und Vollarbeiter als Basis dienen, ferner müssten für die Vollarbeiter je nach persönlicher Fähigkeit Lohnklassen und je nach Arbeitsgebiet Berufsklassen festgesetzt werden. Die Hälfte des Lohnes sollte als »heimatgebundenes Spargutaben« dem Arbeiter erst nach Rückkehr in das »Reservat« ausbezahlt werden.[69]

In die Fragen der kolonialen Arbeits- und Sozialpolitik schaltete sich auch das Arbeitswissenschaftliche Institut (AwI) ein. Der Reichsleiter der Deutschen Arbeitsfront (DAF), Robert Ley, beauftragte am 1. Juli 1940 das Institut offiziell mit der Bearbeitung aller kolonialpolitischen Fachfragen im Rahmen des Zuständigkeitsbereiches der Deutschen Arbeitsfront. Dem AwI oblag insbesondere die Aufgabe, die sozialen Verhältnisse in den Kolonialräumen wissenschaftlich zu untersuchen.[70] Das AwI stilisierte die Arbeits- und Sozialpolitik geradezu zur »Grundlage der neuzeitlichen Überseekolonisation«.[71] Es setzte gegenüber den Afrikanern auf eine Politik, die aus deren »Volkstum« erwachsen, also eine Weiterentwicklung der bisherigen Sozialformen darstellen sollte. Die AwI-Planer betrachteten es als Hauptaufgabe der künftigen Kolonialpolitik, eine neue soziale Grundlage für die Afrikaner zu schaffen, die ihrem »innersten« Wesen« entsprechen sollte.[72] Der Historiker Karl Heinz Roth hat dazu treffend bemerkt, dass an erster Stelle der Versuch stand, »das ›Gemeinschaftsgefühl‹ der Ausgebeuteten als Instrument zur Verinnerlichung der modernen Arbeitsdisziplin und zur Atomisierung durch Leistung in den kolonialen Arbeitsverhältnissen ›wiederzuentdecken‹«.[73]

In den Planungspapieren des AwI rückte eine neue Institution auf dem Gebiete der Arbeiterpolitik immer stärker in den Vordergrund: der »weiße Arbeitspfleger«, unter anderem für die Arbeiteranwerbung zuständig und mit sozialen Aufgaben betraut. Er sollte bereits in den Dörfern Kontakt mit den potentiellen Arbeitern aufnehmen. Die Dorfsippen waren zu den Kernzellen der Arbeitsorganisation, zu »Heimatdienst-Einheiten« zusammenzufassen, die die Basis für alle arbeitsorganisatorischen und sozialen Maßnahmen bildeten. Der »Arbeitspfleger« sollte die »Heimatdienst-Einheiten« überwachen und betreuen. Zu seinen konkreten Aufgaben zählte, dass er die Meldungen der zur Lohnarbeit bereiten Männer entgegennehmen und dem zuständigen Arbeitsvermittlungsamt überstellen sollte, das sie verpflichtete. Während der Zeit ihrer Lohnarbeit sollten die afrikanischen Arbeiter der Obhut des »Arbeitspflegers« unterstehen, ihrem »stets erreichbaren Berater und Helfer«. Er sollte ferner die Betriebe in Fragen der Unterbringung, Verpflegung und gesundheitlichen Versorgung der Arbeiter beraten.[74] Die »Arbeitspfleger« sollten eng mit sämtlichen anderen kolonialen Dienststellen

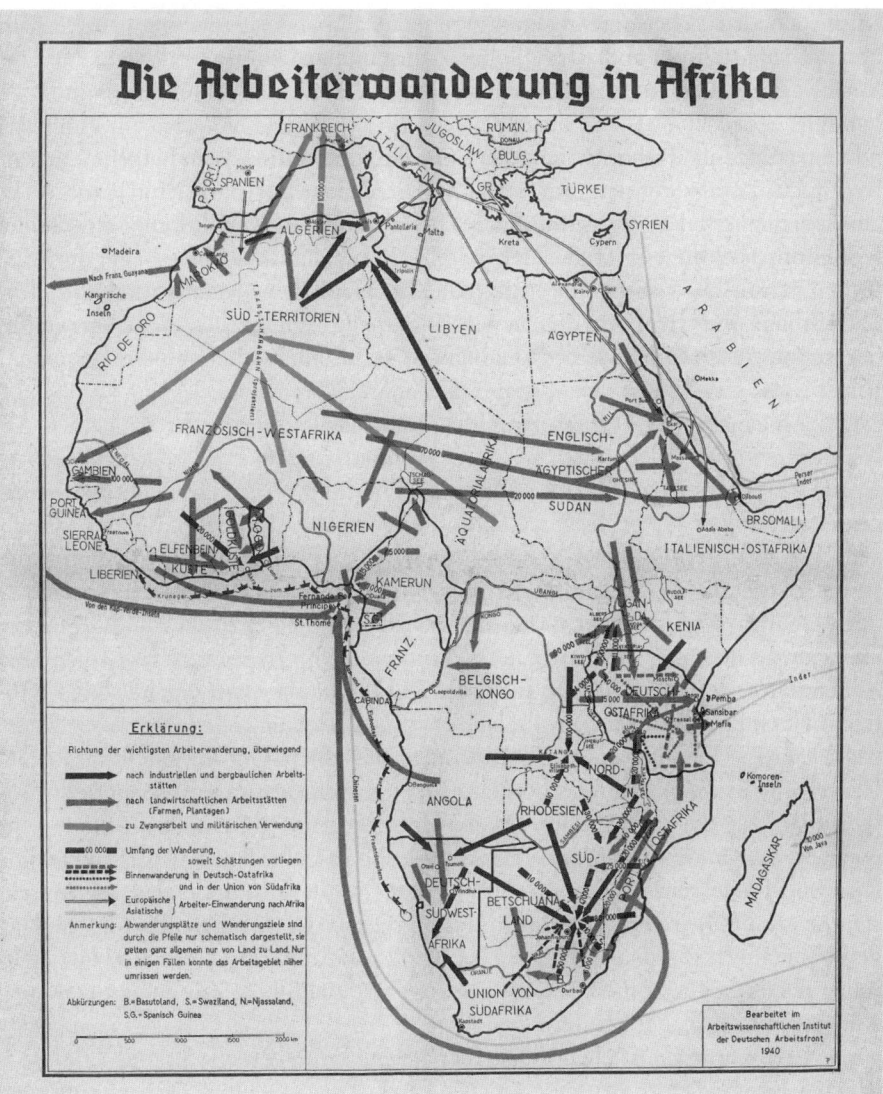

Folgen des Arbeitermangels: Karte des Arbeitswissenschaftlichen Instituts zur Arbeiterwanderung in Afrika, 1941.

zusammenarbeiten und direkt der DAF unterstehen. Ihnen war jeweils ein bestimmtes Gebiet zuzuteilen, das sich nach der Bevölkerungszahl und der Zahl der dortigen Betriebe zu richten hatte. Da der »Arbeitspfleger« sich immer nur relativ kurz an einem bestimmten Ort aufhalten könne, müssten ihm geschulte afrikanische Helfer zur Seite gestellt werden, die auf die Ortschaften verteilt würden. Nach den Planungen des AwI sollte ein »Arbeitspfleger« für die soziale Betreuung von 1000 Arbeitern verantwortlich sein, in den Betrieben dagegen sollte das Verhältnis 1,5 zu 200 betragen. Insgesamt ergab sich bei der Annahme von 4,4 Millionen Lohnarbeitern und 20 Millionen Arbeitsfähigen ein Bedarf von 33 750 Personen in der Arbeitsführung der Betriebe sowie 20 000 »Arbeitspflegern« auf dem Lande.[75]

Die wenigen deutschen Arbeitskräfte in der Kolonialwirtschaft sollten durchweg hoch qualifiziert sein. Sie hätten nach Ansicht der AwI-Mitarbeiter nicht ausführende, sondern anweisende und beaufsichtigende Funktionen zu erfüllen und könnten daher als »weiße Arbeitsführer« bezeichnet werden.[76] Bei der Auswahl dieser »Arbeitsführer« sollten neben der fachlichen Qualifikation vor allem menschliche und charakterliche Gesichtspunkte ausschlaggebend sein. Dazu zählten ein selbstverständliches Nationalbewusstsein, Selbstsicherheit und Besonnenheit sowie die Fähigkeit, fremde Mentalitäten zu verstehen.[77]

Das AwI hielt eine Verbesserung der Arbeitsbedingungen der deutschen Arbeitskräfte in den zukünftigen Kolonien für unabdingbar. Der koloniale Einsatz wurde als Sonderleistung und damit als »Ehrendienst für die deutsche Volksgemeinschaft« gewertet. Deshalb sollten alle mit der Übernahme seiner kolonialen Tätigkeit verbundenen Kosten – etwa Aus- und Heimreise, Heimaturlaub sowie Kosten für die Erziehung der Kinder in Deutschland – von der Wirtschaft der jeweiligen Kolonie übernommen werden. Dafür schwebte den AwI-Planern eine Ausgleichskasse vor, in die jedes koloniale Unternehmen einen Beitrag zu zahlen hätte, dessen Höhe sich nach der Zahl der deutschen Beschäftigten richtete.[78] Nach anderen Plänen sollte die koloniale Arbeitsbehörde für jeden Angestellten einen »Heimat- oder Urlaubsfonds« einrichten. Der Angestellte sollte ein Viertel des Monatsbeitrags übernehmen, das Unternehmen drei Viertel.[79] Als Grundlage für die Bezüge hielt das AwI die geplante »Reichslohnordnung« für maßgeblich, mindestens jedoch ein Grundgehalt in Höhe von 300 RM sowie freie Kost und Logis. Die »Kolonialzulage« müsse mindestens die Hälfte des Durchschnittsgehalts betragen, bei einer Höchstgrenze von 400 RM. Als Klimazulage waren in den tropischen Gebieten fünf Reichsmark pro Tag zu zahlen. Die deutschen Arbeitskräfte sollten in der Lage sein, während ihrer Zeit in den Kolonien Rücklagen zu bilden.[80]

Das AwI plante für die Kolonien einen gelenkten Arbeitsmarkt und damit verbunden für die Deutschen eine amtliche Arbeitsvermittlung. Dem zukünftigen Kolonialministerium sollte ein koloniales Arbeitsamt angegliedert werden, an das sich jeder Deutsche, der in die Kolonien wollte, wenden musste. Innerhalb der Kolonien sollte eine »koloniale Arbeitsbehörde« als Arbeitsvermittlungs- und Überwachungsstelle fungieren.[81] Als besonders relevant für das seelische und physische Wohlbefinden der Europäer stufte das AwI deren Wohnverhältnisse ein. Um jedem eine individuelle Rückzugsmöglichkeit zu bieten, war auf den Bau von Gemeinschaftswohnungen zu verzichten und stattdessen Bungalows in einer weitläufigen Anordnung zu bauen. Bei den Häusern hatten die AwI-Mitarbeiter detaillierte Forderungen, bis hin zur Möglichkeit zum Vollbad für den »Arbeitsführer«. Im nervenbelastenden tropischen Klima waren für das AwI Zerstreuungsmöglichkeiten besonders wichtig. So regte das Institut den Bau von »Gemein-

Zukünftig sollten so wenig wie möglich weibliche Lohnarbeiter eingesetzt werden. Kaffeepflückerin auf einer deutschen Pflanzung, 1939.

schaftshäusern« und Sportplätzen an. Wochenendfahrten und Ausflüge sollten den Europäern die sonst selbstverständlichen Vergnügungen – Kino, Theater usw. – ersetzen.[82]

In den Papieren der AwI-Planer avancierten die afrikanischen Frauen zu einem wichtigen sozial stabilisierenden Element. Mit seinen Arbeiten zu den afrikanischen Frauen stand das AwI weitgehend allein; die anderen Kolonialplaner betrachteten deren Lage lediglich als Teilproblem der »Eingeborenenpolitik« und die Frauen selbst nur als Anhängsel ihrer Lohnarbeit leistenden Männer.[83] Das AwI hingegen erkannte ihre Bedeutung für die angestrebte Konservierung der sozialen Strukturen und für eine positive Bevölkerungsentwicklung. Nach Meinung der AwI-Planer hatten die bisherigen Versuche, die soziale Stellung der afrikanischen Frauen zu verbessern, zu negativen Resultaten geführt, vornehmlich zu einer unerwünschten Emanzipation. Demgegenüber setzten sie auf eine verstärkte soziale Betreuung, die sich primär auf Gesundheitspflege, Kinderaufzucht, Nahrungsversorgung und Wohnungsbau konzentrieren sollte. Es sei besonders wichtig, den Frauen wieder den »Wert der Mutterschaft« nahezubringen, etwa durch Steuerfreiheit für kinderreiche Familien, Auszeichnung kinderreicher Frauen und gute Fürsorge im Alter.[84] In der Behandlung der afrikanischen Frauen und ihrer Kinder sahen die AwI-Planer eine große Aufgabe, speziell für deutsche Ärztinnen. Für die Zukunft wurde die Einrichtung von Entbindungsanstalten und Mütterheimen geplant. Schwangere Frauen sollten sechs Wochen vor und nach der Niederkunft mit der Arbeit aussetzen können.[85] Zusätzlich sollten die Frauen der Häuptlinge, deren Schwestern oder auch kinderlose Frauen als »Führerinnen« herangebildet werden, die den europäischen Betreuerinnen über den Gesundheitszustand vor allem der schwangeren Frauen zu berichten hatten.[86]

In Zukunft sollten europäische Betriebe die afrikanischen Frauen als Lohnarbeitskräfte so wenig wie möglich heranziehen. Die AwI-Mitarbeiter unterstellten, die afrikanischen Frauen seien selbst am glücklichsten, wenn sie ihrem »eigentlichen Beruf« als Frau und Mutter ungehindert nachgehen könnten.[87] Dementsprechend sollte die künftige Mädchenerziehung auf folgenden Grundsätzen beruhen: Die Schule sollte in engster Verbindung mit den Eltern und mit dem Dorf stehen; die Mädchen sollten nur das lernen, was sie später als Frau und Mutter verwerten konnten; der Schulbesuch sollte freiwillig erfolgen und unentgeltlich sein, um soziale Unterschiede zu vermeiden.[88]

Deutsche Kolonialfrauen

Die Rolle, die den deutschen Frauen in den zukünftigen Kolonien zugedacht war, lässt sich nicht von derjenigen trennen, die ihnen das NS-Regime insgesamt zuschrieb.[89] In der extremeren »kolonialen Situation« radikalisierten sich diese Muster, und es kamen einige Spezifika hinzu. Die koloniale geschlechtsspezifische Arbeitsteilung sah den Mann als den »Eroberer, Verteidiger und Pionier«, die Frau hingegen als die »Erhalterin und Schützerin der Familie, die Hüterin deutscher Kulturgüter, deutscher Wesensart und Sitte«.[90] Über diese Aufteilung der Rollen bestand ein weitgehender Konsens in der kolonialpolitischen Diskussion; auffällig ist, dass fast ausschließlich Frauen das Thema behandelten. Die Autorinnen betonten, dass die Bedeutung der Frauen in den Kolonien vor allem in zwei Bereichen liege: in der Absicherung einer dauerhaften Entwicklung der jeweiligen Kolonie und als Schutz gegen die stets befürchtete und gegeißelte »Rassenmischung«. Damit unterschieden sich die Grundlinien der Argumentation lediglich graduell von den Vorkriegsdebatten.[91]

Die Erfahrungen vor dem Ersten Weltkrieg hatten gezeigt, dass die Anwesenheit deutscher Frauen in den Kolonien einen zentralen Stellenwert besaß. Sie sollten aber auf die neuen Aufgaben entsprechend vorbereitet sein und die richtige »weltanschauliche Ausrichtung« mitbringen. Um beiden Anforderungen gerecht werden zu können, plante das Deutsche Frauenwerk, eine seiner »Bräuteschulen« zu einer kolonialen »Mütterschule« auszubauen. Eine »kolonialfachliche Ausbildung« wie in Rendsburg lehnte das Frauenwerk ab. Das Hauptaugenmerk sollte stattdessen darauf gelegt werden, dass die Frauen in einer »tadellosen parteipolitischen Haltung« in die Kolonien gingen. Entsprechend sollte ihre Auswahl und Vorbereitung aussehen.[92] Die Wahl fiel auf die »Reichsbräute- und Mütterschule« Husbäke bei Oldenburg. Dort veranstaltete das Frauenwerk sechswöchige Kurse, in denen neben dem allgemeinen Unterricht wie Erziehungslehre, Säuglingspflege, Kochen etc. besonders die »weltanschauliche Ausrichtung« und die »Volkstumspflege« im Vordergrund standen. Daneben trat die Vorbereitung auf die kolonialen Verhältnisse mit den besonderen Anforderungen. Typischerweise nannte ein Bericht hierbei in erster Linie die Gestaltung des Heims, Gastfreundschaft und Feste sowie »die Führung der farbigen Angestellten«. Es gab Gastvorträge zu Themen wie »Die Frau in den Kolonien«, über Tropenkrankheiten und die »Psyche des Eingeborenen« sowie Bildervorträge zu Afrika allgemein.[93]

In teilwise schwülstigen Wendungen schwor man die Frauen darauf ein, dass sie »dem häuslichen Leben, der Erziehung der Kinder zu Hause und in der Schule die deutsche Prägung« zu geben hatten und »sich gegenüber ihrem Heimatland des Vertrauens würdig« erweisen mussten, das ihnen als »bewußten Vertreterin[nen] des Deutschtums geschenkt« werde. Die Traditionalisten hielten an der althergebrachten Rollenverteilung fest: Die Frauen waren festgelegt auf ihre Rolle als Frau und Mutter. Dort entfalteten sie »eine natürliche Berufung«, und es böten sich ihnen vielfältige Möglichkeiten, für die »feste Verwurzelung des Deutschtums im kolonialen Raum« zu sorgen.[94] Die nationalsozialistische »Weltanschauung« sorgte dafür, dass die Planer mit erheblich mehr deutschen Frauen in den Kolonien als in der Vorkriegszeit kalkulierten, da verheiratete Männer bevorzugt wurden. Daneben prognostizierten sie aber auch »eine große Nachfrage nach jungen unverheirateten Mädchen« als Haushaltshilfen, zur Betreuung der Kinder, für den Schulunterricht, aber auch für die Krankenpflege, als »Gesundheitswarte«, Ärztinnen usw.[95]

Die Aufgaben Deutschlands innerhalb und außerhalb Europas waren nach Ansicht des Arbeitswissenschaftlichen Instituts auch nach Kriegsende nur zusammen mit weiblichen Arbeitskräften zu bewältigen. Dazu zählte das Institut auch den Einsatz in den künftigen deutschen Kolonien.[96] Mit einigem Selbstbewusstsein wies es den deutschen Frauen ihre künftige Rolle zu: Sie waren dazu auserkoren, für eine »Vervollkommnung der Art« und für »die Schöpfung des neuen deutschen Menschen imperialistischer Zeit« zu sorgen.[97] Bei den Aufgabengebieten betonte das AwI den landwirtschaftlichen Sektor: Die Hausfrau sei die Herrin des meist großen Haushalts auf der Pflanzung. Für die vielfältigen Aufgaben müssten die Frauen zwangsläufig Kenntnisse in allen landwirtschaftlichen Bereichen, von der Groß- und Kleinviehwirtschaft bis hin zur Molkerei und Käserei, mitbringen.[98] Hauptamtliche Fürsorgerinnen, die ihre Schulung in Deutschland erhalten hatten, sollten in erster Linie die Betreuung der afrikanischen Frauen

Deutsche Kolonialfrauen: Farmerin mit Kindern und farbiger Hausangestellter. Auf dem Tisch deutsche Kolonialzeitschriften, 1939.

ubernehmen. Sie sollten einen engen Kontakt mit dem »Arbeitspfleger« des jeweiligen Gebiets halten und von ihrem Dienstsitz aus das ihnen zugeteilte Gebiet bereisen, Vorträge halten und Kontrollfunktionen ausüben.[99]

Zwischen Seuchenbekämpfung und »Sanierung«

Aber nicht nur die deutschen Kolonialfrauen, sondern auch die deutschen Tropenmediziner sollten eine wichtige Rolle in den künftigen Kolonien spielen. Sie waren auf dem Gebiete der kolonialen Gesundheitspolitik vor allem in drei Bereichen gefragt: zum einen in der Frage der Akklimatisation sowie der individuellen Beurteilung von Bewerbern für den Kolonialdienst, deren Zahl ab Sommer 1940 sprunghaft stieg. Den zweiten Komplex bildete die Organisation der Gesundheitspolitik in den künftigen Kolonien, in erster Linie die Bekämpfung der gefürchteten Seuchen. Der dritte Bereich beschäftigte sich mit der medizinischen Betreuung und gesundheitlichen »Sanierung« der Afrikaner.

Die Diskussionen um die Akklimatisationsfähigkeit von Europäern in den Tropen hielten unverdrossen an. Kein Wunder, denn mit der Beantwortung dieser Frage stand und fiel die Möglichkeit einer systematischen und großflächigen Erschließung.[100] Eine Dauerakklimatisation von Weißen als »Rasse« in den Tropen

Ausbildung der künftigen Kolonialärzte: Peter Mühlens bei einer Vorlesung im Hamburger Institut für Schiffs- und Tropenkrankheiten, Ende der 30er Jahre.

wurde von manchen Kolonialplanern ausgeschlossen. Demgegenüber sei eine »relative Akklimatisation«, also die individuelle Gewöhnung an das heiße Klima für Jahrzehnte oder auch ein ganzes Leben, durchaus möglich.[101]

Die verstärkten Rekrutierungsbemühungen führten zu immer mehr Anfragen an das Hamburger Tropeninstitut zum Problem der Tropendienstfähigkeit. Sein Leiter, Peter Mühlens, nahm im offiziellen Organ der deutschen Ärzte dazu Stellung. Zunächst setzte sie seiner Meinung nach eine einwandfreie Gesundheit, also die Militärtauglichkeit I voraus. Nachweisbare Organerkrankungen würden die Tropendienstfähigkeit zweifelhaft erscheinen lassen bzw. ausschließen. Ganz besondere Sorgfalt sei auf die Prüfung des Nervensystems und der physischen und psychischen Widerstandsfähigkeit zu legen. Auch Mühlens betonte neben der körperlichen Eignung die Festigkeit des Charakters.[102] Ähnlich klang es auch in den Richtlinien des KPA für Tropendienstanwärter. Das tropische Klima stelle an die körperliche, geistige und seelische Widerstandskraft der dort lebenden Europäer erhöhte Anforderungen. Daher sei nicht jeder, der in der Heimat als allgemein gesund gelte, auch tropenverwendungsfähig. Am meisten leide in den Tropen das Nervensystem. Unausgeglichene sowie leicht erreg- und ermüdbare Menschen seien nicht für die Tropen geeignet.[103] Weitaus drastischer drückte sich da der auch in anderen Fragen rabiatere Leiter der Berliner Militärärztlichen Akademie, Ernst Rodenwaldt, aus. Nur charakterlich gefestigte, zuverlässige Männer seien

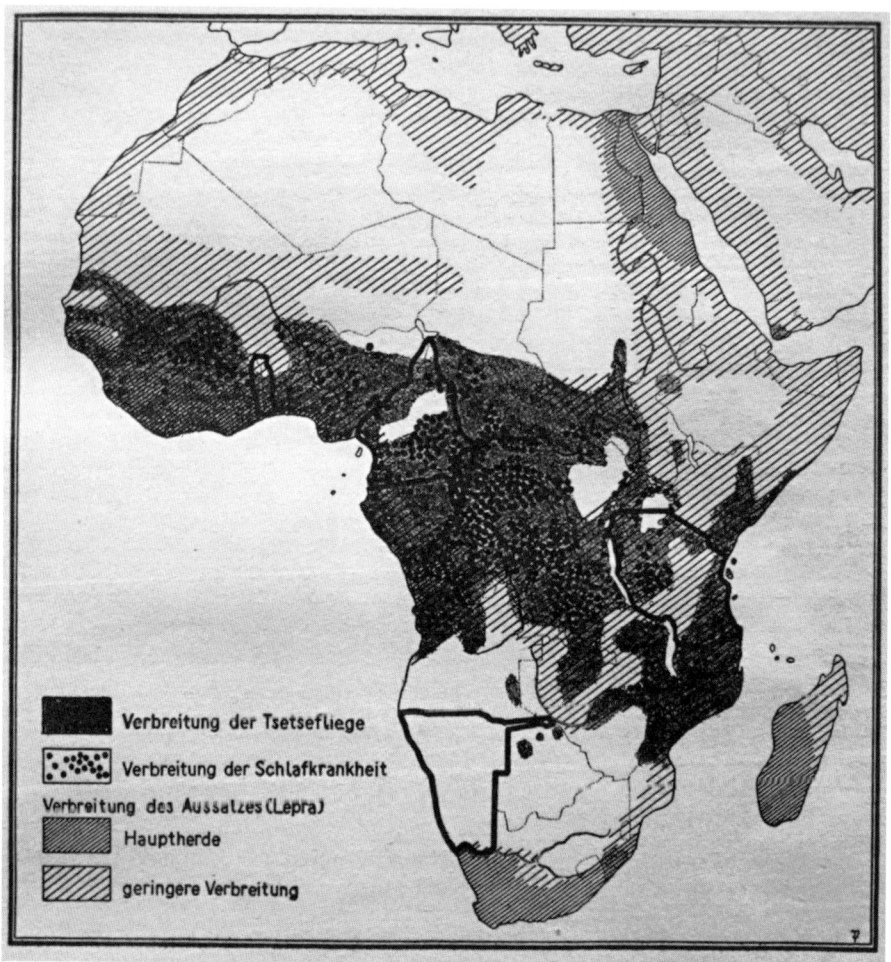

Seuchen als Schreckensbild: zeitgenössische Karte des Arbeitswissenschaftlichen Instituts über die Verbreitung der Tsetsefliegen, der Schlafkrankheit und der Lepra in Afrika, 1940.

in die Kolonien zu entsenden: »Für Epileptiker, Neurastheniker, Süchtige, Nervenkranke oder zu Nervenleiden disponierte sind die Tropen verbotenes Land.«[104]

Zur Bekämpfung der von den Deutschen besonders gefürchteten Seuchen und übertragbaren Krankheiten erarbeitete das KPA eine Verordnung, die eine unverzügliche Meldepflicht jeder verdächtigen Erkrankung, jedes Verdachtsfalles und jedes Sterbefalles vorsah. Sowohl der Arzt als auch der jeweilige Haushaltsvorstand, der Leichenbeschauer, der Arbeitgeber und andere Personen waren zur Anzeige verpflichtet.[105] Professor Erich Martini vom Tropenmedizinischen Institut der Berliner Militärärztlichen Akademie votierte wie viele andere für vorbeugende Maßnahmen bei der Seuchenbekämpfung, eine Unterbindung der Ansteckungswege und die Sanierung gefährdeter Gebiete, zum Beispiel durch die Trockenlegung

Angeblich vorbildliche deutsche Gesundheitspflege: das ehemalige deutsche Hospital in Viktoria (Kamerun), 1936/38.

von Sümpfen, die Beschaffung sauberen Trinkwassers etc.[106] Der Kolonialrat sprach sich dafür aus, dass auch die den Afrikanern zugeteilten Gebiete hygienisch einwandfrei gewählt werden müssten. Für Sanitätspolizei und Gesundheitspflege sollten hier die gleichen Grundsätze wie für Europäer gelten. Die Bekämpfung der heimischen Krankheiten und Seuchen sei mit allen Mitteln aufzunehmen und zu führen.[107]

Franz Ronnefeldt, ebenfalls ein Mitarbeiter der Militärärztlichen Akademie, betonte die Notwendigkeit einer medizinischen Aufklärung der Afrikaner, vor allem in bevölkerungs- und ernährungspolitischer Hinsicht. Insbesondere müsse der Kampf gegen die Kleinkinder- und Säuglingssterblichkeit aufgenommen werden. Ein flächendeckender Krankendienst müsse aufgebaut werden, der für jeden Afrikaner erreichbar sei. Auch hierbei handelte es sich um eine Form der gesundheitlichen »Sanierung«.[108] Baron Joachim Monteton von der Deko-Gruppe schlug eine Betreuung der Arbeiter durch den staatlichen Gesundheitsdienst vor. Darunter fiel nach seiner Meinung insbesondere das ärztliche Gutachten über die Arbeitstauglichkeit, eine jährliche Musterung, die laufende Kontrolle der Arbeiterdörfer durch die zuständige Behörde sowie Ausbildung und Einsatz von »Eingeborenen-Sanitätern«.[109]

Bei der Tagung der Tropenmedizinischen Gesellschaft Anfang Oktober 1940 in Hamburg erörterten die Teilnehmer »Aufgaben der Gesundheitsführung im zukünftigen deutschen Kolonialreich« – so der Titel des Einleitungsvortrags von Reichsgesundheitsführer Leonardo Conti.[110] Mühlens betonte, es dürfe in den

Kolonien nur einen Arzttyp geben: den deutschen Kolonialarzt. Dieser müsse »bis auf die Knochen ein guter deutscher Nationalsozialist« sein und ein umfassend ausgebildeter Arzt.[111] Diese Ansicht teilte auch Conti, der ebenfalls hervorhob, man brauche Ärzte, die »durch und durch Nationalsozialisten und in ihrem Fach besonders tüchtig« seien. Dazu komme als wichtiger Baustein der Ausbildung eine gründliche rassenkundliche und völkerkundliche Schulung. Denn der Kolonialarzt werde vor die Rassenfrage als unmittelbares praktisches Problem gestellt sein.[112] Am 15. Oktober 1940 wurde in Hamburg die »Akademie der ärztlichen Fortbildung für Schiffahrts- und Tropendienst« eröffnet. Sie sollte die notwendigen Kolonialärzte ausbilden. Besonderes Augenmerk werde dabei auf die Schulung in der Seuchenbekämpfung gelegt.[113]

Afrikanische Rohstoffe im Visier der deutschen Wirtschaftspolitik

»Ergänzungswirtschaft« zwischen Markt und Staat

Die Diskussion um die Frage, ob die ehemaligen deutschen Kolonien die Wirtschaft des Mutterlandes wesentlich entlasten könnten, war zentral: Blieben sie bloße nationale Prestigeobjekte wie vor dem Ersten Weltkrieg, oder konnten sie sich zu einer wirklichen »Ergänzungswirtschaft« entwickeln? Die meisten Kolonialplaner waren in diesem Punkt sehr optimistisch, wohl auch, weil es sich um eine wirksame Legitimation handelte.[114] In der Ideologie vom »Ergänzungsraum« Afrika als wirtschaftlich idealer Entsprechung zu einem deutsch dominierten Europa trafen sich zwei Diskussionsstränge: die um eine »Autarkie« Deutschlands geführte Debatte und die um kommende »Großräume«, genauer gesagt »Großwirtschaftsräume«. Beiden gemeinsam waren die Absage an eine freie Weltwirtschaft liberaler Prägung und der Bezug auf die neuen Erkenntnisse der »Geopolitik«.[115] Der Krieg – so die Meinung einer Reihe von Autoren – führe zu einer rasch fortschreitenden Formierung kontinentaler Großraumwirtschaften. Die Kontinente bzw. Großräume Amerika und Asien würden sich immer mehr verselbständigen, was Europa in einen stärkeren Bezug zu Afrika bringe, da Afrika die letzte Rohstoffreserve für Europa bilde.[116]

Franz Heske, der Leiter des Reichsinstituts für ausländische und koloniale Forstwirtschaft, entwickelte dazu eine eigene kleine Theorie: Im gesamteuropäischen Interesse sei die Erschließung und Ausbeutung »großer, organisch zusammengehöriger Lebensräume« unverzichtbar geworden. Die Form dieser künftigen »Großwirtschaftsräume« dränge infolge der zunehmenden Bedeutung der tropischen Zone als Nahrungs- und Rohstoffquelle zu einer Nord-Süd-Orientierung. Die Zentren der modernen Industriezivilisation verlangten eine Ergänzung durch tropische Räume, deren Klima sie zu den wichtigsten künftigen land- und forstwirtschaftlichen Nahrungs- und Rohstoffquellen stempelten. Für ihn bildete »Europa-Afrika einen natürlichen, zusammengehörigen, einander ergänzenden Großraum«.[117] Je länger der Krieg andauerte, desto lauter wurden die Stimmen, die

»Er kannte die Wälder« – Der koloniale Forstwirtschaftler Franz Heske

Franz Heske wurde am 3. Juli 1892 in Frauenberg in Südböhmen als Sohn des Generaldirektors der Fürstlich Schwarzenbergschen Forstregie geboren. Er besuchte das Deutsche Staatsgymnasium in Budweis und studierte Forstwirtschaft an der Hochschule für Bodenkultur in Wien. 1920 promovierte Heske zum Dr.-Ing. Von 1918 bis 1927 war er als Revierverwalter der Fürstlich Schwarzenbergschen Forstregie tätig. Von 1924 bis 1928 lehrte er als Privatdozent an der Hochschule für Bodenkultur in Wien. Gleichzeitig wirkte Heske von 1927 bis 1929 als Generalforstmeister eines nordwestindischen Fürstentums. 1928 wurde er Ordentlicher Professor der Forstlichen Hochschule Tharandt. Dort gründete und leitete er ab 1931 das Institut für ausländische und koloniale Forstwirtschaft.

Franz Heske, 50er Jahre.

Heske war ab dem 6. Oktober 1933 Mitglied des NS-Lehrerbundes.[1] 1939 erfolgte die Aufwertung seines Instituts zum Reichsinstitut mit Sitz in Reinbek bei Hamburg. Ab Juli 1941 war Heske Professor für Forstwissenschaft, Weltforstwirtschaft und Tropische Walderschließung an der hamburgischen Universität. Gleichzeitig leitete er die Fachgruppe Forstwirtschaft in der Kolonialwissenschaftlichen Abteilung des Reichsforschungsrats. In dieser Zeit führten ihn Forschungsreisen unter anderem 1937 nach West- und Äquatorialafrika, 1938 und 1943 nach Nordafrika.

Der Geograph Erich Obst attestierte Heske im August 1945 eine »radikale Ablehnung des Nationalsozialismus«; laut Obst sei er »ein ehrlicher Gegner« des NS-Systems gewesen.[2] Heske selbst erklärte, sein Institut habe sich nicht »mit irgend anfechtbaren politischen Fragen« beschäftigt, sondern nur mit wissenschaftlichen Problemen.[3] Nach dem Kriege wurde das ehemalige Reichsinstitut 1947 in Bundesforschungsanstalt für Forst- und Holzwirtschaft umbenannt. Heske stand ihr bis 1956 als Direktor vor. Ab 1950 war er außerdem Direktor des Instituts für Forstgeographie und -wirtschaft des Nahen Ostens an der Universität Istanbul. Von 1958 an arbeitete er drei Jahre lang als Generalforstmeister des Kaiserreiches Äthiopien. Franz Heske, der zu den bekanntesten Forstwissenschaftlern des 20. Jahrhunderts zählte und als Begründer der Weltforstwirtschaft gilt, starb am 7. März 1963 in Hamburg.[4]

1 BAB, MF A 0100, NSLB-Lehrerkartei, Bl. 1376, NSLB-Mitgliedskarte von Heske.
2 StaA HH, 361–6, Hochschulwesen, Dozenten- und Personalakten, Nr. IV 399, Bl. 36–38 (Zitate Bl. 36 f.), Schreiben von Prof. Erich Obst an Frl. Kadner, Chefsekretärin von Prof. Franz Heske, vom 30. 8. 1945.
3 Ebd., Bl. 75–81 (Zitat Bl. 76), Erklärung von Prof. Heske vom September 1945.
4 HWWA, Zeitungsausschnittsammlung, Personenmappe Heske, Franz Heske. In: Interpress vom 7. 1. 1953; ebd., Er kannte die Wälder der Erde. In: Die Welt vom 9. 3. 1963. Und insgesamt zu seiner Person: Lemhöfer, Detlev/ Rozsnyay, Zoltán: Leben und Werk von Franz Heske (1892–1963). Göttingen 1985.

die Erschließung des »Ergänzungsraums« zu einer »europäischen Aufgabe«[118] proklamierten, weil sie erkennen mussten, dass Deutschland allein nicht über genügend personelle und finanzielle Ressourcen verfügte.[119]

Kontrovers diskutierten die Kolonialplaner die Frage nach dem Verhältnis von Staatseinfluss und Privatinitiative in der künftigen Kolonialwirtschaft. Sehr auffällig an den Debatten über die Wirtschaftspolitik in den künftigen Kolonien ist die fast durchgängige Betonung der Planung. Als deren Voraussetzung wurde eine genaue Kenntnis der unterschiedlichen natürlichen Produktionsbedingungen betrachtet.[120] Entgegen den damals üblichen »individuell-kapitalistischen Maßnahmen« sollte die künftige Kolonialwirtschaft einheitlich strukturiert sein und nur solche Betriebe fördern, deren Produkte die deutsche Volkswirtschaft benötigte.[121] Die propagierte planmäßige Erschließung der einzelnen Gebiete sollte unter staatlicher Aufsicht und Kontrolle erfolgen, die Privatinitiative strikt an die Interessen der Allgemeinheit gebunden sein.[122] Da die Wirtschaft des Mutterlandes eine staatlich gelenkte Wirtschaft sei, werde diese Wirtschaftsform auch auf die Kolonien übertragen werden müssen.[123] Diese Auffassung vertrat auch das KPA. In seinen Richtlinien für die kolonialpolitische Schulung vom Oktober 1940 hieß es, dass die künftige Erschließung der kolonialen Rohstoffquellen nicht nach privatkapitalistischen Gesichtspunkten im Sinne einer freihändlerischen Wirtschaft erfolgen werde, sondern nach den Notwendigkeiten der heimischen Wirtschaft.[124]

In der oft mit vagen Begriffen geführten Debatte um die »koloniale Planwirtschaft« tauchte immer wieder der Topos der »gebundenen Wirtschaft« oder »gelenkten Marktwirtschaft« auf. Hierunter verstanden die Protagonisten dieser Theorie eine freie, aber keine freihändlerische Konkurrenzwirtschaft – eine mit gewissen Bindungen, also eine planmäßig geleitete. Die neue Kolonialwirtschaft sollte nicht nach dem privat- und einzelwirtschaftlichen Rentabilitätsprinzip, sondern nach volkswirtschaftlichen Erwägungen arbeiten.[125] Eine Produktionslenkung und damit eine Wirtschaftslenkung bedeuteten für die meisten Kolonialplaner durchaus nicht, dass der Staat die Aufgaben der Privatwirtschaft übernehmen sollte. Er sollte nur die Ziele vorgeben.[126] Den Kolonialunternehmen nahestehende Politiker wie der Hamburger Reichsstatthalter Karl Kaufmann brachen hingegen eine Lanze für die Privatinitiative in der künftigen Kolonialwirtschaft. Große staatliche Organisationen seien untauglich für die Aufgaben, stattdessen sollten private Unternehmen dort arbeiten, »die das volle Risiko tragen, aber dann auch den Verdienst haben«.[127] Eine Position, die in der Debatte zunehmend Gehör fand und die schließlich dazu führte, dass die Reichsgruppe Industrie im Mai 1941 einen kolonialwirtschaftlichen Ausschuss einrichtete. Zu dessen Leiter wurde Wilhelm Rudolf Mann berufen, Vorstandsmitglied der IG Farben AG sowie Mitglied in deren Kaufmännischen Ausschuss und Leiter der Verkaufsgemeinschaft Pharmazeutika.[128]

Handel und Wandel: Die Privatfirmen

Die Einrichtung des kolonialwirtschaftlichen Ausschusses war ein Ausdruck dafür, dass sich die Privatfirmen nach dem Sieg über Frankreich in die Diskussion über die zukünftigen Kolonien mit eigenen Forderungen einschalteten. So meldeten die Staatlichen Hütten- und Blaufarbenwerke Anspruch auf Beteiligung an der französischen Société Minière de Bou-Asser et du Gaara in Casablanca an.[129] Die Deutsche Bank beabsichtigte für den Betrieb von Bank- und Handelsgeschäften mit und in Afrika eine eigene Firma unter dem Namen Deutsche Afrika-Bank Aktiengesellschaft zu gründen. Der Deutschen Bank müsse, so Weigelt, mit Rücksicht auf ihre »jahrzehntelangen Vorarbeiten« die Möglichkeit eingeräumt werden, bei Übernahme der Filialen der englischen Banken in Westafrika ein erstes Zugriffsrecht zu haben.[130] Die Deutsch-Ostafrikanische Gesellschaft (DOAG) brachte ihre Erfahrungen mit der von ihr 1905 gegründeten Deutsch-Ostafrikanischen Bank ins Spiel und meinte, einen moralischen Anspruch zu haben, bei der beabsichtigten Neugründung von Kolonialbanken berücksichtigt zu werden.[131]

Die Deutsche Togo-Gesellschaft (DTG) meldete schon einmal ihre Ansprüche auf den alten Besitz vom August 1914 für die Zeit nach der »Rückgliederung der deutschen Kolonien« an. Damit wollte sie sich ein Vorgriffsrecht sichern.[132] Die DTG hatte einen regelrechten »Wunschzettel« aufgestellt, wollte den Grundbesitz und die Gebäude eines Teils der kleineren französischen Firmen übernehmen, und darüber hinaus strebte sie an, »ihren gesamten früheren Besitz« zurückzuerhalten. Sie schlug vor, den Handel in Togo künftig zwischen der DTG und der Deutsch-Westafrikanischen Handelsgesellschaft aufzuteilen.[133]

Auch die im ehemaligen Deutsch-Südwestafrika aktive Otavi Minengesellschaft brachte sich ins Gespräch, verwies darauf, dass sich mit dem Namen der Gesellschaft »ein Stück ruhmvoller deutscher Kolonialgeschichte« verbinde, und wünschte, »im Rahmen der Gesamtplanung Berücksichtigung« zu finden.[134] Die Afrika-Bergbau-A. G. führte bereits im Einvernehmen mit der Reichsstelle für Metalle und dem künftigen Kolonialministerium Verhandlungen über eine Zusammenarbeit mit den Zinnbergbau-Gesellschaften des Belgischen Kongo.[135]

Die Deutschen Afrika-Linien (DAL) hatten bereits im Jahr 1937 ein Aufbauprogramm erarbeitet für den Fall, dass Deutschland wieder Kolonien besitzen sollte.[136] Zunächst waren die Verantwortlichen aber vorsichtig und machten weitere Planungen vom realen Kolonialbesitz abhängig.[137] Ab Mitte Mai 1940 erfasste die Kolonialeuphorie auch die DAL, die nun weitreichende Vorstellungen eines ausgedehnten Geschäfts mit Afrika entwickelten. Sie träumten von einem »deutschen Mittelafrika«, das neben den ehemaligen deutschen Kolonien Dahomey, Nigeria und den Französischen Kongo umfassen sollte. Die DAL sollten führend im Geschäft mit diesem riesigen Gebiet werden. Da sie aber nur wenig und zudem veraltetes Schiffsmaterial zur Verfügung hatten, wollte sich die Firma an den »Feindstaaten« schadlos halten. Dazu wollten die DAL die holländischen Reedereien aus dem Geschäft drängen, norwegische, holländische und belgische Schiffe übernehmen. Die Firma peilte sogar die Übernahme französischer und

Afrikanische Rohstoffe im Visier: Blick auf die Förderanlagen der Otavi-Kupfer-Minen in Tsumeb (Südwestafrika), Mitte der 30er Jahre.

englischer Schiffe, speziell der zum Unilever-Konzern gehörenden United Africa Company, an.[138]

Die Aktien und Anteile der Deutschen Kolonialgesellschaften gehörten im Sommer und Herbst 1940 zu den bevorzugtesten Wertpapieren der Börsen. Die Anleger erwarteten für sie gute Geschäfte in der Nachkriegszeit. Bei einigen Firmen hatten sich die Kurse seit Jahresbeginn mehr als verdoppelt. So war der Kurs für die Aktien der Deutsch-Ostafrikanischen Gesellschaft von 76 Ende Dezember 1939 auf 152 Ende August 1940 gestiegen, der der Kamerun Eisenbahn-Gesellschaft von 71 auf 172.[139] Bei den Kurssteigerungen handelte es sich nicht um akute Dividendenhoffnungen, sondern um die »kursmäßige Eskomptierung der Zukunftsmöglichkeiten« der deutschen Kolonialgesellschaften nach einer siegreichen Beendigung des Krieges.[140]

An der Frage der Lenkung bzw. der Freiheit des Außenhandels entzündete sich eine spannende Debatte. Mitglieder der Hamburger Handelskammer zeigten sich nach Gesprächen mit hochrangigen Vertretern des Reichswirtschaftsministeriums (RWM) erleichtert darüber, dass auch künftig die Privatinitiative in der Wirtschaft beherrschend bleiben sollte; eine Weiterentwicklung der »staatswirtschaftlichen Formen« lehnte das Ministerium ab. Der Grundsatz der privaten Initiative und des Wettbewerbs sollte besonders für den Außenhandel gelten. Monopolgesellschaften nach dem Vorbild der Rohstoff- und Wareneinkaufsgesellschaft mbH (Rowak), die den Außenhandel mit Spanien monopolisierte, seien für die Zukunft nicht zu befürchten.[141] Das von den hanseatischen Außenhandelsfirmen als Bedrohung empfundene Beispiel der Rowak wurde nicht zuletzt dadurch herangezogen, dass der ehemalige Geschäftsführer dieses Unternehmens und Abteilungsleiter im Reichswirtschaftsministerium, Friedrich Bethke, als Nachfolger von Kurt Weigelt Anfang 1941 Leiter des Amtes Wirtschaft im KPA und designierter Abteilungsleiter für den Bereich Wirtschaft im künftigen Kolonialministerium geworden war. Das war kein Rückzug Weigelts aus der Kolonialpolitik, sondern er dachte gar nicht daran, seinen Posten bei der Deutschen Bank zugunsten einer Position im Ministerium aufzugeben und präsentierte dafür stattdessen Bethke.[142]

Die Frage der Zulassung von Unternehmen für die Kolonien sorgte ebenfalls für Diskussionsstoff: Das RWM favorisierte vor allem Überseefirmen, die bereits mit afrikanischen Ländern Handel betrieben hatten oder auch vor dem Weltkrieg dort ansässig gewesen waren. Da aber die Zahl der so qualifizierten Unternehmen nicht ausreichte, wollte das Ministerium darüber hinaus jene berücksichtigen, die langjährige Erfahrungen in Überseegeschäften besaßen und bereit waren, ausländische Firmen zu übernehmen.[143] Die führenden Kräfte der hanseatischen Handelsfirmen vertraten die Auffassung, dass die bisher tätigen Unternehmen auch für den neuen Kolonialbesitz ausreichen würden, lästige Konkurrenz wollte man sich also schon im Vorfeld vom Leibe halten. Zusätzlich herangezogene Firmen müssten einer strengen Prüfung unterzogen werden. Ausländische Konzerne, wie die United Africa Company, sollten ganz ausgeschlossen bleiben.[144]

Es kursierten ernstzunehmende Gerüchte, das RWM plane, den Außenhandelsfirmen in Afrika jeweils eng umrissene Bezirke zuteilen zu wollen. Demgegenüber waren die Kolonialfirmen darauf bedacht, die Zulassung der Firmen so flexibel wie möglich zu gestalten.[145] Das KPA erwog ebenfalls eine Aufteilung der Kolonien in Bezirke mit dem Grundsatz, keine Monopolstellung für einzelne Firmen zuzulassen, sondern jeweils mehrere Firmen in einem Bezirk zum Zug kommen zu lassen.[146] Der Leiter des Kolonialwirtschaftlichen Ausschusses der Reichsgruppe Handel empfahl, die Bezirksaufteilung lediglich auf den Aufkauf von Rohstoffen zu beschränken; für den Verkauf der Konsumgüter sei sie nicht erforderlich.[147] Die DOAG war ebenfalls gegen eine Aufteilung in Bezirke, die aus ihrer Sicht den Unternehmungsgeist lähmte und der betreffenden Firma in dem zugeteilten Bezirk eine Monopolstellung einräumte.[148] Ein Bericht der DOAG zeigt, dass sich die Politik dieser Argumentation wohl anschloss und die ansonsten unerwünschte Kombination von Handel und Plantagenwirtschaft im Einzelfall zulassen wollte.[149]

Land- und Forstwirtschaft

Die Kolonialplaner waren sich darüber einig, dass die »alte extensive Form der Kolonialwirtschaft, die sich mit dem Abschöpfen des Rahms begnügte und nicht selten in Raubbau ausartete«, durch eine wissenschaftlich fundierte, modernisierte und intensivierte Landwirtschaft abgelöst werden müsse.[150] Limitierender Faktor dabei war allerdings der Mangel an Arbeitskräften – Afrika sei ein »Raum

Im Kampf gegen die deutsche »Fettlücke«: Ölpalmenernte in Ostafrika, Mitte der 30er Jahre.

ohne Volk«.[151] Die Arbeitskraft »der schwarzen Sonnenkinder Afrikas« sei unersetzlich für die geplante Leistungssteigerung. Langfristig sei deshalb eine Bevölkerungsvermehrung durch verbesserte Gesundheits- und Ernährungsverhältnisse anzustreben. Kurzfristig schien eine wirtschaftliche Leistungssteigerung jedoch nur durch eine verstärkte Mechanisierung und Motorisierung erreichbar. Als Beispiele galten der Einsatz von Motorsägen, Raupenschleppern und Lastkraftwagen.[152]

Im Verlauf des Kriegs maßen die Kolonialplaner der Mobilisierung der afrikanischen Landwirtschaft für die Rohstoffversorgung des »Dritten Reiches« entscheidende Bedeutung bei. Da die Vereinigten Staaten einen Wirtschaftskrieg gegen Deutschland führten, sei eine Versorgung Deutschlands und des von ihm kontrollierten Teils Europas mit Nahrungsmitteln, insbesondere Ölen und Fetten, nur durch Eroberung und Erschließung großer afrikanischer Räume möglich. Die Schaffung »eines autarken europäisch-afrikanischen Grossraumes« wurde so nicht nur das Ziel, sondern Voraussetzung eines siegreichen Krieges.[153]

Das KPA arbeitete intensiv an der Organisation der landwirtschaftlichen Verwaltung; konkrete Pläne lagen bereits für Ostafrika vor. Demnach sollte eine dreistufige Verwaltung aufgebaut werden, neben der landwirtschaftlichen Abteilung beim Gouverneur sollte es ein landwirtschaftliches Referat bei jeder Provinzial- und eines bei der jeweiligen Bezirksverwaltung geben.[154] Bis zum September 1941 arbeitete das KPA weiter an einem Aufbau- und Einsatzplan der landwirtschaftlichen Verwaltung und des landwirtschaftlich-technischen Dienstes. Zur personellen Vorbereitung des Einsatzes wurden mehrere hundert Bewerbungen durchgesehen und die geeigneten Bewerber erfasst.[155]

Die Frage, ob die zukünftige Kolonialwirtschaft von europäischen Großplantagen, also der weltmarktorientierten »Europäerwirtschaft«, oder von afrikanischen Kleinbetrieben, die vornehmlich Nahrungsmittel und Konsumgüter für die lokalen und regionalen Märkte produzierten, dominiert werden sollte, entwickelte sich zu einem Dauerbrenner der Debatten und wurde von der Deko-Gruppe als ein Kernproblem angesehen, das zu bearbeiten sich lohne.[156]

Zentrale Frage: »Europäer- oder Eingeborenenwirtschaft«? »Eingeborenenpflanzung« von Bananen und Maniok, Mitte der 30er Jahre.

Die Märkte der Kolonialprodukte – so die Einschätzung einiger Kolonialplaner – seien extrem starken Konjunkturschwankungen ausgesetzt. Hinzu kämen das unberechenbare Klima und die vielfach verbreitete Monokultur bei den agrarischen Erzeugnissen als Ursachen für die wirtschaftliche Instabilität. Dagegen helfen könne eine Kombination von »Eingeborenen«- und Exportproduktion, die eine Intensivierung der Bodenbebauung mit sich bringe. So werde ein stabiler Binnenmarkt in den Kolonien geschaffen, der vor den Auswirkungen der Konjunkturschwankungen der Weltmärkte schützen würde.[157] Die Grundlage der modernen Kolonialwirtschaft musste nach Ansicht des Hamburger Kolonialwissenschaftlers Heinz-Dietrich Ortlieb die »Eingeborenenwirtschaft« sein, und zwar eine solche, die weitgehend der stammesmäßigen Organisation des afrikanischen Gemeinschaftslebens Rechnung tragen und als ihre erste Aufgabe die Eigenversorgung mit den wichtigsten Nahrungsmitteln ansehen sollte. An diese »Stammeswirtschaft« sollte sich die afrikanische Ausfuhrproduktion anlehnen.[158] Georg Braun, Hamburger Volkswirt und eifriger Autor zu kolonialen Themen, präferierte als Mischform zwischen »Eingeborenen«- und Europäerwirtschaft die »Plantagen-Bauernwirtschaft«, von ihm auch »genossenschaftlich-kapitalistische Pachtsiedlung für Eingeborene« genannt. In dieser Betriebsform werde das doppelte Ziel erreicht, sowohl Exportprodukte als auch Nahrungsmittel zu produzieren. In der kombinierten Pachtsiedlung finde sich ferner eine Symbiose von staatlicher

Einflussnahme auf die Produktivität und privatwirtschaftlichem Rentabilitätsinteresse.[159]

Ernst Fickendey, Experte der Deko-Gruppe, warnte vor der Gefahr, dass der afrikanische Bauer, der sich auf ein einziges Produkt beschränke, zum »Spekulanten und Proletarier« werde. Auf der anderen Seite sah er sehr realistisch die Stärke der »Eingeborenenkultur« in den geringeren Gestehungskosten. Ein Nachteil liege in der ungleichmäßigen Qualität der Produkte. Fickendeys Vorschlag lief deshalb auf eine Produktion durch die Afrikaner und eine Aufbereitung der Rohprodukte durch europäische Betriebe hinaus. Die Plantagen hätten auch eine erzieherische Aufgabe zu leisten, indem sie landwirtschaftliche Schulen großen Stils für die Afrikaner bildeten.[160]

Das Arbeitswissenschaftliche Institut erwartete, dass sich die Entwicklung der kolonialen Produktion künftig noch stärker als bisher auf die »Eingeborenenwirtschaft« verlagern werde. Ob die europäischen Plantagenunternehmungen gegen die Konkurrenz mit ihrer qualitativ besseren Erzeugung bestehen könnten, erschien zumindest fraglich.[161] Für das Institut hatte die Anteilswirtschaft auf vertraglicher Grundlage, wie im Anglo-Ägyptischen Sudan (identisch mit dem heutigen Sudan) praktiziert, Modellcharakter. Die Bauern waren dort Pächter eines privaten Syndikats und mussten ein Drittel des gepachteten Landes mit Baumwolle und ein Drittel mit Getreide oder Grünfutter bebauen; das letzte Drittel lag jeweils brach. Diese Art der Bewirtschaftung war weder Plantagenbetrieb noch reine »Eingeborenenwirtschaft«, sondern ein Mittelding, vom Arbeitswissenschaftlichen Institut als »kombinierte Plantagenbauernwirtschaft« bezeichnet.[162]

Eine umstrittene Organisationsform bildeten schließlich die »Eingeborenengenossenschaften«. Institutionen wie das Kolonialwirtschaftliche Komitee und die Deko-Gruppe wandten sich strikt gegen Genossenschaften; sie argumentierten mit der fehlenden »Reife« der afrikanischen Bevölkerung.[163] Die Hardliner der Auslandsorganisation lehnten Genossenschaften als ein Produkt der »Freihandels-Ideologie« generell ab. In einer Planwirtschaft mit Fest- oder Richtpreisen hätten sie zudem ihren Sinn verloren.[164] Für den Zusammenschluss der Kleinproduzenten in Genossenschaften votierten hingegen der Reichskolonialrat und die Fraktion um SS und Reichsnährstand, damit die afrikanischen Bauern so nicht mehr unter schwankenden Weltmarktpreisen leiden sollten.[165]

Was die koloniale Forstwirtschaft betraf, so war das 1931 gegründete Institut für ausländische und koloniale Forstwirtschaft an der Forstlichen Hochschule Tharandt das einzige deutsche Institut, das sich mit diesem Thema beschäftigte.[166] Im Oktober 1939 beförderte Reichsforstmeister Göring es in den Rang eines Reichsinstituts,[167] das am 15. April 1940 seine Arbeit im dafür umgebauten Schloss Reinbek aufnahm, nachdem die Hamburger Universität dessen Direktor Heske auf den Lehrstuhl für Koloniale Forstwirtschaft berufen hatte. Die Wissenschaftler sollten die Grundlagen einer langfristigen kolonialen Forstpolitik entwickeln und dafür die entsprechenden Rohstoffe, ihren Anbau, ihre Bewirtschaftung und Ver-

Holz als wichtiger Rohstoff für die deutsche Industrie: Holzverladung im Hafen von Duala (Kamerun), Mitte der 30er Jahre.

wertung studieren.[168] Nach dem Willen Görings sollte das Reichsinstitut eine Monopolstellung bei der Vorbereitung der Forstwirtschaft in den Kolonien innehaben.[169]

Das Institut konsolidierte sich in Hamburg und intensivierte seine Aktivitäten ab Sommer 1940. Es schulte Forstbeamte in zweimonatigen Kursen für den »Soforteinsatz« in den Kolonien. Später wollte das Reichsinstitut einen planmäßigen Lehrbetrieb zur kolonialforstlichen Ausbildung aufnehmen. Dann sollte jeder Forstbeamte, der in die Kolonien gehen wollte, zwei Semester in Reinbek studieren. Dazu Direktor Heske: »Das Reichsinstitut für ausländische und koloniale Forstwirtschaft stellt dem Führer die wissenschaftlichen Erkenntnisse und die fachlich geschulten Kräfte zur Verfügung, die wir zur forstlichen Erschließung unseres zukünftigen großdeutschen Kolonialreiches brauchen!«[170]

Heske selbst plädierte immer wieder für den Einsatz von Tropenholz in der deutschen Wirtschaft. Dabei forderte er ein vorsichtiges Vorgehen, keine »raubbaumäßige Form« der Waldnutzung, sondern sofortige Wiederaufforstung.[171] Heske schrieb dem Wald neben seiner wirtschaftlichen Funktion indirekte Nutzwirkungen, sogenannte »Wohlfahrtswirkungen« zu. Mit der intensiven Nutzung des afrikanischen Waldes bestehe die Notwendigkeit, seine Substanz durch einen planvollen Waldaufbau zu erhalten und zu verbessern.[172] Heske betonte insgesamt die »nachhaltige« Erzeugung pflanzlicher Rohstoffe und Nahrungsmittel in den künftigen Kolonien.[173]

Während der Kriegsjahre entwickelte sich das Reichsinstitut rasch. Heske erhielt wichtige Aufträge von zentralen Reichsbehörden, so einen »Sonderauftrag« vom Reichsminister für die besetzten Ostgebiete, Alfred Rosenberg, »wonach ihm in Hinblick auf die Erneuerung Europas die Behandlung aller oberirdischen Rohstoff-Fragen übertragen« wurde. Zur Sicherung der erreichten Positionen plädierte er für einen schnellen weiteren Ausbau des Reichsinstituts.[174] Nach dem Krieg wurde das Reichsinstitut 1947 in Bundesforschungsanstalt für Forst- und Holzwirtschaft umbenannt; Heske stand ihr bis 1956 als Direktor vor.[175]

Sofort-Programme der Deko-Gruppe

Die Sofort-Programme der Deko-Gruppe verdienen besondere Aufmerksamkeit, da in ihnen – wie in nur ganz wenigen anderen Planungspapieren – ein zusammenhängendes Konzept formuliert wurde. Die Deko-Gruppe hatte bereits im Januar 1940 vom Reichswirtschaftsminister den Auftrag erhalten, als Grundlage für die Wirtschaftsplanung in den deutschen Kolonien den aktuellen Produktionsstand sowie die Möglichkeiten einer Produktionsausweitung in bestimmten Kolonialgebieten eingehend zu untersuchen. Erst einige Monate danach wurde dieser zunächst recht vage gehaltene Auftrag präzisiert. Nun sollte die Deko-Gruppe einen Plan ausarbeiten, der die derzeitigen und künftigen Produktionsmöglichkeiten der ehemaligen deutschen Kolonien sowie weiterer westafrikanischer Gebiete umfassen sollte. Sie bildete daraufhin verschiedene Arbeitsausschüsse für ihre sogenannten Sofort-Programme. Sie wurden in drei Arbeitsgebiete gegliedert: Ostafrika (inklusive Kenia und Uganda), Südwestafrika und Westafrika (Togo und Kamerun, Nigeria, die Goldküste und Französisch-Äquatorialafrika). Für den Belgischen Kongo und Rhodesien waren weitere Arbeitsausschüsse vorgesehen, die sich aber noch nicht konstituiert hatten.[176] Daneben bildete die Gruppe Fachausschüsse, etwa für Baumwolle, Sisal und Kaffeepflanzer. Sie sollten in gemeinsamen Beratungen ihr künftiges Arbeitsprogramm in Einklang bringen mit »dem grossen Aufbauprogramm des Reiches«. Die entstehenden Programme gingen an das Reichswirtschaftsministerium und sollten der künftigen deutschen Kolonialverwaltung das notwendige Rüstzeug an die Hand geben.[177]

Die Ausschüsse stellten umfangreiche Untersuchungen an, deren Ergebnisse ausschließlich dem künftigen Reichskolonialministerium zugute kommen sollten und von diesem für die umfassenden wirtschaftlichen Verwaltungsmaßnahmen zur gegebenen Zeit dringend benötigt würden. Es erschien daher angebracht, dass das Reich für die Kosten aufkam.[178] Da die Arbeiten auch für die Privatwirtschaft von Nutzen waren, sollte nach dem Willen des Reichsfinanzministeriums das KPA die Kosten für das Jahr 1940 tragen; das Ministerium wollte diese dann ab dem Rechnungsjahr 1941 übernehmen.[179]

Der Landesausschuss Ostafrika begann die Bearbeitung des Sofort-Programms am 12. September 1940. Für diese Arbeiten, die in mehreren Sitzungen im Sommer 1941 behandelt wurden, bekam die Gruppe Unterstützung von Vertretern des

KPA, des Reichsforstamtes, der Auslandsorganisation und der eigenen Fachausschüsse.[180] Mit Beginn des Jahres 1941 wollte die Deko-Gruppe dann auch die Arbeiten am Sofort-Programm für Südwestafrika intensivieren.[181] Das Programm war in Bearbeitung; seine redaktionelle Gestaltung sollte im Sommer 1941 gleichfalls beendet sein. Das Programm für Westafrika war das umfangreichste, wurde aber durch die notwendigen Vorarbeiten über die Ernährungs- und »Eingeborenenkulturen« am stärksten aufgehalten. Von ihm wurden offensichtlich nur einige Abschnitte fertiggestellt. Das Programm für Südwestafrika wurde abgeschlossen, gedruckt, aber wohl nicht mehr ausgeliefert.[182]

Das Sofort-Programm für Ostafrika erschien in zwei Teilen; während der erste Teil den Ist-Zustand schilderte, enthielt der zweite Teil das im Zusammenhang mit den hier interessierenden Kolonialplanungen wichtigere »Soll-Programm«. Es bestand aus einem Einführungsheft, das die grundsätzlichen Leitlinien darlegte, und insgesamt acht Heften mit Einzeldarstellungen zu unterschiedlichen Themenkomplexen.[183] Während sich Weigelt in der »Kolonialwirtschaftlichen Denkschrift 1940« noch pessimistisch über die Wirtschaftskraft Ostafrikas geäußert hatte, ging das Sofort-Programm von einer stärkeren Entwicklungsfähigkeit dieses Gebiets aus.

Das Einführungsheft gab zunächst einen Überblick über die wirtschaftsgeographische Struktur des Landes; starke Beachtung fand die Bodenerosion als Folge des Abholzens der Wälder und des Abbrennens der Savannenvegetation. Daran schlossen sich die allgemeinen Vorschläge zu einer Intensivierung der Wirtschaft an: Die Deko-Gruppe wollte die Männer stärker als bisher zur Landwirtschaft heranziehen, den Übergang zu einer geregelten Fruchtwechselwirtschaft fördern und statt der Hackkultur die Pflugkultur mit Düngeranwendung einführen. Der Einsatz entsprechender Maschinen und Geräte sollte die landwirtschaftliche Arbeit stark rationalisieren. Wichtig war den Planern die Vermehrung der afrikanischen Bevölkerung, da Arbeitskräfte fehlten. Der Viehbestand war qualitativ zu verbessern, eine »geordnete Weidewirtschaft« einzuführen. Hauptgrundsatz war, dass das Land seinen Bedarf an Nahrungsmitteln aus eigener Erzeugung decken und darüber hinaus Rohstoffe für das europäische Mutterland in möglichst großem Umfang zur Verfügung stellen sollte. Da nur wenige Deutsche im Lande arbeiten würden, müsste die afrikanische Bevölkerung den Großteil der Tätigkeiten leisten. Die Arbeit sollte für den afrikanischen Arbeiter kein Zwang sein, aber eine Pflicht, »ohne deren Erfüllung ihm auch kein Recht auf Sicherheit des Lebens und Ruhe und Frieden des Landes« einzuräumen war.[184]

Einen wichtigen Stellenwert im Rahmen des Programms hatte die Wasserwirtschaft: Im von Dürren geplagten Land sollte Wasser unter öffentlicher Kontrolle und Bewirtschaftung stehen. Auf die Wasserwirtschaftsverwaltung kam damit die Aufgabe zu, erst die vorhandenen Einrichtungen zu übernehmen und weiter zu betreiben, um dann in einem zweiten Schritt Verbesserungen einzuführen, zunächst durch einfache Mittel, wie kleine Erddammtalsperren, Brunnen und Leitungen. Allerdings war den Autoren der Studie klar, dass die angestrebte Produktionsausweitung neue Anforderungen an die Wasserwirtschaft stellen würde. Der

Detaillierte Wirtschaftsplanungen: Das als »Streng geheim« deklarierte Sofort-Programm der Deko-Gruppe für Ostafrika, 1941.

»Wassermehrbedarf« setze die Aufstellung eines Wasserwirtschaftsplanes für die kommenden 15 Jahre voraus. Der Ausschuss forderte eine »totale Wasserwirtschaft«, die »das Wasser im Sinne einer nationalsozialistischen Wirtschaftspolitik zweckentsprechend und gerecht« verteilen sollte.[185]

Nach und nach erschienen die Einzelhefte zum Teil II, dem Soll-Programm des Sofort-Programms für Deutsch-Ostafrika, das die Planungen enthielt. Bei der Landwirtschaft standen zwei Gesichtspunkte im Vordergrund: das Interesse der deutschen Wirtschaft an landwirtschaftlichen Exportkulturen (Fett-, Eiweiß-, Faserpflanzen) und die Sicherstellung und Verbesserung der Ernährung innerhalb der Kolonie. Die afrikanischen Bauern wollte die Deko-Gruppe in Zwangszusammenschlüssen organisieren, in denen jeder Bauer in einem bestimmten Gebiet, »ob er will oder nicht, kraft obrigkeitlicher Anordnung eingegliedert« sein sollte. Die Zwangsverbände sollten für die Vorratshaltung von Ernährungsfrüchten und Saatgut sorgen, für die Förderung von Ackerbau und Viehzucht, insbesondere für die Einbringung und Weiterverwertung der landwirtschaftlichen Erzeugnisse, für den Absatz der Produkte und für die soziale Betreuung der Armen und Kranken. Der Ausschuss hoffte so, die Erträge der Ernährungskulturen in fünf Jahren um mindestens 15 Prozent steigern zu können.[186] Ein Tätigkeitsbericht der Abteilung III des KPA von Ende September 1941 vermerkte, dass neue Fachausschüsse für koloniale Fischerei, kolonialen Bergbau und ein Fachausschuss der Teepflanzer hinzugekommen waren. Im weiteren Verlauf der Arbeiten wurde es notwendig, die gemeinsamen Hauptfragen, wie die Arbeiterfrage und die Frage des Maschinen- und Geräteeinsatzes, in zwei separaten Koordinationsausschüssen zu behandeln.[187]

Bedingt durch den Kriegsverlauf verlagerten sich die Aktivitäten der Deko-Gruppe allerdings stärker auf den Bereich des »Osteinsatzes«. Vor allem in den südlichen Regionen der besetzten sowjetischen Gebiete kamen – vermittelt durch die Gruppe – Kolonialpflanzer zum Einsatz. Der Reichsleiter des Kolonialpolitischen Amtes, Franz von Epp, beeilte sich, darauf hinzuweisen, dass der Dienst im Osten kein Abrücken von der »eigentlichen Aufgabe« dieser Kräfte bedeute, sondern die Möglichkeit, weitere Erfahrungen zu sammeln. »Wer sich hierbei bewährt, kann gewiß sein, bei dem späteren kolonialen Einsatz in erster Linie berücksichtigt zu werden.«[188]

Modernisierung der kolonialen Infrastruktur

Die Verkehrspolitik bildete einen der wichtigsten Bereiche der geplanten Modernisierung der Infrastruktur in den zukünftigen Kolonien. Führende deutsche Verkehrsexperten hielten eine Intensivierung aller Zweige des Verkehrswesens für notwendig.[189] Grob gesagt, wollten die Kolonialplaner mit einer neuen Verkehrspolitik drei Ziele erreichen: zum einen die wirtschaftliche Erschließung der jeweiligen Kolonie, speziell um den raschen und reibungslosen Abtransport der Rohstoffe zu sichern. Das zweite Ziel, die schnelle Heranschaffung von Arbeitskräften,

Modernisierung der kolonialen Infrastruktur: deutsches Auto auf der Kap-Kairo-Straße im Iringa-Hochland (Ostafrika), 1939.

auch aus weiter entfernteren Landesteilen, hing mit dem ersten eng zusammen. Der dritte Aspekt lag in der mit einer Verkehrserschließung schon immer verbundenen Militärstrategie.

In den 30er Jahren hatte es in Afrika einen Wandel in der Verkehrspolitik gegeben. Hatte bis dahin der Eisenbahnverkehr dominiert, so gewannen nun der Auto- und der Flugverkehr verstärkt an Bedeutung.[190] Die großen Durchgangslinien der Kolonien sollten zwar auch weiterhin das Monopol des Eisenbahnverkehrs bleiben, doch der Zubringerverkehr werde in Zukunft dem Automobil gehören und eröffne der deutschen Automobilindustrie »gewaltige Aussichten«.[191] Kontinentale Perspektiven leuchteten beim »Großraumverkehr« auf; die »Verkehrsmagistralen« sollten quer durch die Sahara für einen raschen Massentransport nach Europa sorgen.[192]

Um dem Automobil die vorausgesagte glänzende koloniale Zukunft ermöglichen zu können, war zunächst für die nötige Infrastruktur, für Straßen zu sorgen.

Dem Flugzeug gehörte die Zukunft im afrikanischen Verkehr. Werbeanzeige der Junkers Flugzeug- und Motorenwerke AG, Dessau, 1940.

Kolonialer Hochbau: Modelle von Tropenhäusern auf der Kolonial- und Tropentechnischen Messe in Leipzig 1937.

Im Dezember 1940 gründete sich eine Arbeitsgruppe für Kolonialstraßenbau. Allen Beteiligten war bewusst, dass sich der Arbeitermangel zum entscheidenden Hindernis beim Straßenbau entwickeln würde.[193] Welche Blüten die Kolonialplanungen trieben, zeigte sich auch an der Entstehung einer Untergruppe »Kolonialer Holzstraßenbau«, die als erste Aufgabe den Ausbau der Straße vom Tschadsee bis Duala proklamierte und über Fragen der Holzarten und der Imprägnierung räsonierte.[194]

Insbesondere dem Flugverkehr sagten die Planer eine große Zukunft voraus. Dass bedeute auch lukrative Aussichten für die deutsche Flugzeugindustrie. Speziell die Firma Junkers hatte sich auf diesem Gebiet profiliert und konnte auf gute Geschäfte hoffen. Sie plante ab 1938, in verstärktem Maße ab 1940, ein Großflugzeug für den späteren Kolonialverkehr. Die projektierten Langstreckenflugzeuge sollten bis Kapstadt fliegen können.[195] Als Tropenflugzeug besonders geeignet erschien der von der Bremer Firma Focke-Wulff gebaute »Fieseler Storch«. Er brauchte nur eine sehr kurze Start- und Landebahn und war deshalb auch ohne ausgebaute Flugplätze einsetzbar.[196]

Neben den Verkehrsstrategen waren es vor allem die Kolonialtechniker, die sich über die Verbesserung der kolonialen Infrastruktur Gedanken machten und auf praktische Vorbereitungen drängten. Schon 1937 hatte auf der Leipziger Frühjahrsausstellung eine »Kolonial- und tropentechnische Messe« stattgefunden,[197] und in den Folgejahren hatten die Kolonialtechniker versichert, dass die Bedeutung der Technik immens wachsen werde: »Die moderne Technik, planvoll und umfassend eingesetzt, wird Afrika revolutionieren – und zwar auf nahezu allen Gebieten des kolonialen Lebens.« Man benötige Maschinen wegen des Arbeitermangels, zur Sanierung der Gesundheitsverhältnisse, für Bauaufgaben etc.[198] Höhepunkt der lobbyistischen Bemühungen war dann die kolonial- und tropentech-

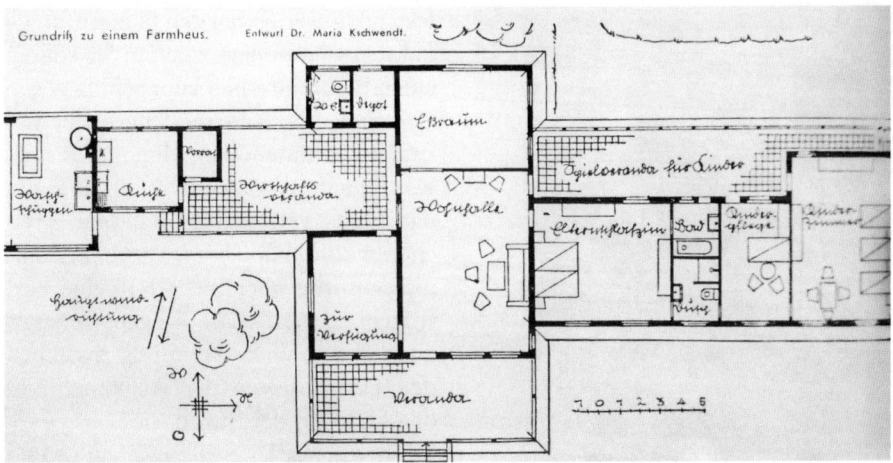

Grundriss für ein Einfamilienhaus für Beamte, angefertigt von der Militärärztlichen Akadmie, Anfang der 40er Jahre.

nische Arbeitstagung des Vereins Deutscher Ingenieure (VDI) Anfang Dezember 1940 in Stuttgart. Sie sollte der gegenseitigen Verständigung dienen und bot ein buntes Programm zur kolonialen Technik. Die Teilnehmer gründeten einen Arbeitskreis für Koloniale Bautechnik im NS-Bund Deutscher Technik.[199]

Im Anschluss an die Tagung richtete die Technische Hochschule Stuttgart ein Institut für koloniale Technik ein.[200] Und auch in Hamburg nahm der Leiter der dortigen Ingenieurschule die Vorlage auf und schlug einen Ausbildungsgang für Kolonialingenieure vor.[201] Der Hamburger Bezirksverein des Vereins Deutscher Ingenieure gründete einen kolonialtechnischen Arbeitskreis, der die in der Hansestadt vorhandenen kolonialtechnischen Erfahrungen und Interessen bündeln sollte.[202] Die umtriebigen Hamburger organisierten von September bis Oktober 1941 außerdem eine Vortragsreihe zur Kolonialtechnik.[203]

Nach dem Arbeitskreis für Koloniale Bautechnik etablierte sich nur wenig später die Fachgruppe Koloniales Hochbauwesen in der Kolonialwissenschaftlichen Abteilung des Reichsforschungsrates. Auf deren erster Arbeitstagung proklamierte Günter Wolff, der Leiter der Kolonialwissenschaftlichen Abteilung, als dringende Forschungsaufgaben die Baubestandsaufnahme in den ehemaligen deutschen Kolonien, Untersuchungen über Wirtschaftszentren und Europäersiedlungen sowie eine Übersicht über die Verteilung der in Afrika vorhandenen Baustoffe.[204]

Das KPA gründete im März 1941 eine »Arbeitsgemeinschaft für zerlegbare Haustypen in afrikanischen Kolonialgebieten«. Die KPA-Vertreter favorisierten ein gut ausgestattetes Unterkunftshaus mit einer Lebensdauer von zwei bis drei Jahren, das zerlegbar war. Geplant war der Bau eines Probehauses, das kontinuierlich zu verbessern sei.[205] Die Mitglieder der Arbeitsgemeinschaft waren sich weitgehend einig, dass eine »Kolonialeinheitsunterkunft« zu schaffen sei, nicht nur für die Wehrmacht, sondern auch für zivile Zwecke.[206] Bei der Bauweise der

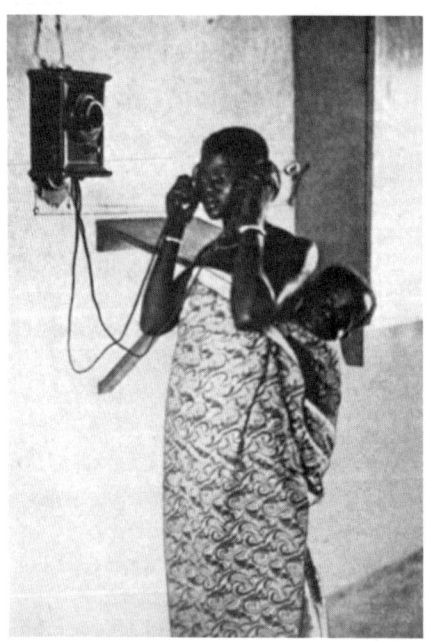

Fernsprecher in Togo, Foto des Reichspostzentralamtes, Mitte der 30er Jahre.

festen Häuser waren den Planern einige Faktoren besonders wichtig: Sie sollten einen Betonunterbau zum Schutz gegen Termiten und anderes Ungeziefer haben, die Räume sollten klimatisiert sein, was man unter anderem durch rings um das Haus verlaufende Balkone erreichen wollte. Für »hygienische Verhältnisse« sollte aber nicht nur eine entsprechende Bauweise sorgen, sondern auch die scharfe Trennung zwischen den Unterkünften der Afrikaner und den Häusern der Europäer.[207]

Den Fragen der Siedlungsplanung und des Städtebaues widmete sich ein Ausschuss Haus- und Wohntechnik in den Tropen des VDI, der im November 1940 erste Richtlinien entwarf. Die Flächennutzungspläne sollten von vornherein die Aufteilung der verschiedenen Bevölkerungsgruppen auf getrennte Bezirke vorsehen. Bei der Lage der Viertel zueinander sei die Hauptwindrichtung zu berücksichtigen, damit die Europäerviertel kühle Luft bekämen, unter keinen Umständen aber »von Rauch und üblen Gerüchen getroffen werden, wie sie im Eingeborenenviertel entstehen können«.[208] Die erforderlichen öffentlichen Gebäude waren von Anfang an integraler Bestandteil der Planungen. Als Vorbild galten hier in gewissem Rahmen die italienischen »Kulturzentren« in Afrika, die Verwaltung, Polizei, Parteihaus, Schule usw. umfassten. Diese Zentren wollten die deutschen Kolonialplaner noch stark ausbauen und um Kinos, Kliniken, Sportplätze, Schwimmbäder, Kraftwerke etc. erweitern.[209]

Der Generalbauinspektor für das Straßenwesen, Fritz Todt, mahnte die deutsche Bauwirtschaft, sich systematischer auf die koloniale Tätigkeit vorzubereiten. Zunächst müsse eine Gruppe an Personen herausgefiltert werden, die für den späteren Einsatz brauchbar sei. Sie könnte dann Studienreisen in italienische Kolonien antreten und in Kurzkursen geschult werden. Todt forderte sämtliche Interessierten auf, sich zu melden.[210]

Das Reichspostministerium (RPM) stand im Zentrum der Planungen für den Aufbau des Kommunikationsnetzes zwischen Deutschland und Afrika sowie innerhalb der zukünftigen Kolonien selbst. Das Ministerium leitete im April 1940 vorbereitende Maßnahmen zur Wiederaufnahme des Post- und Fernmeldewesens in den ehemaligen deutschen Kolonien ein. Bereits kurze Zeit später hatte die zuständige Abteilung einen Sachplan für die Gruppe Kolonialwesen mit einer detaillierten Aufstellung aller in Frage kommenden Sachgebiete ausgearbeitet.[211] Für das Post- und Fernmeldewesen forderten die Kolonialplaner eine engere Zusammenarbeit der europäischen Kolonialmächte, um einen schnelleren Austausch von Post und Gütern zu erreichen. Zu dieser Beschleunigung gehörte auch die stärkere Nutzung leistungsfähiger Fluglinien. Einen ähnlichen Modernisierungsprozess verlangte das RPM beim Telegraphen- und Fernsprechwesen, vorrangig die Ersetzung der langen Nachrichtenkabel durch Funkverbindungen.[212] Das RPM bereitete sich auf einen »Soforteinsatz zur Übernahme des Fernmeldewesens« in den Kolonien und dessen späteren Ausbau detailliert vor. Um das für einen solchen »Soforteinsatz« notwendige Personal zur Verfügung zu haben, schulte das Ministerium spätestens ab 1940 zukünftige Kolonialpostbeamte auf Sonderlehrgängen in Zeesen bei Berlin.[213]

Dem Rundfunk wiesen die Kolonialplaner eine wichtige Rolle zu. Er sollte vor allem die Verbindung zur Heimat herstellen; ihm falle »die schöne Aufgabe zu, dem Deutschen in Afrika seine Heimat stets nah zu halten«.[214] Er sollte ferner bei der Erziehung der Afrikaner mitwirken, Nachrichten und Bekanntmachungen verbreiten und die Verwaltung bei ihrer Arbeit unterstützen.[215] Über die technischen Einrichtungen dieses zukünftigen Kolonialfunks fanden bereits im August 1940 konkrete Besprechungen der einschlägigen Ministerien statt.[216] Das Auswärtige Amt verhandelte mit Vertretern der deutschen Rundfunkindustrie über die Produktion tropentauglicher Empfangsgeräte, und die Sachbearbeiter machten sich ernsthafte Gedanken über den Aufbau des Sendernetzes und die Programmgestaltung des künftigen Kolonialfunks.[217]

Macht und Wissenschaft

Staat, Verwaltung, Gesetze

Keine Kolonien ohne Verwaltung und Gesetze. Im Juli 1940 berieten deshalb das KPA und die entsprechenden Reichsministerien bereits die neunte Fassung eines Kolonialgesetzes, also eines »Grundgesetzes« für die künftigen Kolonien. Dem Entwurf folgend, sollten sie Hoheitsgebiete des deutschen Reiches und Bestandteile der deutschen Gesamtwirtschaft sein. Ihre Bevölkerung wurde in Deutsche, »Eingeborene« und Fremde unterteilt. Als Deutscher galt nach dieser Definition, wer »deutschen oder artverwandten Blutes« war und die deutsche Staatsangehörigkeit besaß. »Eingeborene« waren die Angehörigen der bodenstämmigen Bevölkerung; sie sollten »Schutzbefohlene« des Reiches sein. Bei den Fremden unterschied der Entwurf noch einmal zwischen solchen »artverwandten Blutes« und solchen »nicht artverwandten Blutes« sowie »Mischlingen«. Die gesamten Aufgaben des Reiches auf dem Gebiet der Kolonialverwaltung gehörten zum Geschäftsbereich des zukünftigen Reichskolonialministers. In jeder Kolonie sollte ein Gouverneur im Namen des »Führers« und Reichskanzlers die Reichsgewalt ausüben.[218] In seiner Stellungnahme zu diesem Entwurf betonte das Reichsministerium des Innern (RdI), dass die zukünftigen Kolonien unselbständige und völlig in den Staatsverband Großdeutschlands eingegliederte Teile des Reiches werden und sich unter keinen Umständen zu bloßen »Schutzgebieten« oder gar zu autonomen Gebilden entwickeln sollten. Diese Gesichtspunkte würden jedoch im Gesetzentwurf nicht genügend berücksichtigt. Das RdI schlug deshalb die Ergänzung vor, die Kolonien zu staatlichen Verwaltungsbezirken zu erklären, die für die Erfüllung bestimmter Aufgaben unter eigener Verantwortung Gebietskörperschaften bildeten.[219]

Eine erste Durchführungsverordnung stellte deutsche Staatsangehörige, die nicht deutschen oder »artverwandten« Blutes waren, rechtlich den Deutschen gleich. Selbst »Mischlinge« konnten demnach als Deutsche gelten, falls der »farbige Bluteinschlag« derart geringfügig sei, dass eine Gefährdung der »Reinerhaltung des deutschen Blutes« nicht zu erwarten sei. Das RdI intervenierte erneut und kritisierte besonders die erste Regelung scharf, da sie sich auf die »reichsangehörigen Juden und Zigeuner« beziehen lasse.[220] Im Mai 1941 ordnete Epp als Leiter des KPA schließlich an, dass die Weiterbearbeitung des Reichskolonialgesetzes so lange ruhen solle, bis er eine Entscheidung von Hitler über die staatsrechtliche Stellung der Kolonien herbeigeführt habe.[221]

Was den Aufbau der Kolonialverwaltung betrifft, so sollte sie nach dem Willen der Planer sehr rasch erfolgen. Schon vor der sich anbahnenden Unterzeichnung eines Friedensvertrags mit Frankreich beschlossen sie im Juli 1940, dass die ersten Beamten die Reise in die Kolonien antreten sollten. Die Gouverneure sollten diesem Vortrupp sehr bald folgen und die Verwaltungsgeschäfte nach den Weisungen des Reichskolonialministers führen. Sie waren für die Aufrechterhaltung von Ruhe und Ordnung und die Durchführung der Gesetze verantwortlich und hatten in Friedenszeiten auch die oberste militärische Gewalt der Kolonie in Händen.[222] Die Struktur der Verwaltung sollte an jene anknüpfen, wie sie vor dem Weltkrieg in den deutschen Kolonien bestanden hatte: an der Spitze Gouverneur und Vizegouverneur, darunter eine Zentralverwaltung, unter anderem mit einem Referat für »Eingeborenenangelegenheiten und Arbeitspolitik«.[223] Zur Entsendung der Kolonialbeamten kam es indes aufgrund des Kriegsverlaufs nicht.

Dennoch liefen die Arbeiten am Kolonialbeamtengesetz weiter. Ein Kolonialbeamter sollte nach dem Entwurf ein unmittelbarer Reichsbeamter sein, für den die Vorschriften des deutschen Beamtenrechts galten. Er musste seiner Versetzung in den Kolonialdienst zustimmen, wenn er in gesundheitlich bedenklichen Gebieten eingesetzt werden sollte. Großzügig fiel seine Entlohnung aus: Er sollte zusätzlich zu seinen normalen Bezügen eine freie Wohnung mit Ausstattung oder Wohnungsgeld sowie eine Kolonialzulage erhalten und auch früher pensionsberechtigt sein.[224] Ein Koloniales Besoldungsgesetz wurde auf Grundlage der Reichsbesoldungsordnung von der Personalabteilung des KPA bearbeitet, diese plante ferner den Entwurf eines kolonialen Reise- und Umzugskostengesetzes.[225]

Im KPA unterstanden Korvettenkapitän Carlo Peucer zunächst alle Vorbereitungsarbeiten für die Einrichtung der Verwaltung in den künftigen Kolonien.[226] Peucer kalkulierte mit über 2000 Beamten, die in die Kolonien – vorausgesetzt,

Die »Eingeborenengerichtsbarkeit« sollte beibehalten werden: Verhandlung vor einem »Sultan« in Tukuyu (Ostafrika), Mitte der 30er Jahre.

es handele sich nur um die ehemaligen deutschen – geschickt werden würden.[227] Es kursierten bereits detaillierte Stellenbesetzungspläne bis hinunter auf den letzten Posten der Zollverwaltung für diverse ausländische Kolonien, wie zum Beispiel Belgisch-Kongo und Französisch-Äquatorialafrika sowie für die ehemaligen deutschen Kolonien.[228]

Die Kolonialplaner maßen der Ausgestaltung des Zivil- und Strafrechts, insbesondere auch der Gerichtsbarkeit, große Bedeutung für die Herrschaftssicherung in den Kolonien bei.[229] Sollten auf die Weißen die Strafgesetze des herrschenden Staats Anwendung finden, so auf die Farbigen nur dessen Grundsätze, nicht aber die einzelnen Rechtssätze. Für die afrikanische Bevölkerung galt hingegen das »Stammesrecht«. Bei der Strafvollstreckung waren gravierende Unterschiede vorgesehen: So sollten bei Weißen die heimatlichen Regelungen relevant sein, lediglich die kürzeren Strafen bis zu sechs Monaten Dauer waren in der Kolonie zu verbüßen, längere in der Heimat. Für Afrikaner gab es hingegen auch archaische Strafarten, wie Kettenhaft und Prügelstrafe.[230] Strittig war die Frage, wie weit die Kompetenz der Gerichte der Afrikaner reichen durfte. Die »Eingeborenengerichtsbarkeit« sollte sich tendenziell nur auf das Zivil- und nicht auf das Strafrecht erstrecken. Weitgehende Einigkeit bestand darüber, das »Stammesrecht« insgesamt aufrechtzuerhalten. Diese Strategie entsprang zwei Überlegungen: Stärkung der Autorität der Häuptlinge und eigene Kostenersparnis.[231]

Auf Basis dieser Grundsätze begannen Reichsjustizministerium (RJM) und KPA mit konkreten Planungen. Im September/Oktober 1940 zirkulierte bereits der siebte Entwurf einer entsprechenden Verordnung zwischen den einschlägigen Fachministerien. Danach sollte, abgesehen vom Strafrecht, der »Rechtspflege für die Eingeborenen« das »Stammesrecht« zugrunde liegen, soweit es Gewohnheitsrecht war und nicht gegen die Interessen der deutschen Kolonialpolitik oder das »gesunde Rechtsempfinden« verstieß. In Strafsachen waren neben der normalen Gefängnisstrafe auch die Gefängnisstrafe mit Zwangsarbeit, körperliche Züchtigungen sowie die Todesstrafe vorgesehen. Die Todesstrafe sollte, selbst wenn sie nach geltendem deutschen Recht nicht zulässig war, trotzdem verhängt werden können, »wenn sie zur Wahrung der Ordnung in der Kolonie unerläßlich« erschien.[232] Das RJM lehnte die Aufnahme der körperlichen Züchtigungen in den Entwurf aus außenpolitischen Motiven ab. Dafür plädierte das Ministerium beim einfachen Freiheitsentzug für eine deutliche Verschärfung: »Auch die mildeste Art der Freiheitsentziehung wird sich bei den Eingeborenen von der gegen Nichteingeborene zulässigen Haftstrafe unterscheiden müssen.«[233]

Die Rechtsstellung der »Fremden« und der »Mischlinge« in den deutschen Kolonien sollte eine eigene Verordnung regeln. Laut einem Entwurf vom September 1940 unterstanden sie der Gerichtsbarkeit für Deutsche. Den »Eingeborenen« gleichzustellen waren Personen, die aus anderen Kolonien Afrikas, aus Australien oder der Südsee stammten; das sollte auch für die von ihnen abstammenden »Mischlinge« gelten. Bei denjenigen Personen, die zwar den Deutschen gleichgestellt waren, sich aber aus ihrer »Kulturgemeinschaft« lösten und in der »Kulturgemeinschaft der Eingeborenen« aufgingen, konnte der Gouverneur darüber entscheiden, sie den »Eingeborenen« gleichzustellen.[234] Für das KPA war ein Aufgehen von »Fremden« in der »Kulturgemeinschaft der Neger« zum Beispiel durch die »Heirat mit einer Farbigen« gegeben. Eine entsprechende Bestimmung für Deutsche sollte es nicht geben; sie waren aus der Kolonie auszuweisen.[235]

Spätestens ab Anfang 1941 arbeitete das KPA an einer Verordnung über die Gerichtsbarkeit für Deutsche und ihnen gleichgestellte Fremde.[236] Die Grundlage der Verordnung sollte das Reichskolonialgesetz bilden. Dementsprechend waren Bezirksrichter, Bezirksgerichte, Obergerichte und ein in Berlin zu etablierendes Reichskolonialgericht an der Spitze vorgesehen. Besonders interessant waren die Bestimmungen der »Gemischten Gerichtsbarkeit«: Wenn nur ein Beteiligter Deutscher oder ihm gleichgestellter Fremder war, sollte die deutsche Gerichtsbarkeit tätig werden.[237] Die Kolonialplaner wollten unter keinen Umständen, dass ein Afrikaner über einen Deutschen urteilte.

Bei ihren juristischen Überlegungen konnten die NS-Kolonialplaner auf rassistische Vorlagen aus der Zeit vor 1914 zurückgreifen. Ein Anknüpfungspunkt bot zum Beispiel das Verbot der sogenannten Mischehen in Deutsch-Südwestafrika aus dem Jahre 1907. Die Begründung des Urteils, mit dem die Ehe eines Deutschen mit einer »Mischlingsfrau« – Vater Engländer, Mutter Herero – im September 1907 vom Bezirksgericht Windhuk rückwirkend für ungültig erklärt wurde, zeigt die ganze rassistische Regulierungswut: »Solange sich noch die Abstammung von einem Zugehörigen eines Naturvolks nachweisen lässt, ist der Abkömmling infolge seines Blutes ein Eingeborener.« Bis zu diesem Zeitpunkt waren »Eingeborene« kulturell definiert worden, nun biologisch-rassisch. Die Gründe für die angestrebte Rassentrennung lagen in der zunehmenden Anhängerzahl biologischer Rassenvorstellungen, zudem bedurfte die deutsche Herrschaftsutopie der Scheidung der »Rassen«.[238]

Insgesamt hatte sich in der Kolonie Deutsch-Südwestafrika eine spezifische Herrschaftsutopie vom Überwachungsstaat herauskristallisiert, die jedoch an der Weite und Unkontrollierbarkeit des Landes, an logistischen Problemen, an der unzureichenden personellen Ausstattung der Verwaltung, der Polizei und des Militärs, am eigenmächtigen Verhalten der Beamten und an der mangelhaften Kooperation der weißen Bevölkerung gescheitert war.[239] Dennoch hatte sie eine über Deutsch-Südwestafrika hinausweisende Bedeutung erlangt: Sie war gleichsam das Paradigma für den Versuch, im Dienste einer als rational und fortschrittlich erachteten Utopie ein Land ohne Rücksicht auf die ursprüngliche Bevölkerung auf rassischer Grundlage systematisch neu zu ordnen.[240] Nichts anderes beabsichtigten die NS-Kolonialplaner, insbesondere bei ihren arbeits- und sozialpolitischen sowie juristischen Konzepten.

So war eines der wichtigsten Einzelgesetze, das die deutsche Herrschaft in den Kolonien entscheidend strukturieren und abstützen sollte, das rassistische »Kolonialblutschutzgesetz«. Die Entwürfe für dieses Gesetz entstanden auf der Grundlage des »Gesetzes zum Schutze des deutschen Blutes und der deutschen Ehre« vom September 1935 und sollten ein Problemfeld kodifizieren, das bereits in der Vorkriegszeit für erhebliches Aufsehen gesorgt hatte: die sogenannte Rassenmischung in den Kolonien, speziell die »Rassenmischehen«.[241] Nach dem Gesetzentwurf sollten in den Kolonien Eheschließungen Deutscher oder »Fremder« mit »Eingeborenen« sowie mit »Mischlingen« jeder Art verboten sein. Der Entwurf untersagte auch strikt den außerehelichen Geschlechtsverkehr in den oben genannten Fällen. Wer diesem Verbot zuwiderhandelte, war mit Zuchthaus oder im Falle der »Eingeborenen« und »Fremden« mit Gefängnis und Zwangsarbeit zu bestrafen. Den Delinquenten drohte nach Verbüßung der Strafe die Ausweisung aus der Kolonie. Dass dieser Entwurf nicht nur rassistisch, sondern auch sexistisch war, zeigte sich daran, dass für männliche »Eingeborene« und »Mischlinge«, die mit einer »weissen Frau« Geschlechtsverkehr hatten, die Todesstrafe vorgesehen war und nur wenn »mildernde Umstände« vorlagen auf Zuchthaus bzw. Gefängnis zu erkennen war.[242] Die Lektüre der Erläuterungen des KPA zu diesem Entwurf verstärkt den Eindruck der geplanten und teilweise aberwitzigen Rassentrennung, die sich nur aus dem Gesamtkontext der NS-Ideologie heraus verstehen lässt. So begründete das KPA die generelle Ausweisungsmöglichkeit bei Geschlechtsverkehr mit anderen »Rassen« damit, dass zum Beispiel auch die Verbindung eines Deutschen oder eines Franzosen mit einer Chinesin unerwünscht sei.[243] Das Reichsjustizministerium gab sich damit nicht zufrieden und kritisierte den Vorschlag des Reichsministeriums des Innern, nach dem das »Blutschutzgesetz« nur für deutsche Staatsangehörige Geltung haben sollte und auf »nicht-

Ein Schreckensbild für die rassistischen Kolonialpaner: Wohnplatz eines »verkafferten« Weißen, Ende der 30er Jahre.

deutsche Juden« demnach keine Anwendung finden würde, »daher z. B. nichtdeutsche Juden zunächst ungestraft mit deutschen Mädchen außerehelichen Geschlechtsverkehr pflegen« könnten.²⁴⁴

Zwischen militärischer Sicherung und Aufstandsbekämpfung

Hitler entschied, dass keine Wehrmachtsstelle in das künftige Kolonialministerium eingegliedert, sondern die entsprechenden Kompetenzen im Oberkommando der Wehrmacht (OKW) zusammengefasst werden sollten. Eine Kolonialtruppe nach dem Vorbild der Verhältnisse vor 1914 lehnte Hitler grundsätzlich ab. In den Kolonien sollte es eine Polizei sowie Truppeneinheiten der Wehrmachtteile geben, die aus der Heimat für beschränkte Zeitdauer in die Kolonien verlegt würden. Im Gegensatz zur Vorkriegszeit sollte es nach Hitlers Willen auch keine Askari-Truppen geben, die nach Meinung von Epp und des Chefs des OKW jedoch nötig waren.²⁴⁵ Die Frage, ob nur weiße Truppen oder auch farbige in den Kolonien Dienst tun sollten, blieb also offen, ebenso, ob nur ledige oder auch verheiratete Wehrmachtsangehörige in Betracht kämen.²⁴⁶ Das OKW favorisierte farbige Truppen unter weißer Führung. Dafür sprächen militärische und gesundheitliche Gründe, hinzu kämen rassenpolitische Bedenken, da es bei weißen Truppen eine große Anzahl junger unverheirateter Männer gebe.²⁴⁷ Die Aufgabe der Wehrmacht sollte primär in der militärischen Sicherung der Kolonien liegen. Sie sollte aber auch an zivilen Aufgaben mitwirken, etwa beim Aufbau des Verkehrswesens. Es sollte Wehrmachtsbefehlshaber als oberste Vertreter der Wehrmacht in jeder Kolonie geben.²⁴⁸

Die Entlohnung der Soldaten sollte großzügig sein: Neben den üblichen Heimatsätzen waren für sie eine Kolonialzulage sowie Sozialzuschläge nach dem Familienstand vorgesehen. Ihr Gehalt sollte zwar in gleicher Höhe wie das in Deutschland gezahlte steigen, statt aber wie in der Heimat alle zwei Jahre, in den Kolonien jährlich. Dem einfachen Soldaten sollte nach Abzug sämtlicher geldwerter Leistungen ein fünf- bis sechsfacher Betrag der »Friedenslöhnung« verbleiben.[249] Das Allgemeine Wehrmachtsamt stellte bis November 1940 den »Entwurf einer Kolonial-Besoldung für weiße Soldaten« fertig, der den Haushaltsabteilungen der Wehrmachtteile zuging.[250]

Am 5. Juli 1940 befahl der Oberbefehlshaber des Heeres die Aufstellung eines Kolonialregiments, stationiert auf dem Truppenübungsplatz Bergen in der Lüneburger Heide. Die Soldaten sollten aus aufzulösenden Divisionen und aus dem Ersatzheer stammen. Beim Allgemeinen Heeresamt wurde gleichzeitig ein Stab für Kolonialfragen eingerichtet. Die Wehrmacht sollte 10 000 Mann Kolonialtruppen stellen, davon die Hälfte motorisiert.[251]

Die unverzüglich in Angriff zu nehmenden Vorarbeiten wurden aus militärischen Erwägungen dem Oberkommando der Wehrmacht übertragen, wobei die dortige Abteilung Ausland mit ihrer Kolonialgruppe federführend sein sollte. Daneben arbeiteten aber noch andere zentrale Ämter, wie das Allgemeine Wehrmachtsamt und das Wehrwirtschafts- und Rüstungsamt, auf kolonialem Gebiet. Die Luftwaffe richtete eine eigene »Zentralstelle für koloniale Vorarbeiten« im Generalstab ein.[252]

Die Ende 1940 gegründete Arbeitsgruppe »Afrika und afrikanische Kolonien« im Wehrwirtschafts- und Rüstungsamt hatte vor allem die Aufgabe, die Bedarfsdeckungsmöglichkeiten der Truppe innerhalb afrikanischer Gebiete zu prüfen.[253] Im Juni 1941 wurde die Gruppe restrukturiert; Leiter wurde Major Dr. Gottfried Rentsch. Er hatte 1924 bei Waldemar Zimmermann in Hamburg über die wirtschaftliche Erschließung Angolas promoviert.[254] Im August 1942 benannte man die Gruppe um, sie hieß nun »Wehrwirtschaft Afrikas«, und bearbeitete ein umfangreiches Programm: von den wehrwirtschaftlichen Grundlagen sämtlicher afrikanischer Gebiete über deren Ausbau bis hin zu den Vorbereitungen der Alliierten in Afrika, wie der Anlage von Stützpunkten oder ihrer wirtschaftlichen Versorgung aus diesen Gebieten.[255]

Bereits im Februar 1940 besprach man im OKW die Entwicklung von Unterkünften für die Kolonien. Das Heer sollte für die »Expeditions-Ausrüstung«, die Marine für den Barackenbau zuständig sein. Für die Subtropen waren keine Zelte vorgesehen, für die Tropen Zweimannzelte mit Sonnensegel.[256] Das Oberkommando des Heeres richtete inzwischen eine Zentralstelle für die Entwicklung von Kraftfahrzeugen für die Kolonien ein. In Betracht gezogen wurden ein Einheitskrad mit Beiwagen (Zündapp und BMW), ein Kübelwagen mit Allradantrieb (VW 87), als schwerere Wagen die Eineinhalbtonner von Steyr und Daimler Benz bzw. die Dreitonner von Opel und Magirus. Zwei Exemplare des Kübelwagens von VW waren bereits mit tropenfesten Aufbauten in Libyen »mit bestem Erfolg« erprobt worden.[257]

Testlauf für den künftigen kolonialen Einsatz? Deutsche Soldaten in einem VW-Kübelwagen in der nordafrikanischen Wüste, 1942.

Die SS traf derweil ihre eigenen Vorbereitungen: Im Wirtschafts- und Verwaltungshauptamt wurde zum 1. Dezember 1940 eine Arbeitsgemeinschaft »Kolonien« gebildet, die dem Amtsleiter direkt unterstand. Es gab die Arbeitsgebiete Hygiene, Bekleidung, Verpflegung, Häuserbau und Möbelanfertigung.[258] Die SS hatte dem Vernehmen nach bis Anfang 1941 bereits einsatzbereite Einheiten aufgestellt.[259]

Im Januar 1941 richtete Himmler ein besonderes Kolonialpolizeiamt im Hauptamt Ordnungspolizei (Orpo) ein. Es sollte der einheitlichen Vorbereitung und späteren Durchführung des Einsatzes der Ordnungspolizei in den zukünftigen deutschen Kolonien dienen. Zum Leiter ernannte er den Generalleutnant der Polizei Karl Pfeffer-Wildenbruch.[260] Das Hauptamt Orpo hatte sich schon vor dem Kriege mit Kolonialfragen beschäftigt. Der einige Wochen nach Gründung des neuen Kolonialpolizeiamtes vom Chef der Orpo herausgegebene Organisationsplan trug allerdings eher vorläufigen Charakter. Er umfasste unter anderem Kolonialrecht, Beamtenrecht, Waffen-, Ausbildungs-, Kraftfahr-, Nachrichten-, Bekleidungswesen und Sprachschulung.[261] Diesem vorläufigen Charakter entsprach auch die Ernennung des Generalinspekteurs der Schulen der Orpo zum Chef des Kolonialpolizeiamtes unter Beibehaltung seiner Inspekteurstätigkeit. Das Kolonialpolizeiamt löste sich im März 1943 stillschweigend auf.[262]

Im Frühjahr 1941 gründete die Polizei in Oranienburg eine Kolonialpolizeischule, die für 600 Mann vorgesehen war. Der Schule maß der Chef der Ordnungspolizei, Kurt Daluege, große Bedeutung bei, da nur die besten Männer, gut aus-

Eine Bewerbung für die Kolonialpolizei: Hans Bothmann

Hans Bothmann wurde am 11. November 1911 als Sohn eines Bauern in Lohe in Holstein geboren. Seit Juni 1933 SS-Mitglied, legte er Ostern 1934 die Reifeprüfung in Niebüll ab. Danach wurde er am 1. August 1934 zur SS-Leibstandarte »Adolf Hitler« einberufen. Ab November 1935 arbeitete Bothmann als Kriminalangestellter beim Geheimen Staatspolizeiamt in Berlin und ab August 1937 als Kriminalkommissar-Anwärter in der Staatspolizeileitstelle Berlin. Im Oktober 1939 wurde er zur Staatspolizeistelle Leipzig versetzt; dort avancierte er am 30. April 1940 zum Kriminalkommissar.[1]

Hans Bothmann, Juli 1940.

Am 20. Juni 1940 ordnete der Chef der Sicherheitspolizei und des SD, Reinhard Heydrich, an, sofort festzustellen, welche Polizeiangehörigen eine Verwendung im Kolonialdienst anstrebten.[2] Bothmann, inzwischen verheiratet, Vater eines fünf Monate alten Kindes und offensichtlich in einem Karriereknick, bewarb sich.[3] Die Beurteilung durch die Staatspolizeistelle Leipzig attestierte Bothmann gute Umgangsformen, ein sicheres und zielbewusstes Auftreten sowie Führungseigenschaften. Man hielt ihn für einen »überzeugten Nationalsozialisten und charakterlich einwandfreien Menschen« und befürwortete seinen Antrag auf Verwendung im Kolonialdienst.[4] Bothmann nahm im Januar/Februar 1941 an einem Koloniallehrgang auf der Führerschule der Sicherheitspolizei in Berlin-Charlottenburg und im März 1941 an einem Führerlehrgang auf der italienischen Kolonialpolizeischule in Tivoli bei Rom teil.[5]

Der Traum von der Karriere bei der Kolonialpolizei platzte. Bothmann wurde stattdessen im Frühjahr 1942 zum Führer des »Sonderkommandos Kulmhof« ernannt und leitete die Massenmorde im Vernichtungslager Chelmno bis zum März 1943. Danach befehligte er ein Sonderkommando zur Partisanenbekämpfung in Jugoslawien. Im August 1944 beteiligte sich seine Truppe an der Auflösung des Ghettos von Lodz. Im Januar 1945 floh Bothmann nach Westdeutschland, wo ihn die britischen Militärbehörden festnahmen; am 4. April 1946 erhängte er sich im Gefängnis in Heide in Holstein.[6]

1 BAB, ZR 518 A, Nr. 3 a, Bl. 222, Handschriftlicher Lebenslauf von Bothmann vom 12. 7. 1940. Für den Hinweis auf diese Akte danke ich Dr. Peter Klein.
2 BAB, R 187/212, Schnellbrief des Chefs der Sipo und des SD, Heydrich, vom 20. 6. 1940.
3 BAB, ZR 518 A, Nr. 3 a, Bl. 221, Formular »Bewerbung um Verwendung in der Sicherheitspolizei und im SD für die Kolonien« für Hans Bothmann.
4 Ebd., Bl. 228, Beurteilung der Staatspolizeistelle Leipzig vom 10. 7. 1940.
5 Ebd., Bl. 232, Ausgefülltes Formular des Sonderbeauftragten für die Vorbereitung des Einsatzes der Sicherheitspolizei und des SD in den Kolonien an das Referat I A 2 vom 15. 8. 1941.
6 Jäckel, Eberhard/Longerich, Peter/Schoeps, Julius H. (Hg.): Enzyklopädie des Holocaust. Die Verfolgung und Ermordung der europäischen Juden, Bd. 1. München/Zürich 1998, S. 233 f.

gebildet, nach Afrika gehen sollten, »damit wir in den Kolonien keine Blamage gegenüber der bisherigen englischen Verwaltung erleben«.[263] Er ging davon aus, dass nur das Führerkorps der Kolonialpolizei aus deutschen Polizeibeamten bestehen werde, während sich die große Masse der Polizisten – außer in Südwestafrika – aus geeigneten Farbigen rekrutieren werde.[264] In seiner Ansprache zur offiziellen Eröffnung der Oranienburger Kolonialpolizeischule umriss Daluege die Ziele und die Ansprüche an die Schüler: »So stolz Sie auf diesen Einsatz sein können, so hart werden Sie aber auch in Ihrer ganzen Person werden müssen. Es wird Ihnen während Ihrer Ausbildung nichts erlassen werden. Sie müssen Ihre Ausbildung abgeschlossen haben und müssen fertig zum Einsatz sein, wenn der Führer Sie ruft.«[265]

Ähnliches hatte auch schon der »Reichsführer SS« wenige Monate zuvor in einem Rundschreiben gefordert. Für die zu erwartende schwere Aufgabe in den Kolonien müsse der Polizist hart gegen sich selbst, beherrscht, zuverlässig und verantwortungsbewusst sein. Dazu benötige man gereifte Männer, die gefestigt seien, Menschen, »deren Nerven- und Seelenleben sich im Gleichgewicht befindet, die frei sind von Süchten und deren Energie und Leistungsfähigkeit nicht durch Neigung zu Exzessen gemindert« werde. Denn: »Wer draußen versagt, versagt nicht nur für sich allein, sondern für sein Volk.«[266]

Der erste Lehrgang an der Kolonialpolizeischule begann am 17. April 1941, der nächste am 1. September 1941. Der zweite Lehrgang der kolonialen Feldgendarmerie fand im Dezember 1941 mit 300 Teilnehmern statt. Einige der Teilnehmer des ersten Lehrgangs wurden zu der Zeit schon in Libyen eingesetzt.[267] Daneben existierte spätestens ab Mai 1941 auch eine Kolonialpolizeischule in Wien. Einen interessanten Einblick in die dortige Ausbildung und das vorgesehene Aufgabengebiet vermittelt ein Auszug aus den Prüfungsaufgaben: »In der etwa 100 km von der Pol. Station Aleia entfernt gelegenen Landschaft Uleje ist es zu schweren Unruhen gekommen. Es handelt sich vornehmlich um 3 Dörfer mit insgesamt 800 Einwohnern, die sich im Besitze verschleppter Beutewaffen befinden. Der Aufstand ist von einem britischen Offizier angezettelt und organisiert. Die in der Pol. Station Aleia untergebrachte 1. Komp. hat den Auftrag, den Aufstand niederzuwerfen und Ruhe und Ordnung wieder herzustellen.«[268]

Die Sicherheitspolizei und der Sicherheitsdienst der SS (SD) kooperierten eng mit der italienischen Kolonialpolizei. Etwa 150 SS-Führer und leitende Beamte nahmen an vierwöchigen Kursen der italienischen Kolonialpolizeischule in Tivoli bei Rom teil,[269] so etwa im Mai 1941. Die Teilnahme wurde als wertvoll betrachtet, da die Italiener im Gegensatz zu den Deutschen über aktuelle koloniale Erfahrungen verfügten.[270] Offensichtlich bildete die italienische Kolonialpolizei auch einige deutsche Polizisten direkt in Italienisch-Ostafrika praktisch fort.[271]

Anders als in der Heimat, so hieß es in den »Richtlinien für die kolonialtaktische Ausbildung an den Kolonialpolizei-Schulen«, werde es in den Kolonien keine klare Aufgabentrennung zwischen Polizei und Wehrmacht geben. Die Kolonialpolizei solle im Kriegsfall im Verbund der Wehrmacht eingesetzt werden. Zu den polizeilichen Aufgaben werde auch die »Niederwerfung von Aufständen« zählen.

Die Vorhut war bereits in Afrika: das »Deutsche Afrika-Korps« befand sich zu dieser Zeit noch auf dem Vormarsch, April 1941.

Darauf müsse man vorbereitet sein, da die nationalsozialistische Auffassung wohl nicht »von allen Eingeborenen sofort restlos verstanden und gebilligt« werden würde. Dabei dachte man an das »Niggerproletariat« und an die »Inder in Ostafrika«. In diesen Fällen sei eine militärische Taktik mit »hartem Zugreifen« gefragt.[272]

Die kurze Blüte der NS-Kolonialwissenschaften

Es kennzeichnet die NS-Kolonialplanungen, dass sie der wissenschaftlichen Erforschung der zu Beherrschenden, ihres Lebensraumes, ihrer Sozial- und Wirtschaftsstrukturen und ihrer Sprache große Bedeutung beimaßen. Zwar ist wissenschaftliches Arbeiten in der Regel längerfristig angelegt, aber auch die Kolonialwissenschaftler versuchten die Gunst der Stunde zu nutzen. Sie konnten von der kolonialen Euphorie ebenso profitieren wie von den neuen Möglichkeiten, die sich beispielsweise für Afrikanisten und Tropenmediziner durch die Anwesenheit afrikanischer Kriegsgefangener boten. Die zentralen Fächer waren in die Vorbereitungsarbeiten durch Sprachkurse sowie allgemeine Schulungen und Vorträge eingebunden. Sie assistierten aber auch, wie zum Beispiel die Völkerkundler, mit praxisrelevanten Vorschlägen oder fertigten Gutachten für den Madagaskar-Plan an.[273]

Die Völkerkunde galt – neben der Afrikanistik – als Schlüsseldisziplin für die Beherrschung der künftigen Kolonien. Bereits 1937 formulierte der bekannte Ethnologe Diedrich Westermann präzise die zukünftigen kolonialen Aufgaben der Völkerkunde: Sie sollte sich den aktuellen sozialen Problemen in Afrika zuwenden und ihre Ergebnisse so aufbereiten, dass der Praktiker sie nutzen konnte.[274] Eine Unterstützung der Verwaltung durch die Ethnologie forderten auch andere Völkerkundler, etwa der beim KPA tätige Hugo Adolf Bernatzik. Für ihn bildete die Völkerkunde als angewandte Wissenschaft die »Basis der modernen Kolonisation«. Dafür müsse sie aber strikt nationalsozialistisch ausgerichtet sein und die Erb- und Rassenbiologie zu einem ihrer Grundpfeiler machen.[275]

Ab dem Sommer 1940 bemühten sich führende deutsche Völkerkundler um praktische Initiativen. Sie waren sich ihrer Aufgaben – und Chancen – durchaus bewusst. Im Zuge der Kolonialeuphorie hielten sie die »Stunde, da sich die Völkerkunde in die Gegenwartsfragen der Lebensgestaltung des deutschen Volkes einschalten« müsse, endgültig für gekommen. Deshalb sollte eine Tagung »im engsten Kreis« veranstaltet werden, danach eine »völkerkundliche Tagung zur Eingeborenenfrage«.[276] Hans Plischke, Rektor der Universität Göttingen, wollte dort eine Aussprache über die koloniale Zielsetzung der Völkerkunde herbeiführen. »Die Lage ist so, dass sich jedem Völkerkundler Schritte, um das Fach zur Geltung zu bringen, aus den günstigen Kolonialaussichten geradezu anbieten.« Dazu müsse man in engen Kontakt mit den relevanten Dienststellen treten.[277] Unter dem Vorsitz von Plischke trafen sich dann im November 1940 die bekanntesten deutschen Ethnologen in Göttingen und berieten über Fragen der Praxisrelevanz ihres Faches. In seinem programmatischen Referat über die »Völkerkunde als Kolonialwissenschaft« betonte Plischke, dass sie wertvolle Hilfe bei der kolonisatorischen Arbeit leisten könne. Deshalb sollten der Kolonialverwaltung Regierungsethnologen zur Seite stehen.[278] Auch die anderen anwesenden Wissenschaftler plädierten für die feste Anstellung von völkerkundlichen Beratern, die verfolgen sollten, wie sich die kolonialpolitischen Maßnahmen auf das soziale Leben der Afrikaner auswirkten. Günter Wagner, als Ethnologe Referent im Reichsministerium für Volksaufklärung und Propaganda, etwa meinte, den »Regierungsethnologen« seien »Eingeborenenkommissare beizugeben, die jenem auf weiteren Reisen das nötige Material zuzuführen haben«.[279] Völkerkundler wie er wurden auch auf anderen Gebieten aktiv: Wagner wurde als Referent der Antisemitischen Aktion für einen Sondereinsatz – Vorarbeiten für die Propaganda unter den »Eingeborenen« – für das Kolonialreferat des Propagandaministeriums freigestellt.[280]

Die meisten Kolonialplaner vertraten die Ansicht, dass die Kenntnis afrikanischer Sprachen für die effektive Beherrschung der einheimischen Bevölkerung unverzichtbar sei. Darüber hinaus sollte die Sprachforschung diejenigen Sprachen herausfiltern, die als Unterrichts-, Literatur- und Verkehrssprachen geeignet erschienen.[281] Die beiden führenden deutschen Afrikanistik-Institute befanden sich an den Universitäten Hamburg und Berlin.[282] Insbesondere das Hamburger Insti-

NS-Kolonialwissenschaften: Blick in das Institut für afrikanische Sprachen der Hansischen Universität Hamburg, Mitte der 30er Jahre.

tut besaß eine lange Tradition.²⁸³ Es war 1909 an dem ein Jahr zuvor gegründeten Kolonialinstitut eröffnet worden. Die Arbeit war von Anfang an auf den praktischen Unterricht in afrikanischen Sprachen, besonders in denen, die die Bevölkerung der deutschen Kolonien sprach, ausgerichtet. Nach dem Verlust der Kolonien stagnierte seine Entwicklung und nahm erst im Zeichen der verstärkten Kolonialplanungen einen neuen Aufschwung.²⁸⁴ Das Hamburger Institut bot nun Kurse für Heer, Luftwaffe und Polizei ebenso an wie solche im Rahmen der Freizeitorganisation »Kraft durch Freude«.²⁸⁵

Auf der ersten Arbeitstagung der frisch gegründeten Fachgruppe Koloniale Sprachforschung der Kolonialwissenschaftlichen Abteilung des Reichsforschungsrats (RFR) im März 1941 stimmten die Teilnehmer das weitere Arbeitsprogramm ab. Als primäres Ziel deklarierten sie die Zusammenfassung der Dialekte zu großen einheitlichen Schriftsprachen. Die Hamburger Dozenten Johannes Lukas und August Klingenheben kündigten an, ihre Arbeiten mit Hilfe von Kriegsgefangenen überprüfen und verbessern zu wollen.²⁸⁶ Bei allen Forschungsvorhaben wollte man die fehlende Möglichkeit, nach Afrika zu reisen, durch die Arbeit mit afrikanischen Kriegsgefangenen ausgleichen. Ein Lehrbeauftragter der Berliner Auslandswissenschaftlichen Fakultät sollte im Auftrag des Instituts für Lautforschung Lager mit afrikanischen Kriegsgefangenen besuchen, um Sprachaufnahmen von solchen Sprachen zu machen, »die wissenschaftlich und kolonial von besonderem Interesse sind«.²⁸⁷ Lukas hatte sich wegen einer Erlaubnis zur Arbeit mit afrikanischen Kriegsgefangenen im Stalag III/A Luckenwalde an die Abteilung Kriegsgefangenenwesen des OKW gewandt. Die sprachlichen Untersuchungen, die er dort durchzuführen gedachte, seien von »kolonialwissenschaftlichem Interesse«. Die Abteilung bezweifelte, dass es sich lohnen würde, mit der Arbeit in Luckenwalde zu beginnen, da die Gefangenen nur noch für kurze Zeit in Deutschland sein würden.[288] Das OKW erklärte sich aber einverstanden, dass sich das Institut unter den Kriegsgefangenen in Luckenwalde eine gewisse Anzahl schwarzer Sprachgehilfen aussuchen könnte. Da im Prinzip keine Farbigen auf deutschem Boden verbleiben und die wenigen für Sonderzwecke genehmigten Farbigen unter keinen Umständen mit dem zivilen Leben in Berührung kommen sollten, hatte das Seminar die Unterbringung, Verpflegung sowie ihre Beschäftigung eingehend mit dem Wehrkreiskommando X in Hamburg zu regeln.[289] Lukas unternahm zusammen mit Heinz Sölken vom Berliner Institut für Lautforschung im Mai 1941 eine Reise in deutsche Kriegsgefangenenlager im besetzten Frankreich, um dort Schallplattenaufnahmen mit Afrikanern, vornehmlich aus Westafrika, zu machen. Auf Sölkens Betreiben hin wurden sogar Gefangene von einem in ein anderes Gefangenenlager transportiert, um die Aufnahmen zu erleichtern.[290] Sie hatten dort unter anderem den späteren Staatspräsidenten von Senegal, Léopold Sédar Senghor, als »Sprachinformanten« zur Verfügung.[291]

Der Mangel an sogenannten Sprachgehilfen, eine Art von Lektoren, stellte sich beim wachsenden Unterrichtsbetrieb in afrikanischen Sprachen am Hamburger Seminar als ernstes Problem heraus. Für unbedingt erforderlich hielt man deshalb die »Bereitstellung von Eingeborenen« für Suaheli, Ful, Haussa, Madagassisch und Bulu. Auch das Seminar wollte die Anwesenheit afrikanischer Kriegsgefangener in Deutschland nutzen und sich aus ihnen geeignete Sprachgehilfen heraussuchen.[292]

Neben dem wiedereröffneten Kolonialinstitut richteten nun auch etliche Seminare der Hamburger Universität ihre Tätigkeit noch stärker als bisher an den kolonialpolitischen Ambitionen aus. Alle diese Bemühungen dienten im Kern der Etablierung einer hamburgischen Kolonialhochschule nach dem Vorbild Antwerpens.[293] Es zirkulierten bereits Denkschriften über die »Errichtung einer Kolonialen Universität«.[294]

Die Einrichtung von insgesamt vier neuen kolonialwissenschaftlichen Lehrstühlen im April 1941 stellte dann einen regelrechten Coup dar. Im Oktober 1940 hatte die Universität die Lehrstühle beantragt. Die Anträge sollten rasch an das Reichsministerium für Wissenschaft, Erziehung und Volksbildung (RMWEV) geleitet werden, da man annahm, dass aktuell »besondere Aussicht auf ihre Bewilligung« bestand.[295] Reichsstatthalter Kaufmann setzte sich vehement für die neuen Lehrstühle ein; er sah in ihnen eine Aufwertung des Standortes Hamburg, und das zu einem »Zeitpunkt, in dem die Wiedergewinnung eines deutschen Kolonialreiches bevorsteht und die kolonial-politische Arbeit des Reiches unmittelbar vor praktischer Verwirklichung« stehe.[296]

Das Ministerium genehmigte dann neben einem Lehrstuhl für Kolonial- und Wirtschaftsgeographie weitere für koloniale und ausländische Forstwissenschaft,

»Errichtung einer kolonialen Universität«: Das Hauptgebäude der Hansischen Universität Hamburg, Anfang der 40er Jahre.

für koloniale Bodenkunde und Kulturtechnik sowie für koloniale Tierzucht. Zur Einrichtung dieser Stellen erklärte Reichsminister Bernhard Rust, dass damit die Hansische Universität eine Sonderstellung erlange und zur »Hochburg« der Kolonialwissenschaft werde.[297] Rust lehnte aber den Gedanken einer eigenen Kolonialhochschule ebenso ab wie ein eigenes Kolonialstudium von sechs bis acht Semestern; er favorisierte ein Zusatzstudium und zusätzliche Kurse, beispielsweise für Ärzte in Tropenmedizin.[298] Kaufmann bedankte sich persönlich bei Rust und schlug im gleichen Atemzug den Aufbau eines Kolonialpädagogischen Instituts für die Zusatzausbildung künftiger Koloniallehrer sowie die Einrichtung einer koloniallandwirtschaftlichen Fachschule vor.[299] Der umtriebige Reichsstatthalter diente dem Wehrwirtschafts- und Rüstungsamt im November 1941 die Dienste der beiden Hamburger Professoren Franz Heske (Ausländische und koloniale Forstwirtschaft) und Paul Vageler (Koloniale Bodenkunde und Kulturtechnik) an. Beide verfügten über eine in Deutschland völlig konkurrenzlose, jahrzehntelange praktische Auslandserfahrung sowie über umfangreiches Material von hohem Wert für die Wehrwirtschaft. Den einzig wirksamen Einsatz für Heske und Vageler sah Kaufmann nur im Rahmen der Militärverwaltung, im Wehrwirtschafts- und Rüstungsamt selbst.[300]

Reichsminister Rust förderte auch in anderer Hinsicht die Entwicklung der Kolonialwissenschaften. Die Ende September 1940 durch ihn im Einvernehmen

Vorlesungsschluss im Reichsinstitut für Ausländische und Koloniale Forstwirtschaft in Hamburg-Reinbek, Anfang der 40er Jahre.

mit Epp gegründete Kolonialwissenschaftliche Abteilung des Reichsforschungsrates (RFR) koordinierte die wuchernden wissenschaftlichen Aktivitäten. Sie sollte zur »Zentralstelle der deutschen Kolonialforschung« avancieren und jegliche Doppelarbeit und Zersplitterung vermeiden helfen. Die Abteilung fungierte als »Bindeglied« zwischen dem RMWEV und dem KPA. Den Unterbau bildeten 29 Fachgruppen. Die Abteilung hatte insgesamt über 500 Mitarbeiter und verteilte bereits im ersten Jahr nach ihrer Gründung 201 Forschungsaufträge.[301] Sie hatte die Aufgabe, »die Forschung auf allen Gebieten der Kolonialwissenschaft planmässig zu lenken und tatkräftig zu fördern«. Dazu arbeitete die Abteilung eng mit dem KPA und der Wehrmacht zusammen.[302] Im November 1940 forderte sie prominente Wissenschaftler auf, die vordringlichen Forschungsfragen ihres jeweiligen Fachgebiets zu skizzieren, um daraus ein »koloniales Forschungsprogramm« zu entwickeln.[303] Dem Leiter der Kolonialwissenschaftlichen Abteilung des RFR, Günter Wolff, lag dabei an der Herausarbeitung fest umrissener Forschungsaufgaben für die einzelnen Fachgebiete. Der so entstehende »Gesamtforschungsplan« sollte nicht veröffentlicht werden, sondern nur für den Dienstgebrauch von KPA und Reichsfinanzministerium bestimmt sein.[304]

Die Fachgruppen sollten in lockerer Form die Wissenschaftler des jeweiligen Fachgebietes zusammenfassen und von erfahrenen Fachmännern geleitet werden. Ihr Spektrum reichte von Völkerkunde über Sprachforschung bis hin zur Veterinärmedizin und zur Nachrichtentechnik.[305] Als Grundforderung nannte Wolff die Zusammenarbeit der verschiedenen Wissenschaftsgebiete und ihren gemeinsamen Einsatz.[306] Bei Arbeitstagungen der Fachgruppen ab Anfang 1941 standen Aussprachen über Forschungen, die Vereinbarung gemeinsamer Projekte, die Kopplung von Arbeitsgebieten und notwendige Abgrenzungen im Vordergrund. Mitte September 1941 fand eine erste Gutachtertagung in Berlin unter dem Motto »Die deutsche Kolonialwissenschaft im Dienste der Erschließung Afrikas« mit Referaten der Fachgruppenleiter und einiger Sondergutachter statt.[307] Parallel dazu betrieben Wissenschaftler – unterstützt vom RFR – ab Ende 1940 die Gründung einer »Deutschen Kolonialwissenschaftlichen Gesellschaft«, gedacht als Ergänzung zum KPA und der Kolonialwissenschaftlichen Abteilung.[308]

Zwischen kolonialem Hoffen und Bangen: Das widersprüchliche Jahr 1942

Der vor Moskau zum Halten gebrachte deutsche Angriff dokumentierte das Scheitern des »Blitzkriegskonzepts«. Deutschland musste sich nun auf einen längeren Krieg einstellen. Das ließ die koloniale Option in den Hintergrund treten und führte zu Einschränkungen in diesem Bereich. Doch Anfang 1942 ließen die Kolonialbegeisterten ihrer Phantasie unbeirrt freien Lauf. Der KPA-Referent Josef Viera etwa träumte davon, dass die in Nordafrika kämpfenden deutschen Soldaten das Tor aufstoßen würden, »das uns hineinführt in die Herrlichkeit der Negerländer«.[1] Gleichgesinnte thematisierten den militärischen Einsatz in Afrika zunächst in geradezu euphorischer Weise. Deutschland sei mit seiner Vorhut schon auf afrikanischem Boden, so ein Kriegsberichterstatter. Damit werde wieder der Blick frei »zu den ewig grünen jungfräulichen Wäldern am Kilimanscharo, an den brandungsweißen Küsten von Kamerun und Togo«.[2]

Ende April 1942 erhielten solche Phantasien neue Nahrung, als Hitler und Mussolini in Besprechungen auf dem Berghof vereinbarten, im Folgemonat in Nordafrika zur Offensive übergehen und Tobruk einnehmen zu wollen, um dann weiter nach Ägypten vorzudringen. Das Unternehmen »Theseus« blieb zunächst rasch stecken. Doch am 21. Juni wurde die Festung Tobruk eingenommen, und Hitler beförderte Rommel am nächsten Tag zum Generalfeldmarschall. Tags darauf jubelte Epp in einem Schreiben an Rommel, mit der Eroberung von Tobruk habe dieser die »ruhmreiche Tradition deutschen Kampfes auf afrikanischem Boden in großem Stil wieder aufgenommen«. Der Umstand, dass zum ersten Mal ein deutscher Generalfeldmarschall auf dem Boden Afrikas kommandiere, erfülle besonders die deutsche Kolonialbewegung mit Stolz und Zuversicht.[3] Am selben Tag, dem 23. Juni, weilte Mussolini in Libyen, um sich auf den Einzug in Kairo vorzubereiten, und fünf Tage später begann bei Charkow die deutsche Offensive an der Ostfront, die durch den Kaukasus in den Mittleren und Nahen Osten vorstoßen sollte.

Doch schon bald stellte sich Ernüchterung ein. Zwar erreichte das Deutsche Afrika-Korps Ende Juni mit stark geschwächten Kräften El Alamein, eine ägyptische Kleinstadt am Mittelmeer, rund 100 Kilometer westlich von Alexandria, konnte die Stellung jedoch nicht nehmen. Anfang September scheiterte der letzte Versuch Rommels, die Initiative in Nordafrika wiederzugewinnen. Die damit verbundenen kolonialen Hoffnungen bekamen durch die deutsche Niederlage bei El Alamein am 4. November und dem folgenden Rückzug einen schweren Dämpfer. Mit der Landung britischer und amerikanischer Soldaten in Marokko und

Generalfeldmarschall Erwin Rommel bei Besprechungen in El Aden (Cyrenaika) mit dem Fliegerführer Afrika, General Otto Hoffmann von Waldau, Juni 1942.

Algerien am 7./8. November eröffneten die Alliierten eine zweite Front im Rücken von Rommels Truppen und machten damit deren militärische Situation aussichtslos. Am 20. November begann die sowjetische Gegenoffensive bei Stalingrad, am 11. Dezember zogen sich die deutsch-italienischen Verbände aus der Marsa-el-Brega-Stellung an der libyschen Großen Syrte zurück. Ab Ende Dezember folgte der deutsche Rückzug aus dem Kaukasus.

Die Option einer unmittelbaren militärischen Gewinnung von afrikanischen Kolonien war damit endgültig hinfällig geworden und rückte in eine unbestimmte Ferne. Die kolonialen Planungen liefen zwar noch weiter, insgesamt ließ aber die Intensität der Anstrengungen deutlich nach.[4]

Die Vorbereitungen und Planungen gehen weiter

Anfang 1942 wurden im Auswärtigen Amt noch kräftig Kolonialpläne geschmiedet und im Zeichen eines angestrebten Ausgleichs zwischen Deutschland, Frankreich und Spanien die möglichen Grenzen abgesteckt. Demnach sollte Deutschland ein zentralafrikanisches Kolonialreich erhalten, das den Ostteil Nigerias, Kamerun, Französisch-Äquatorialafrika, Uganda-Kenia, Deutsch-Ostafrika und vielleicht Nordrhodesien umfassen sollte. Ferner könne Belgisch-Kongo diesem Gebiet angeschlossen werden. Sowohl Frankreich als auch Spanien sollten keine kolonialen Einbuße erleiden, sondern andere Gebiete zum Tausch erhalten.[5]

Und noch immer beschäftigten sich die Planer mit teilweise recht abwegigen Dingen wie technischen Normen für die künftigen Kolonien, auch wenn sie selbst zugeben mussten, dass deren Einführung »angesichts der Ungewissheit über den Umfang späteren deutschen Kolonialbesitzes nicht dringlich« sei.[6] Die Planungen dehnten sich weiter bis auf Detailprobleme aus. So gab es Überlegungen zur Gestaltung der Wohnungen für Kolonialbeamte. Durch ihren repräsentativen Charakter sollte zum Ausdruck kommen, dass der Beamte der »weißen Herrenrasse im schwarzen Kontinent« angehöre.[7]

Das Kolonialpolitische Amt (KPA) hatte bis März 1942 Verordnungen über den Arbeitseinsatz der »Eingeborenen« nebst Durchführungsbestimmungen und über die Einführung eines Arbeitsbuches fertiggestellt. Die Bearbeitung der Verordnungen zur Arbeitsschutzgesetzgebung dauerte an. Im Entwurf lagen eine Arbeitszeitordnung, eine Verordnung zum Schutze weiblicher Arbeitskräfte und eine zum Schutze jugendlicher Arbeitskräfte vor.[8] Günter Wagner verfasste für das KPA eine »Denkschrift über Stellung und Aufgaben der Regierungsethnologen in den Kolonien«. Die fachlich geschulten staatlichen Ethnologen sollten wissenschaftliche Unterstützungsarbeit im Bereich der »Eingeborenenpolitik« leisten.[9] Wagner formulierte das künftige Hauptproblem: Es müsse ein Ausgleich zwischen den kulturellen Lebensformen der Afrikaner und den Erfordernissen der neuen Zeit geschaffen werden. Die notwendige Voraussetzung für die Erfüllung dieser Aufgabe sei aber eine umfassende Kenntnis der afrikanischen Menschen und ihrer Kultur. Die Regierungsethnologen hätten sich deshalb in erster Linie mit Forschungsaufgaben zu beschäftigen, also mit völkerkundlicher Feldarbeit und der systematischen Untersuchung der für die Verwaltung wichtigen Probleme sowie deren Beratung. Für jede Kolonie sollte die Stelle eines leitenden Regierungsethnologen geschaffen werden; er war gleichzeitig Leiter des »Amtes für Eingeborenenkultur«. Der Regierungsethnologe müsse den »Herrenstandpunkt seiner Rasse wahren«, dürfe sich nicht auf »Vertraulichkeiten« mit den Afrikanern einlassen und solle als »wohlwollender Berater«, aber keinesfalls als ihr »Anwalt« oder »Fürsprecher« bei Gegensätzen zu anderen Vertretern der Regierung erscheinen.[10] Harald Bielfeld vom Auswärtigen Amt vermisste bei den Vorschlägen Wagners die notwendige Verbindung der neuen Regierungsethnologen mit der eigentlichen örtlichen Kolonialverwaltung. So bestehe die Gefahr, dass sie »bald ebenso als 5. Rad am Wagen angesehen werden«, wie dies vor dem Ersten Weltkrieg bei den Regierungsmeteorologen der Fall gewesen sei.[11]

Von Seiten des KPA lagen bis zum Juli 1942 die vorläufigen Stellen- und Organisationspläne für die wirtschaftliche Kolonialverwaltung in den Gebieten Nigeria, Kamerun, Französisch-Äquatorialafrika, Belgisch-Kongo und Deutsch-Ostafrika fertig vor. Für den personellen Einsatz in der Wirtschaftsverwaltung der Kolonien wurden zahlreiche Bewerbungen in fachlicher Beziehung geprüft und ausgewertet.[12]

Die koloniale Arbeit ging zunächst trotz militärischer Niederlagen unverdrossen weiter: Tag des Reichskolonialbundes in München am 30. Mai 1942.

Der Reichsminister des Innern kritisierte derweil die zehnte Fassung des Entwurfs eines Reichskolonialgesetzes für die geplante Einteilung der Bevölkerung in den Kolonien in Deutsche, »Eingeborene« und Fremde. Der Reichsminister hielt es nicht für angebracht, Einzelbestimmungen mit aufzunehmen und so den Durchführungsvorschriften vorzugreifen. In der Debatte um den Begriff »Deutscher« plädierte er für das Kriterium der Staatsangehörigkeit; das Problem der »jüdischen Mischlinge« und der »fremdblütigen Nichtjuden« sei klein, ihr Zuzug oder ihr Verbleiben in den Kolonien könne jederzeit verhindert werden. Kritik übte der Minister auch am Entwurf eines »Kolonialblutschutzgesetzes«. Hier bleibe im Unklaren, ob etwa Ehen zwischen Juden und Deutschen oder zwischen »Mischlingen 2. Grades« in den Kolonien verboten oder nur genehmigungspflichtig seien.[13] Die Frage nach der Notwendigkeit der Arbeiten des Kolonialrechtsausschusses der Akademie für Deutsches Recht wurde im Reichsjustizministerium noch im Oktober 1942 nach wie vor bejaht, da sie bei Kriegsende als Grundlage für den Gesetzgeber vorliegen müßten.[14]

Die Forschungsgruppe Schulz-Kampfhenkel e.V. war im Spätsommer 1940 gegründet worden und plante zunächst ein groß angelegtes Expeditionsprojekt durch den »Deutschland vordringlich interessierenden, afrikanischen Raum«.[15] Die Forschungsgruppe wurde in ein von der Auslandsabwehr betreutes militärisches Sonderunternehmen mit dem Decknamen »Dora« eingebaut und startete am 1. April 1942.[16] Gemäß den militärischen Erfordernissen erkundete das Sonderkommando zunächst das Gelände im mittleren und südlichen Libyen.[17] Der Abteilung Fremde Heere West erschienen die Erkundungsergebnisse als besonders wertvoll. Sie wiesen erneut auf die Möglichkeit eines gegnerischen Vorgehens gegen Libyen von Süden her hin und enthielten eingehende und brauchbare geographische Unterlagen, die für einen Einsatz eigener Kräfte zur Abwehr oder zu einer vorausschauenden Sperrung unerlässlich seien.[18]

Im Frühjahr und Sommer 1942 verhandelte der amerikanische Geschäftsmann Charles Bedaux mit französischen und deutschen Behörden über den Bau eines großen Pipelinenetzes in der Sahara. Er wollte dabei helfen, die deutsche »Fettlücke« zu schließen. Der deutsche Militärbefehlshaber in Frankreich führte ihn als Sachverständigen für wirtschaftliche Vorhaben. Bedaux sollte die Möglichkeiten für die Anlage einer Rohrleitung untersuchen, um die im Niger-Gebiet vorkommenden pflanzlichen Öle nach Europa zu transportieren.[19]

Eine Denkschrift des KPA vom Juni 1942 thematisierte ausführlich das Schulwesen in den künftigen Kolonien und kann als offiziöse Stellungnahme zu dem Thema gelten. Grundsätzlich sollte es für Weiße und Farbige völlig getrennte Schulen geben. An erster Stelle müsse bei den Afrikanern die Erziehung stehen, nicht ein Lehrbetrieb mit weitergehender Zielsetzung. Vor allem die Sekundärtugenden Ordnung, Pünktlichkeit, Disziplin und anständiges Betragen seien wichtiger als Wissen. Dabei sollte diese Erziehung nicht auf europäische Maßstäbe und Umgangsformen ausgerichtet sein, sondern die frühere »Stammeserziehung« zur Grundlage haben. Insgesamt sollten keine umfassende Allgemeinbildung, sondern vor allem praktische Kenntnisse vermittelt werden. Nach der Grundschule, die für die überwiegende Mehrheit vorgesehen war, sollte eine Mittelschule für die besten Schüler und darauf aufbauend eine Oberschule für eine kleine Elite folgen. An sie würden sich das Lehrerseminar und die übrige gehobene Fachausbildung anschließen. Die Grundschule war auf vier Jahre angelegt; wegen des Mangels an Lehrkräften werde es zunächst keine allgemeine Schulpflicht geben können, sondern es müsse eine Auswahl aus den sieben- bis achtjährigen Jungen – »Krüppel und Kranke werden nicht aufgenommen« – getroffen werden. Die ausgewählten Jungen waren zum Schulbesuch verpflichtet, für Mädchen sei er zunächst freiwillig.[20] In seinen kritischen Bemerkungen zu der Denkschrift mahnte Major Kumnetz eine stärkere Betonung der nachschulischen Berufserziehung an. Sie sei deshalb besonders wichtig, weil es nur wenige Europäer in den Kolonien geben werde und man dementsprechend relativ viele gut ausgebildete Afrikaner benötige. Dafür kämen besondere Lehrgänge oder Fortbildungsschulen in Betracht. Wichtig sei, dass die Zahl der höheren Schüler dem voraussichtlichen Bedarf angepasst werde, um das Entstehen eines gebildeten »Proletariertums« zu verhindern.[21]

Auch das Arbeitswissenschaftliche Institut beschäftigte sich weiterhin mit kolonialen Fragen. Im Juli 1942 untersuchte es die Frage der »Eingeborenen-Genossenschaften«. Nach Ansicht der AwI-Planer boten Genossenschaften den Vorteil einer einfacheren Kontrolle und Lenkung sowie einfacherer Schulung und Belehrung der Afrikaner. Weitere Vorteile lagen für sie in der Qualitätsverbesserung

Der Kolonialexperte aus dem Reichsarbeitsministerium Dr. Oskar Karstedt, Juni 1941.

und der Produktssteigerung, ebenso in der Erhöhung der Erlöse durch Ausschaltung des Zwischenhandels. Diese Organisationsform werde auch die wirtschaftliche und politische Verwaltung vereinfachen – besonders wichtig angesichts der Tatsache, dass nur ein kleiner weißer Führungsstab zur Leitung zur Verfügung stehen werde.[22] Die AwI-Mitarbeiter trafen dabei keine eindeutige Entscheidung zwischen freiwilliger Mitgliedschaft und Zwangsmitgliedschaft. Der Zusammenschluss vieler kleiner afrikanischer Produzenten zu Produktionsgenossenschaften vermittle die Vorteile eines Großbetriebes, ohne dessen Nachteile aufzuweisen, die insbesondere im Lohnarbeiterproblem lagen. Mehrere Dorfeinheiten könnten sich hierbei zu einer Produktionsgenossenschaft zusammenschließen und so Produktion, Aufbereitung und Absatz der Produkte gemeinschaftlich rationeller gestalten. Der Vorteil einer derartigen Wirtschaftsform bestehe darin, dass man die Afrikaner planwirtschaftlich in die Produktion einspannen könne, ohne sie als Lohnarbeiter aus ihrer dörflichen Gemeinschaft herauszureißen.[23] Andere Kolonialplaner vertrauten eher noch strafferen Organisationsformen: Oskar Karstedt etwa lobte die westafrikanischen »Sociétés de Prévoyance de Secours et des Prêts mutuels agricoles«. Sie unterschieden sich von anderen Genossenschaftsformen durch die Zwangsmitgliedschaft und die Einbindung in den staatlichen Verwaltungsapparat.[24]

Planungen für den Ausbau des afrikanischen Verkehrswesens liefen ebenfalls weiter. Dabei dachte man in kontinentalen Dimensionen: Nach dem Kriege werde es notwendig sein, schnelle Verkehrswege von Zentralafrika zur Nordküste zu schaffen, um von den dortigen Häfen aus durch das Mittelmeer den Anschluss an das europäische Eisenbahnnetz zu finden. Der Verkehr mache an der Grenze einer Kolonie nicht halt, deshalb sei eine »interkontinentale Zusammenarbeit« der europäischen Staaten in Afrika auf diesem Gebiet unabdingbar.[25] Bislang zeichnete sich das afrikanische Verkehrsnetz nach Ansicht der Experten durch eine gewisse Planlosigkeit aus. Die sinnvollen politischen Forderungen nach einer Kap-Kairo-Verbindung und einer Transsaharabahn seien bloße Pläne geblieben. Das Hauptproblem bestehe deshalb in einer Landverbindung der reichen mittelafrikanischen Gebiete Afrikas mit Europa.[26]

Im Herbst 1942 waren selbst die Arbeiten zum Aufbau des künftigen Reichskolonialministeriums noch im vollen Gange. Ein »Ausschuss für die Organisation des Reichskolonialministeriums« beriet in zahlreichen Sitzungen über dessen Organisation und Geschäftsverteilung.[27] Am 1. November 1942 wurde die »Fachschule für den Außenhandels- und Kolonialkaufmann« in Bremen eröffnet. Ziel war es, die Kaufleute nur für jeweils kurze Zeit ihrer Arbeit zu entziehen, deshalb sollte der Besuch der Schule sich auf nur drei Semester erstrecken. Die Bremer wollten in ihrer Fachschule »jene Elite junger Kaufleute erziehen, die nach siegreicher Beendigung des Krieges die alte, stolze hansische Tradition wieder aufnehmen und weiterführen kann«.[28]

Die Einsatzstäbe »Banane« und »Sisal«

Eines der letzten kolonialen Projekte, dessen Ursprünge zwar in das Jahr 1941 zurückreichen, das aber erst 1942 intensiver betrieben wurde, bildeten die Einsatzstäbe »Sisal« für Ostafrika und »Banane« für Kamerun. Beide sollten Pläne für die Übernahme der jeweiligen Verwaltung ausarbeiten. Der früheste Hinweis auf ihre Aufstellung findet sich im Tätigkeitsbericht des KPA vom Sommer 1941. Es ist wahrscheinlich, dass die Vorbereitungen bereits länger liefen und in engem Zusammenhang mit den entsprechenden Sofort-Programmen der Deko-Gruppe standen. Auf jeden Fall stellte das KPA, um »für jede Möglichkeit schon jetzt bereit zu sein«, eine Gruppe für Westafrika auf, die vom Stabsleiter der Auslands-Organisation der NSDAP (AO), SS-Oberführer Bernhard Ruberg, geleitet wurde. Ruberg hatte die AO in Kamerun aufgebaut und war deren erster Landesgruppenleiter gewesen. Er verfügte also über einschlägige Erfahrungen und war deshalb als künftiger Gouverneur für die Kolonie vorgesehen. Ruberg hatte die Aufgabe, für die Errichtung einer Verwaltung in Kamerun und den angrenzenden Gebieten die entsprechenden Mitarbeiter heranzuziehen und die »Sofortmaßnahmen« auf allen einschlägigen Gebieten vorzubereiten. Parallel dazu liefen Vorarbeiten, entsprechende Einsatzstäbe auch für Ostafrika und die anderen ehemaligen Kolonien aufzustellen.[29]

Epp ernannte den zum SS-Brigadeführer aufgestiegenen Ruberg am 6. November 1941 zum Mitarbeiter des KPA und beauftragte ihn offiziell, sich mit der Frage des Einsatzes in Kamerun zu befassen. Daraus resultierte ein Entwurf des Behördenaufbaues und der ersten Stellenbesetzung für Kamerun.[30] Anfang Dezember 1941 lagen von der »Organisation Banane« auch bereits Stellenbesetzungspläne für Französisch-Äquatorialafrika und Nigeria vor.[31] Die »Organisation Banane« erarbeitete auch einen Vorschlag für eine Provinzeinteilung in Kamerun. Sie sah die Bildung von fünf Provinzen mit Provinzkommissaren als »verlängerten Arm des Gouverneurs« und auf der darunterliegenden Ebene etwa 30 Bezirke vor.[32]

Nach Kamerun rückte nun Ostafrika in das Blickfeld. Zum Leiter des entsprechenden Einsatzstabes, der »Organisation Sisal«, war Philipp Bouhler, Chef der Kanzlei des »Führers«, ernannt worden. Bouhlers Karriere in Deutschland war blockiert, er wurde immer mehr von Bormann an den Rand gedrängt.[33] Er hatte

Der designierte »Gouverneur von Deutsch-Ostafrika«: Philipp Bouhler

Philipp Bouhler, Oktober 1938.

Philipp Bouhler wurde am 11. September 1899 in München geboren. Sein Vater war Chef des bayerischen Kriegsamtes. Bouhler besuchte nach der Volksschule das Maximiliansgymnasium in München. Seine militärische Ausbildung erfolgte zwischen 1912 und 1916 im Bayerischen Kadettenkorps. Als Freiwilliger zog er in den Ersten Weltkrieg und wurde im August 1917 in Frankreich schwer verwundet. 1919 legte Bouhler das Notabitur ab, im gleichen Jahr war er kurzzeitig Mitglied des Deutschvölkischen Schutz- und Trutzbundes. 1919 und 1920 studierte er Philosophie und Germanistik in München, brach jedoch nach vier Semestern das Studium ab. Im November 1921 begann er beim *Völkischen Beobachter;* im Juli 1922 trat Bouhler in die NSDAP ein und wurde Zweiter Geschäftsführer der Partei. Von März 1925 bis November 1934 war Bouhler Reichsgeschäftsführer der NSDAP in München. Am 20. April 1933 trat Bouhler in die allgemeine SS im Rang eines Gruppenführers ein. Die Beförderung zum SS-Obergruppenführer erfolgte am 30. Januar 1936. Am 2. Juni 1933 wurde Bouhler zudem Reichsleiter der NSDAP. Ab April 1934 war Bouhler Vorsitzender der Parteiamtlichen Prüfungskommission zum Schutze des nationalsozialistischen Schrifttums. Ab November 1934 amtierte er als Chef der Kanzlei des »Führers«.

Ab etwa Juli 1939 spielte die Kanzlei des Führers eine zentrale Rolle bei der Planung und Vorbereitung der »Aktion T4«, der massenhaften Tötung von psychisch Kranken und Behinderten. Hitler ernannte seinen Begleitarzt Karl Brandt und Bouhler mit einem Schreiben vom 1. September 1939 zum »Euthanasie«-Beauftragten.

Etwa ab 1942 verlor Philipp Bouhler zunehmend an Einfluss, vorrangig an die Partei-Kanzlei unter Martin Bormann. Er hatte sich bereits im Juni 1940 vergeblich bei Hitler um einen »Kolonialauftrag« bemüht. Ab Juni 1942 war er der Leiter des Einsatzstabes Ostafrika, der »Organisation Sisal«. Bouhler strebte das Amt eines Gouverneurs von Ostafrika, später die Übernahme des Reichskolonialministeriums an. Bei Kriegsende verließ er im April 1945 Berlin. Am 23. April 1945 wurde er bei Berchtesgaden auf Befehl Hitlers von der SS verhaftet und aus allen Ämtern ausgeschlossen, nach Hitlers Suizid am 1. Mai 1945 jedoch wieder freigelassen. Amerikanische Truppen setzten Bouhler am 9. Mai 1945 auf Schloss Fischhorn bei Zell am See fest. Am 19. Mai 1945 wurde er verhaftet. Auf der Fahrt in das Internierungslager Dachau beging Bouhler Selbstmord.[1]

1 Zu Bouhlers Vita vgl. Schmuhl, Hans-Walter: Philipp Bouhler – Ein Vorreiter des Massenmordes. In: Smelser, Ronald/Syring, Enrico/Zitelmann, Rainer (Hg.): Die braune Elite II. 21 weitere biographische Skizzen. Darmstadt 1993, S. 39–50.

bereits früher Interesse für die Kolonialpolitik gezeigt, Hitler gegenüber seine Ambitionen, Generalgouverneur von Ostafrika werden zu wollen, am 23. Juni 1940 geäußert und ihn – erfolglos – um »den Kolonialauftrag« gebeten.[34] Im August 1940 hatte Bouhler die kolonialen Einrichtungen in Hamburg besichtigt und sich bereit erklärt, dem Beirat der Deutschen Kolonialwissenschaftlichen Gesellschaft beizutreten, die im Januar 1941 gegründet werden sollte.[35] Im Februar 1942 sollte er sich von Gunzert und Bielfeld näher informieren lassen. Gunzert sollte als ständiger Berater bei den Vorbereitungen der »Organisation Sisal«, die als »geheime Kommandosache« eingestuft waren, fungieren.[36] In einer Besprechung am 6. März 1942 in der Kanzlei des »Führers« erläuterte Bielfeld Bouhler die geplante Organisation der Verwaltung in den Kolonien. Demnach sollte der Gouverneur in seiner Person alle obersten Gewalten vereinigen und unter Aufsicht des Kolonialministers alle inneren Angelegenheiten seiner Kolonie regeln. Für den Anfang war ein Gouvernement mit drei großen Abteilungen – Verwaltung, Wirtschaft sowie Verkehr und Technik – vorgesehen, später die Einführung von Provinzgouverneuren. Bielfeld hielt die gegenwärtigen Grenzen Ostafrikas keineswegs für feststehend. Außer Ruanda-Urundi könnten noch Gebiete von Kenia, Uganda, Sansibar und Pemba sowie der nördliche Teil von Britisch-Nyassaland und ein Gebietsstreifen am Westrand des Tanganjikasees dazukommen.[37]

Auch das Reichssicherheitshauptamt war auf die beiden Organisationen aufmerksam geworden und berichtete über deren Vorarbeiten. Dort hatte man den Konflikt zwischen Bouhler und Bormann sehr genau zur Kenntnis genommen und registriert, dass Bouhler auf ein Abstellgleis geschoben worden war. Man nahm »in massgebenden Kreisen« an, dass er nicht lange Generalgouverneur von Ostafrika bleiben, sondern später Epp als Kolonialminister beerben werde. Der Leiter der AO, Ernst Wilhelm Bohle, befürchtete, dass mit der Ernennung Bouhlers eine Gefahr für den Einfluss der Auslands-Organisation gegeben sein könnte.[38] Daraufhin erörterten Himmler und Bohle am 6. Juli 1942 die Problematik im Rahmen einer Besprechung über Fragen der Zusammenarbeit zwischen SS und AO. SS-Beförderungen von Angehörigen der AO waren demnach mit Bohle abzustimmen.

Über das weitere Schicksal der Einsatzstäbe ist nichts bekannt. Vorarbeiten für die Bildung entsprechender Einsatzstäbe für weitere Kolonien waren aber bereits eingeleitet worden.[39]

Der Osten als neuer Bezugspunkt

Einen möglichen Wiedererwerb von Kolonien kommentierte Hitler im Juli 1942 sehr zurückhaltend. Er habe den Ausgleich mit England auf der Basis gesucht, dass Kolonien für Deutschland gar nicht notwendig seien. Allein schon das Problem der Aufrechterhaltung der Verbindung zwischen Deutschland und den Kolonien bereite Schwierigkeiten. Angesichts der Ostgebiete mit ihren Rohstoffmöglichkeiten konnte Hitler keinen Bedarf an Kolonien erkennen. Lediglich des

Kaffees wegen Kolonialwege zu erschließen sei unsinnig.[40] Im September erklärte er noch kategorischer: »Der Epp hat mir jetzt wieder eine Ausarbeitung über das Kolonialproblem unterbreitet. Ich muß sagen: Was wir an Kolonien bekommen in der ganzen Welt, den Osten wiegt es nicht auf!«[41] Interessant ist in diesem Zusammenhang eine Aktennotiz aus der Reichskanzlei, in der vorgeschlagen wurde, gegenüber Epp Hitlers Äußerung nicht zu erwähnen, dass Deutschlands Kolonien nicht mehr in Afrika, sondern im Osten lägen. Nach einer wirtschaftlichen Bestandsaufnahme des russischen Raumes werde sich ergeben, dass Deutschland auf eine Ergänzung durch den Wirtschaftsraum Afrika nicht verzichten könne. Es sei daher nicht ausgeschlossen, dass man später auf die Kolonialplanungen zurückkommen werde.[42] Aber immer mehr verbreitete sich die Ansicht, dass die besetzten Ostgebiete das neue »deutsche Kolonialland« seien. Der Gebrauch der Ausdrücke »Kolonien«, »Kolonialland« und »kolonial« für die besetzten Ostgebiete hatte 1942 offensichtlich dermaßen überhand genommen, dass sich der Stabsleiter des KPA bemüßigt fühlte, für seinen Bereich anzuordnen, sie auf die Kolonisation in tropischen und subtropischen Überseegebieten zu beschränken.[43]

Die primäre Orientierung auf den Osten tangierte auch die kolonialen Wirtschaftsplanungen. Der Krieg gegen die Sowjetunion erweiterte die Aufgabengebiete der Deko-Gruppe auf die subtropischen Kulturen, die in den besetzten Gebieten der UdSSR angebaut wurden. Sie arbeitete in Verbindung mit den zuständigen amtlichen Stellen auf dem Baumwollsektor eng mit der Baumwoll AG zusammen. Die Monopolfirma hatte den Baumwollanbau und die Verarbeitung in der südlichen Ukraine und auf der Krim übernommen. Kolonialpflanzer und technische Sachverständige waren dort tätig, und die Baumwoll-Versuchsanstalt in Cherson in der Südukraine wurde mit Wissenschaftlern aus dem Kreis der Gruppe besetzt.[44] Die Landwirtschaftsabteilung des KPA fertigte im Sommer 1942 für die Chefgruppe Landwirtschaft des Wirtschaftsstabs Ost Gutachten über den Anbau von Baumwolle, Kautschuk, Tee, Ölpflanzen sowie über die Karakulschafzucht in den besetzten Gebieten in Südrussland an.[45] Der »Osteinsatz« betraf auch einzelne Experten der Deko-Gruppe und dünnte deren Personal merklich aus. So wurde Baron Monteton als »Sonderführer K« zum Wirtschaftsstab Ost einberufen.[46] Es gab diverse Arbeitsmöglichkeiten in den besetzten Ostgebieten: Ein Mitglied, das in der Ukraine eingesetzt war, bot tüchtigen Tabakpflanzern Arbeit an: »Es würde mich freuen, wenn ich unseren Afrikanern hiermit helfen könnte.«[47] Ende September 1942 verfügte der Reichswirtschaftsminister, dass die kolonialen Pflanzungsunternehmen, denen es an Arbeitsmöglichkeiten fehlte, über die Deko-Gruppe Kontakt mit der Reichsgruppe Handel wegen eines Einsatzes in den besetzten Ostgebieten aufnehmen durften.[48]

Auch die Kolonialwissenschaftler schwenkten jetzt stärker auf Themen um, die mit dem Krieg im Osten in Zusammenhang standen. Im Februar 1942 setzte die Mathematisch-Naturwissenschaftliche Fakultät der Hamburger Universität einen »Ostausschuss« ein, zu dem unter anderem Heske und Vageler gehörten. Die Ostforschung trat zunehmend in Konkurrenz zu der immer weiter in den Hintergrund rückenden Kolonialforschung, auch weil sie finanzielle Ressourcen bot.

Das Institut für Kolonial- und Wirtschaftsgeographie führte einen »Sonderauftrag zur Wirtschaftsgeographie der Ost- und Südosträume« durch, die Mitarbeiter des Geologischen Staatsinstituts arbeiteten über den nördlichen Teil der Ostfront, das Institut für Koloniale Bodenkunde und Kulturtechnik und das Reichsinstitut für Koloniale Forstwirtschaft hatten unmittelbare Aufträge von Göring und Speer im Osteinsatz erhalten.[49] Die deutschen Besatzungsbehörden in den Niederlanden brachten selbst das holländische Kolonialinstitut für den Osteinsatz ins Gespräch.[50]

Epp plante, die koloniale Propaganda und Presse aus taktischen Gründen nun auch auf den Osten auszurichten. Dieses Ansinnen stieß bei jedoch bei Martin Bormann, dem Chef der Partei-Kanzlei, auf wenig Gegenliebe, der die »Ostwerbung« als eine Sache der Partei reklamierte.[51] Derweil bemühte sich Hans Bender, ein Sonderbeauftragter des Reichskolonialbundes (RKB), darum, neue Aufgabenfelder für seine Organisation zu erschließen. Da bis zum Kriegsende das koloniale Thema ruhen müsse, entfielen die eigentlichen Aufgaben. Der RKB könne sich entweder auflösen oder neue, kriegswichtige Aufgaben suchen. Sein Vorschlag zielte auf eine Umbenennung in »Reichs-Kolonisations-Bund«, der dann auch für innere Kolonisation zuständig wäre. Darunter fielen für ihn unter anderem Holland, Belgien, das »Generalgouvernement«, das Baltikum und die Ukraine bis zum Kaukasus. In diesem Zusammenhang schlug Bender die Herausgabe eines »Kolonisatorischen Taschenbuchs 1943/44« vor. Zu den Autoren sollten überwiegend Kolonialplaner und -wissenschaftler gehören, die sich in ihren Beiträgen nun dem Osten widmen sollten.[52] Erich Duems von der Abteilung Schrifttum des RKB zeigte sich ob dieses Umschwenkens erschreckt und hielt es für »völlig abwegig« sowie für einen »Verrat an unserer Idee und Aufgabe«.[53]

Nach dem vorläufigen Abschluss der kolonialen Lehrgänge der Sicherheitspolizei und des Sicherheitsdienstes der SS (SD) auf der Führerschule in Berlin-Charlottenburg und auf der italienischen Kolonial-Polizeischule in Tivoli ordnete Heydrich eine »Nachbeschulung« an. Sie verfolgte den Zweck, die bisher ausgebildeten Kräfte möglichst vielseitig – insbesondere in den Sprachen – fortzubilden. Die dringenden sicherheitspolizeilichen Aufgaben im Kriege gegen die Sowjetunion hätten es unvermeidlich gemacht, einen Teil der für eine Verwendung in Afrika vorgesehenen Kräfte vorübergehend in den Osteinsatz zu bringen. Darin dürfe man, so Heydrich, aber kein Aufgeben des Afrika-Einsatzes der Sicherheitspolizei und des SD sehen. Er legte Wert darauf, jederzeit einen Stamm von geschulten Kräften für einen Einsatz in Afrika zur Verfügung zu haben; die koloniale »Nachbeschulung« sollte unter allen Umständen fortgesetzt werden.[54]

Angesichts der Ostorientierung des Regimes, die auch zukünftig immense finanzielle und personelle Ressourcen binden würde, verschoben sich die Koordinaten für die Afrika-Planungen. Nun erklärten die Kolonialplaner die künftigen Kolonien in Afrika immer stärker zu einer europäischen Aufgabe – selbstverständlich unter deutscher Führung. In diese Richtung gingen auch die Initiativen des Reichsforschungsrats zur Gründung einer Europäischen Kolonialwissenschaftlichen Akademie bzw. einer Arbeitstagung.[55] Diese europäischen Perspektiven gab es nach

Der ausgewiesene Gegner der Kolonialplaner, der den Zugang zu Hitler kontrollierte und Epp häufig ausmanövrierte: Martin Bormann, Leiter der Parteikanzlei der NSDAP, 1941.

Ansicht der Kolonialplaner auch in wirtschaftlichen Fragen: »Die Völker unseres Kontinents beginnen in Afrika ihre gemeinsame Aufgabe zu sehen. Je eher sich die europäischen Nationen in dieser Zielsetzung zusammenfinden, je mehr sie das große Werk der afrikanischen Erschließung zusammen betreiben, um so weniger brauchen sie um ihren materiellen Lebensstandard besorgt zu sein.«[56] Das Arbeitswissenschaftliche Institut ging ebenfalls von der Annahme aus, dass die Führungsaufgaben des europäischen Großwirtschaftsraumes und die Besiedlung des Ostens die deutschen Kräfte stark beanspruchen würden. Deshalb werde sich Deutschland nur mit einem verhältnismäßig beschränkten Arbeitseinsatz an der Erschließung Afrikas beteiligen können. Daher werde die Einbindung der west- und südeuropäischen Staaten notwendig.[57] Für eine europäische Zusammenarbeit in Afrika schlug das AwI die Gründung einer Chartered Company, also einer privilegierten Handelsgesellschaft mit politischen Rechten, als Dachorganisation der beteiligten europäischen Staaten vor. Sie sollte die zentrale Stelle zur Durchführung allgemeiner Planungen, insbesondere im tropischen Mittelafrika, bilden. Die Leitung dieser Gesellschaft sollte – unter der Führung Deutschlands – europäischen Charakter besitzen. Die AwI-Planer betrachteten die niederländischen, dänischen und ungarischen »Ostgesellschaften« – Firmen, die speziell zur Ausbeutung der besetzten Ostgebiete gegründet worden waren – als Vorbild für die zu gründende große afrikanische Chartered Company.[58]

Einschränkung der Arbeiten

Obwohl viele Kolonialplanungen 1942 noch im Gange waren, kam es in diesem Jahr auf personellem Gebiet zu ersten gravierenden Einschnitten. So wurde Werner von Geldern als Kolonialreferent des Oberkommandos der Wehrmacht im Februar 1942 von seiner Stelle abgezogen und als Verbindungsoffizier der Wehrmacht zum Auswärtigen Amt kommandiert. Nach seinen Aussagen hatte man zu dem Zeitpunkt wohl in der Umgebung Hitlers eingesehen, dass die »Kolonialwünsche des deutschen Volkes« nicht erfüllt werden konnten, zumal man sich mitten im Kriege gegen Russland befand.[59]

Der Personalabbau hatte auch die Dienststelle Berlin des KPA erfasst. Sie war nach Aussagen ihres Leiters, Rudolf Asmis, bereits so stark zusammengeschrumpft, dass bei einem weiteren Abbau die Erhaltung der bisherigen Arbeitsergebnisse und die Fortführung der Arbeiten in Frage gestellt würden. Hielte diese Entwicklung an, so empfahl Asmis die komplette Schließung der Dienststelle. Diesem Schritt allerdings schrieb er eine verhängnisvolle Außenwirkung zu; er würde als ein endgültiger Verzicht auf die Kolonialforderungen und darüber hinaus als ein Anzeichen für das Verlieren des Krieges gedeutet werden. Eine »schwere Erschütterung der öffentlichen Meinung und des Widerstandswillens des Volkes« werde die Folge sein. Asmis schlug vor, für eine kleine Gruppe von Beamten Stellen bei der Reichskanzlei zu etatisieren; um »dem Wunsche des Führers zu entsprechen«, brauche man dieser Stelle keinen kolonialen Namen zu geben.[60]

Rudolf Asmis, Leiter der Dienststelle Berlin des Kolonialpolitischen Amtes.

Ähnliche Tendenzen zeigten sich Anfang 1942 bei der Deutschen Arbeitsfront, bei der die Einrichtung einer Stelle »Kolonialer Arbeitseinsatz« im Amt für Arbeitseinsatz zu den Akten gelegt wurde, da nach Ansicht aller beteiligten Dienststellen die Behandlung der Kolonialfragen nicht akut sei.[61] Gemäß dem »Führer-Erlass« über die Vereinfachung der Verwaltung vom 25. Januar 1942, nach dem Vorbereitungen und Planungen für künftige Friedensaufgaben zurückgestellt werden sollten, stellte auch die Reichsgruppe Handel die Bearbeitung kolonialwirtschaftlicher Fragen bis auf weiteres ein.[62] Anfang März 1942 wies Himmler den Chef der Ordnungspolizei an, sofort alle Arbeiten auf kolonialpolitischem Gebiet für die Dauer des Krieges zu stoppen und die dadurch frei werdenden Kräfte anderen, kriegswichtigeren Verwendungen zuzuführen.[63]

Dem Reichsfinanzminister erschien die Minderung des Haushaltsbedarfs beim KPA im Jahr 1942 gegenüber dem Vorjahr als viel zu gering, da sich die Verhältnisse »von Grund auf geändert« hätten: »Eine Vordringlichkeit für koloniale Vorbereitungsarbeiten wird man zurzeit nicht anerkennen können. Infolgedessen muß jede auf diesem Gebiet nicht unbedingt notwendige Arbeit rücksichtslos unterbunden werden und der in den beiden Vorjahren durchgeführte erhebliche Aufbau der Dienststellen des Kolonialpolitischen Amts nennenswert eingeschränkt werden.«[64] Hitler wünschte im Oktober 1942, dass der RKB und das KPA zunächst jede weitere Tätigkeit einstellten. Die so frei werdenden Männer seien zur Wehrmacht einzuziehen, für die Arbeit im Osten oder für sonstige kriegswichtige Aufgaben zu verwenden.[65] Und in der Tat machten sich die Verantwortlichen des RKB Gedanken, wie sie in dem Falle, da der Weiterbestand des Bundes in Frage gestellt würde, das Vermögen »für später zu erfüllende wichtige Kolonialaufgaben« sichern könnten.[66] Bormann ordnete zum 11. Oktober 1942 eine Beendigung des laufenden Schulungskurses für Beamte an und untersagte die Abhaltung weiterer Kurse.[67]

Goebbels besprach am 10. November 1942 mit Epp das Problem der Kolonialpropaganda. Der Propagandaminister war Epp zwar zugeneigt – der designierte Kolonialminister war ehedem sein Trauzeuge gewesen –, beim Wunsch, die Kolonialpropaganda weiter zu betreiben, mochte er ihm jedoch nicht entgegenkommen: »Das hätte uns ja gerade noch gefehlt. Wir wollen nicht Wünsche und Bedürfnisse erwecken, deren Erfüllungsmöglichkeit vorläufig noch nicht abzusehen ist.«[68] Aber Epp blieb beharrlich. Der RKB könne für aktuelle Aufgaben eingesetzt werden. Ebenso verlange der Kampf in Afrika und im Mittelmeerraum eine besondere Behandlung der Entwicklungen und Verhältnisse in diesem Kontinent. Deshalb hielt es Epp für notwendig, die Kriegswichtigkeit der Propagandaarbeiten zu erklären. Als Leitgedanke für die künftige Propaganda stellte er die Zusammengehörigkeit Europas und Afrikas in den Mittelpunkt.[69]

Nach Auffassung von Martin Bormann, dem Chef der Partei-Kanzlei, war es »nicht zu verantworten«, dass Epp für Kolonialpropaganda Personal in Anspruch nahm. Er forderte Lammers auf, diese Aktivitäten zu stoppen. In Anbetracht der Situation in Nordafrika hielt Bormann Ende November 1942 koloniale Propaganda für »völlig falsch«: »Wir haben bis auf weiteres keinerlei Interesse, die Augen des deutschen Volkes auf Afrika zu lenken.«[70] Bormann wandte sich in dieser Frage direkt an Epp und erklärte ihm unverblümt, dass die gesamte Kolonialpropaganda als derzeit unzeitgemäß einzustellen und die damit beschäftigten Leute für akute kriegswichtige Aufgaben freizugeben seien: »Während die Dienststellen der Partei, des Staates, der Wehrmacht die deutschen Volksgenossen immer wieder auf die dringenden und drängenden Kriegsnotwendigkeiten hinweisen, während alle Volksgenossen immer schärfer und härter in unseren Lebenskampf eingespannt werden, beschäftigt sich der Reichskolonialbund mit Fernzielen!«[71] Der RKB zog sich zurück, er war aufgrund der Entwicklung selbst der Ansicht, dass »bis auf weiteres« über seine Veranstaltungen nicht mehr berichtet werden und sein Name auch nicht in der Presse erscheinen sollte.[72]

Im November 1942 war der Reichsfinanzminister der Ansicht, dass die »kolonialen Studien- und Forschungsaufgaben vorläufig nicht als unbedingt kriegswichtig zu behandeln seien«. Diese Entscheidung löste nicht nur in Hamburg Panik aus. Der dortige Reichsstatthalter Kaufmann betonte, dass die Hamburger Einrichtungen nicht nur auf die Kolonien, sondern insgesamt auf Übersee ausgerichtet seien. Eine Einschränkung der Kolonialwissenschaften werde sich somit zwangsläufig nachteilig auch auf die Pflege der Auslandswissenschaften auswirken.[73] Seine Intervention blieb erfolglos.

Nach Stalingrad:
Die Zeit der Abwicklung 1943 bis 1945

Am 31. Januar 1943 kapitulierten die deutschen Streitkräfte in Stalingrad; am 13. Mai streckten die Reste des Afrika-Korps in Tunesien die Waffen; Anfang Juli scheiterte die letzte deutsche Großoffensive an der Ostfront im Kursker Bogen. Die Luftangriffe auf deutsche Städte nahmen an Härte zu; Ende Juli 1943 sorgten sie für einen »Feuersturm« in Hamburg. Nachdem sich der Kriegsverlauf nach den Niederlagen in Nordafrika und im Osten komplett gegen die Deutschen gewandt hatte, waren koloniale Themen endgültig nicht mehr aktuell. Es begann die Phase der Abwicklung, bei hinhaltendem Widerstand der betroffenen Kolonialplaner und ihrer Institutionen.

Einstellung der Arbeiten und letzte Auswege

Mit Erlass vom 13. Januar 1943 ordnete Hitler an, Männer und Frauen, deren Arbeitskraft für die Reichsverteidigung nicht genutzt wurde, nunmehr für die Kriegführung und andere kriegswichtige Aufgaben einzusetzen. Alle nicht im Sinne dieses Auftrages liegenden Arbeiten sollten eingestellt und die in Betracht kommenden Dienststellen stillgelegt werden. Insbesondere wünschte Hitler, dass die gesamte Vorbereitung der künftigen Kolonialverwaltung ohne jede Ausnahme beendet werde. Der entsprechende »Führer-Auftrag« vom 9. März 1939 sollte für die Dauer des Krieges ruhen. Epp sollte mit möglichst wenig Personal lediglich für eine sachgemäße Verwahrung der Akten und Bücher sowie für eine Verwaltung der Grundstücke und Einrichtungsgegenstände sorgen.[1] Bormann teilte Lammers am 26. Januar 1943 mit, dass er das KPA und den Reichskolonialbund stillgelegt habe.[2]

Epp wollte sich mit der Einstellung der kolonialpolitischen Arbeiten nicht zufriedengeben und sich an Hitler wenden. Bormann kommentierte das lapidar: »Jede koloniale Tätigkeit ist heute gänzlich inaktuell!«[3] Am 24. Februar 1943 konnte Epp die entsprechende Verordnung Bormanns dann ganz offiziell im *Reichsverfügungsblatt* nachlesen. Der Leiter des KPA und des RKB hatte die dadurch frei werdenden hauptamtlichen Kräfte und Büroräume der Partei-Kanzlei und dem Reichsschatzmeister zum anderweitigen Einsatz zur Verfügung zu stellen.[4] Rudolf Asmis, der Leiter der Dienststelle Berlin des KPA, sah sich derweil schon nach einer anderen Verwendung um, wenn möglich wieder beim Auswärtigen Amt. Er strebte entweder einen Auftrag zum Studium der indirekten Verwaltung von Kolonialgebieten oder die Leitung des Geographischen Dienstes im Auswärtigen Amt an.[5]

Anfang März 1943 bestätigte Epp die Einstellung der Tätigkeit. Da für ihn der jetzige Krieg aber »in noch größerem Maße als der vorhergehende und die Kriege des 18. und 19. Jahrhunderts ein Kolonialkrieg, d. h. ein Kampf der großen Völker um zusätzlichen Raum« war, hielt er die Weiterbearbeitung der kolonialen Fragen für absolut notwendig. Dazu bedürfe es lediglich eines persönlichen Mitarbeiterkreises. Epp forderte von Lammers den Erhalt einiger Abteilungen der Dienststelle Berlin, den Weiterbetrieb der Bücherei und der Kartenstelle sowie die eigenhändige Verwaltung des Marstalls.[6] Nur wenige Tage später empfahl er Lammers, Asmis in »leitender Stellung für die Vorbereitung der künftigen Kolonialverwaltung zu verwenden«.[7] Nichtsdestotrotz teilte das KPA am 16. März den Reichsbehörden mit, dass es seine Tätigkeit zur Vorbereitung der künftigen Kolonialverwaltung für die Dauer des Krieges eingestellt habe.[8] Die Restverwaltung des KPA bestand aus etwas mehr als 20 Mitarbeitern und sollte nach dem Willen von Lammers an das Auswärtige Amt angegliedert werden. Epp hatte diesen Plänen schon grundsätzlich zugestimmt.[9]

Mit der Einstellung der Arbeiten wurde ein Manuskript über die Verwendung von Ausländern in der Verwaltung des unabhängigen Kongostaates und der belgischen Kongokolonie präsentiert. Die Ausarbeitung zeigte, dass die Belgier bislang in großem Umfange in ihrer Verwaltung Ausländer eingesetzt hatten. Dieser Umstand entkräftete nach Meinung von Asmis die Behauptung, Deutschland könne neben großen Gebieten im Osten nicht gleichzeitig auch große Gebiete in Afrika besitzen und verwalten. Bei einer Heranziehung von Ausländern für die Kolonialverwaltung werde die Zahl der für die Verwaltung deutschen Kolonialbesitzes in Afrika benötigten deutschen Beamten relativ gering sein. Die Denkschrift führte dann aus, dass die führenden politischen Stellen in der Kolonialverwaltung grundsätzlich in deutscher Hand bleiben müssten. Andere wichtige Stellungen aber könnten auch mit nicht-deutschen Europäern besetzt werden. So bräuchten Ärzte, Veterinäre, Ingenieure und Techniker, Geologen, Landvermesser, Landwirte, Eisenbahn-, Post- und Hafenbeamte nicht unbedingt Deutsche zu sein.[10] Im April 1943 stellte der RKB auch auf regionaler Ebene seine Tätigkeit ein und ließ in einem Rundschreiben trotzig wissen, das geschehe »bis die Verhältnisse es gestatten, unsere koloniale Arbeit wieder mit neuer Kraft zu beginnen«.[11]

Nicht alle »Volksgenossen« waren über das Ende der kolonialen Träume glücklich: Ein führender Vertreter der IG Farben trauerte im März 1943 der nach wie vor ungelösten »afrikanischen Frage« nach. Für die Länder des »neuen Europas« seien Behauptung und Rückerwerb ihres afrikanischen Kolonialbesitzes eine Lebensfrage.[12] Ein nicht genannter Führer einer militärischen Einheit fragte sich im selben Monat, was aus den Kolonien der besetzten Länder Belgien und Holland werden würde und ob sich die an Afrika interessierten Leute nun umstellen müssten.[13] Das sind sicher nur Einzelbeispiele, die aber dennoch zeigen, dass das Thema Kolonien auch nach Stalingrad in den Köpfen durchaus sehr unterschiedlicher Menschen herumspukte.

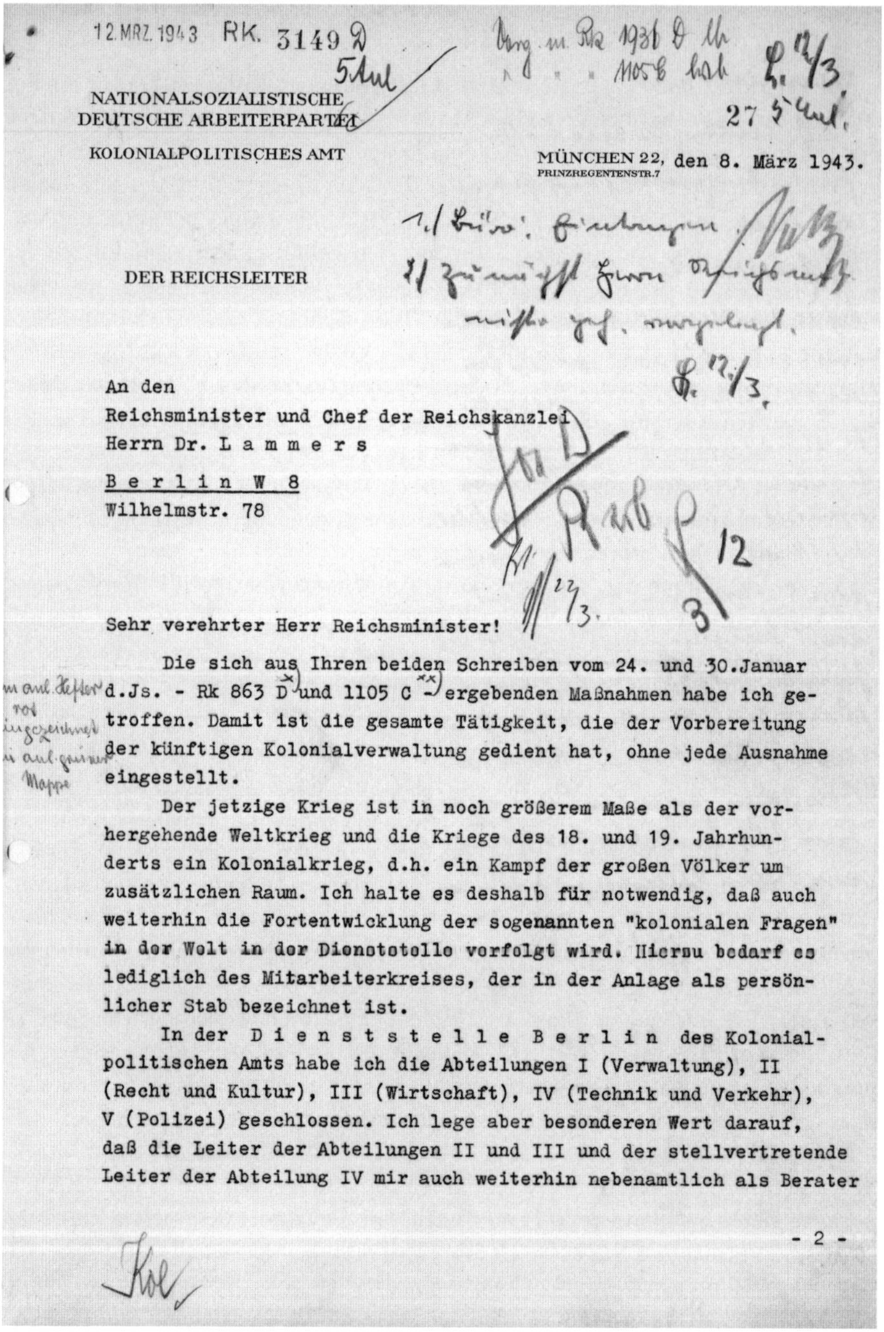

**NATIONALSOZIALISTISCHE
DEUTSCHE ARBEITERPARTEI**

KOLONIALPOLITISCHES AMT

MÜNCHEN 22, den 8. März 1943.
PRINZREGENTENSTR. 7

DER REICHSLEITER

An den
Reichsminister und Chef der Reichskanzlei
Herrn Dr. L a m m e r s

B e r l i n W 8
Wilhelmstr. 78

Sehr verehrter Herr Reichsminister!

Die sich aus Ihren beiden Schreiben vom 24. und 30. Januar d.Js. - Rk 863 D und 1105 C - ergebenden Maßnahmen habe ich getroffen. Damit ist die gesamte Tätigkeit, die der Vorbereitung der künftigen Kolonialverwaltung gedient hat, ohne jede Ausnahme eingestellt.

Der jetzige Krieg ist in noch größerem Maße als der vorhergehende Weltkrieg und die Kriege des 18. und 19. Jahrhunderts ein Kolonialkrieg, d.h. ein Kampf der großen Völker um zusätzlichen Raum. Ich halte es deshalb für notwendig, daß auch weiterhin die Fortentwicklung der sogenannten "kolonialen Fragen" in der Welt in der Dienststelle verfolgt wird. Hierzu bedarf es lediglich des Mitarbeiterkreises, der in der Anlage als persönlicher Stab bezeichnet ist.

In der D i e n s t s t e l l e B e r l i n des Kolonialpolitischen Amts habe ich die Abteilungen I (Verwaltung), II (Recht und Kultur), III (Wirtschaft), IV (Technik und Verkehr), V (Polizei) geschlossen. Ich lege aber besonderen Wert darauf, daß die Leiter der Abteilungen II und III und der stellvertretende Leiter der Abteilung IV mir auch weiterhin nebenamtlich als Berater

- 2 -

Widerwillige Einstellung der Arbeiten des Kolonialpolitischen Amtes: Faksimile eines Schreibens seines Leiters Epp an Lammers, den Chef der Reichskanzlei vom 8. März 1943.

gegen Gewährung der Ministerialzulage zur Verfügung stehen. Die Leitung der Restdienststelle beabsichtige ich mit Rücksicht auf die mannigfach noch schwebenden finanziellen Angelegenheiten dem bisherigen Sachbearbeiter des Haushalts, Oberregierungsrat Häusler, zu übertragen.

In der Abteilung II sind noch einige wissenschaftliche Vorhaben abzuwickeln, wie z.B. das Sammelwerk "Afrika, Handbuch der praktischen Kolonialwissenschaften", das in meinem Auftrage von Professor Dr.Obst herausgegeben wird.

Ich halte es für notwendig, die Bücherei und die Kartenstelle der Dienststelle Berlin aufrechtzuerhalten. Die Bücherei mit ihren wertvollen Beständen und die Kartenstelle mit ihren über 40.000 Karten werden laufend von Dienststellen der Wehrmacht, des Vierjahresplanes usw. in Anspruch genommen.

Ich lege Wert darauf, die Verwaltung des mir vom Führer für das künftige Kolonialministerium zugewiesenen M a r s t a l l s selbst in Händen zu behalten. Da die Räume auch sonst verwaltet und gepflegt werden müssen, entstehen hierdurch keine Mehrkosten. Ich bemerke, daß ich den weitaus größten Teil des Marstalls dem Reichsfinanzministerium zur Unterbringung anderer Reichsbehörden oder Reichsunternehmungen bereits zur Verfügung gestellt habe. Das gleiche wird mit den für mich entbehrlichen reichseigenen Einrichtungsgegenständen, Geräten, Vorräten usw. geschehen. Weitere Angaben hierüber folgen später.

Im übrigen darf ich auf die Anlagen Bezug nehmen.

H e i l H i t l e r !

sehr ergebener
Franz v. Epp

Anlagen

Propaganda für ein nationalsozialistisch dominiertes Europa: Rede von Reichsorganisationsleiter Dr. Robert Ley in einem Berliner Betrieb am 3. Mai 1943.

Insgesamt waren die »Neuordnungs«-Planer von 1940 aber deutlich kleinlauter geworden. Angesichts der militärischen Situation schwenkten viele Institutionen nun auf eine europäische Linie um, ähnlich wie die Vorschläge von Asmıs zum Einsatz von Ausländern in der künftigen Kolonialverwaltung im Kongo. Auf der verzweifelten Suche nach Kollaborateuren, »Fremdarbeitern« und Soldaten propagierten sie einen organisatorischen und ideologischen Einigungsversuch. Vor allem das Auswärtige Amt, das Reichsministerium für Volksaufklärung und Propaganda, die Deutsche Arbeitsfront, die Wehrmacht und die SS – hier besonders die Waffen-SS – waren Vorreiter des gemeinsamen Kampfes gegen den »Bolschewismus« und für einen »europäischen Sozialismus«.[14] Bislang war öffentlich kaum von einer Einheit des europäisch-afrikanischen Raumes gesprochen worden, und man war eher geneigt gewesen, Afrika als unwichtig abzuschreiben. Nun wurde Afrika propagandistisch aufgewertet. Nach einem Bericht des Sicherheitsdienstes vom April 1943 hatte die Einkesselung der Heeresgruppe Afrika durch alliierte Streitkräfte für Beunruhigung in der Bevölkerung gesorgt. Sehr großes Interesse habe daher örtlich der Aufsatz »Afrika gehört zu Europa« in den *Danziger Neuesten Nachrichten* vom 13. April gefunden. Die *Braunschweiger Tageszeitung* habe am selben Tag sogar in der Überschrift »Europas große Marschlinie« einen neuen Kurs in der Afrika-Frage angedeutet.[15]

Das Auswärtige Amt übertrug den Gedanken einer »Europäischen Gemeinschaft« auf Afrika: Der Kontinent sollte als Dominium der Gemeinschaft der europäischen Völker verwaltet werden. Dabei seien vor allem die territorialen Verhältnisse der Kolonialgebiete Afrikas neu zu ordnen sowie grundsätzliche »Eingeborenenfragen« zu regeln.[16]

Aber das waren angesichts des Kriegsverlaufs natürlich untaugliche Versuche. Genauso untauglich wie die individuellen Überlebensstrategien, die noch auf koloniale Optionen setzten: Asmis schied am 1. Juli 1943 aus dem KPA aus und stellte sich dem Auswärtigen Amt wieder zur Verfügung, das aber keine geeignete Aufgabe für ihn hatte. Er schlug deshalb vor, ihm einen Sonderauftrag zu erteilen. Er wollte einen zusammenfassenden Bericht über die deutschen Verwaltungsmethoden in den besetzten Ländern für das Auswärtige Amt erstatten und die etwaige Verwendbarkeit dieser Methoden in künftigen deutschen Kolonien prüfen. Aufgrund der Verselbständigungstendenzen der Afrikaner werde die künftige Art der Einflussnahme – auch gegenüber der in den bisherigen Plänen des KPA vorgesehenen – eine viel lockere sein müssen. Das Auswärtige Amt würde durch eine solche Arbeit in den Stand gesetzt, falls die Kolonialfrage wieder aktuell werden würde, sofort zu der veränderten Lage in Afrika mit positiven Vorschlägen zu der Gestaltung der künftigen Verwaltung Stellung zu nehmen.[17] Aber von solchen Vorschlägen wollte im Frühjahr 1943 niemand mehr etwas wissen, weder das Auswärtige Amt noch andere NS-Entscheidungsträger.

Hinhaltender Widerstand bis zum Ende

Besonders hartnäckig widersetzten sich die Kolonialwissenschaftler der Abwicklung ihrer Institutionen. Sie betonten zur Legitimation ihrer Arbeiten immer wieder deren angebliche »Kriegswichtigkeit«. Der Hamburger Ethnologe Franz Termer fasste sich kurz und bündig: »Die Völkerkunde ist eine der Schlüsselwissenschaften innerhalb der Kolonialforschung und als solche daher mit kriegswichtigen Aufgaben betraut.«[18] In Hamburg arbeiteten viele Universitätsinstitute in dieser Zeit tatsächlich für die Wehrmacht – zum Teil in diesem Rahmen auch noch an kolonialen Fragen: Das Institut für Kolonial- und Wirtschaftsgeographie führte Untersuchungen für ein Fliegerkorps durch, hielt Ausbildungsvorträge für Wehrmachtsteile und für die Akademie für Schiffs- und Tropendienst für Nordafrika. Es hatte einen »Sonderauftrag für Afrika« und kümmerte sich um die »Wirtschaftsgeographie der Ost- und Südosträume«. Das Reichsinstitut für ausländische und koloniale Forstwirtschaft sowie das Institut für koloniale Bodenkunde und Kulturtechnik waren ebenfalls im Osteinsatz tätig.[19]

Parallel dazu lief der Widerstand gegen die Einstellung der Arbeiten. Die Abteilung Hochschulwesen der hamburgischen Staatsverwaltung betonte, die Hansische Universität sei immer auf die Pflege der Auslandskunde und der Kolonialwissenschaften ausgerichtet gewesen. Es sei »wohl kaum anzunehmen, daß diese für die Gegenwart und für die nächste Zukunft wichtigen, weit fortgeschrittenen Forschungsaufgaben abgebrochen werden sollen«.[20] Reichsstatthalter Kaufmann behauptete gegenüber dem Reichsministerium für Wissenschaft, Erziehung und

Volksbildung, der Erlass von Lammers vom 30. Januar 1943 beziehe sich nur auf die kolonialpolitische Tätigkeit und den Einsatz für eine künftige Kolonialverwaltung, die wissenschaftliche Forschungs- und Lehrarbeit der Universität bliebe von ihm unberührt. Eine Einstellung dieser Forschungsaufgaben sei nicht zu verantworten, eine ganze Reihe dieser Fragen sogar als kriegswichtig anzusprechen.[21]

Dem »Führer-Erlass« vom 13. Januar 1943 und einer entsprechenden Anordnung des Reichsstatthalters folgend, stellte man in Hamburg zwar alle Vorarbeiten für die Ausbildungs- und Forschungsstelle für Kolonialtechnik offiziell ein. Der Baurat Heinrich Haake, Motor dieses Projekts, arbeitete aber in aller Stille – mit behördlicher Genehmigung – weiter und bekam dafür von Heske einen Arbeitsraum im Reichsinstitut für ausländische und koloniale Forstwirtschaft gestellt.[22]

Trotz dieser einzelnen hinhaltenden Widerstände neigte sich die »koloniale Epoche« an der Hamburger Universität doch so langsam ihrem Ende entgegen, auch wenn das manche Universitätsangehörigen nicht wahrhaben wollten. So fand am 20. Juli 1943 die Semesterabschlussfeier der »Kolonialen Arbeitsgemeinschaft der Studentenschaft an der Hansischen Universität« und der »Gruppe ›Kolonien‹ der Arbeitsgemeinschaft nationalsozialistischer Studentinnen« im Curiohaus, einem bekannten Hamburger Veranstaltungsgebäude, statt. Begleitet durch die obligatorische Lesung aus *Volk ohne Raum,* gab es einen Vortrag von Prof. Carl Meinhof; die Studentin und frühere AwI-Mitarbeiterin Ruth Medger trug aus ihrem Buch *So fand ich Deutsch-Ostafrika* vor.[23] Nur wenige Tage später erfolgten im Rahmen der »Operation Gomorrha« die schweren alliierten Luftangriffe auf Hamburg, die auch die Universität massiv beschädigten. Aber selbst danach ging dort die Arbeit weiter. Noch im Oktober 1943 suchte eine Archivarin des Instituts für Kolonialrecht in Paris nach brauchbarem Material. Die Notwendigkeit dieser Arbeiten war nach Ansicht des Institutsleiters unzweifelhaft: »Sie ist nicht nur trotz der Katastrophe, sondern gerade wegen der Katastrophe zu bejahen.«[24] Die Akten und Buchbestände des Kolonialinstituts waren den Luftangriffen weitgehend zum Opfer gefallen. Trotzdem feierte die Universität noch am 16. November 1943 in Anwesenheit von Kaufmann und Epp das angeblich seit 35 Jahren bestehende Institut und pries dessen Zukunftsaussichten.[25] Das Kolonialinstitut arbeitete weiter und nahm selbst im Dezember 1944 noch neue Mitglieder auf.[26]

Unerschütterlich verfolgte auch der koloniale Forstwissenschaftler Franz Heske seine Arbeit. Bei seinem Engagement im November 1943 in Frankreich berief er sich auf einen Befehl Hitlers, der die Produktion Frankreichs auf dem gesamten Gebiete der Bodenkultur schnellstens gesteigert sehen wollte. Durch die militärischen Ereignisse, die »Umgruppierungen im Osten« und den damit verbundenen Verlust von wichtigen Rohstoffgebieten gewann eine Aufnahme der Standort- und Bodenverhältnisse in Frankreich an Bedeutung.[27] Aber auch Heskes Reichsinstitut für ausländische und koloniale Forstwirtschaft in Reinbek war vom Krieg betroffen: Es musste Räume und Gebäude an den Admiralstab der Marine und den Reichskommissar für die Seeschiffahrt abgeben.[28] Kaufmann wollte später

Das von Bomben schwer getroffene Hauptgebäude der Hansischen Universität Hamburg. Im Vordergrund das vom Sockel gestürzte Wissmann-Denkmal, 14. April 1945.

den »Führungsstab Nord« in Reinbek einquartieren. Allerdings sollte diese Einquartierung nicht auf Kosten des Reichsinstitutes stattfinden. Kaufmann legte größten Wert darauf, »dass das Reichsinstitut ohne jede weitere Einschränkung unberührt bleibe«.[29]

Noch im Februar 1944 sollten mit Unterstützung des Reichsforschungsrats die im französischen Kolonialministerium aufbewahrten Akten zur Ausbildung der französischen Kolonialbeamten ausgewertet werden. Dabei handelte es sich, so Professor Friedrich Schack vom Institut für Kolonialrecht der Hamburger Universität, um eine »kriegswichtige Arbeit«. Die zurzeit in Paris einzusehenden Akten seien »Beute-Akten«, die später nicht mehr zur Verfügung stünden.[30] Die Kolonialwissenschaftliche Abteilung des Reichsforschungsrats legte erst im August 1944 ihren Bewilligungsapparat still. Die Betreuung der wirklich kriegswichtigen Arbeiten wurde von anderen Sparten übernommen. Trotzig erklärte ihr bereits zur Wehrmacht eingezogener Leiter: »Wir kommen um diesen Kriegsbeitrag nicht herum und wollen es auch nicht.«[31]

Auch die in den Ostgebieten eingesetzten Kolonialfirmen verteidigten ihre Positionen hartnäckig bis zum Ende. Ein hamburgischer Lagebericht vom Mai 1944 vermeldete den Rückzug der Firmen aus Teilen des »Generalgouvernements« und Galizien. Die Lagerbestände konnten nach Westen verbracht und sollten zunächst nicht verwertet werden, weil man auf eine erneute Betätigung im Osten hoffte.[32] Stolz konnte die Deutsch-Westafrikanische Handelsgesellschaft mitteilen, der verantwortliche Leiter ihrer Niederlassung im »Generalgouvernement« sei der

Das sichtbare Zeichen für das endgültige Ende der kolonialen Träume: der zerstörte Berliner Marstall, hier eine Nachkriegsaufnahme von 1951.

letzte »Reichsdeutsche« gewesen, der Ostrowiec verlassen hatte: »Erst als die Russen in Sichtweite nähergerückt waren, konnte er sich entschließen den letzten Wagen zu besteigen.«[33] Die Firma übernahm sogar auf Veranlassung der vorgesetzten Behörde mit Starachovice noch einen neuen Kreis im »Generalgouvernement«, »weil die dort bis zur Räumung tätig gewesene Firma sich als nicht genügend aktiv in frontnahem Raum erwiesen haben soll«.[34]

Besonders uneinsichtig zeigten sich Teile der Marineführung. So entwickelte Generaladmiral Alfred Saalwächter noch im Winter 1944/45 einen Katalog zu »Raumerweiterungs- und Stützpunktfragen«, der nahtlos an die Forderungen des Sommers 1940 anknüpfte.[35] Aber zu diesem Zeitpunkt war längst aufräumen angesagt. Der Staatssekretär im Auswärtigen Amt stimmte am 1. Februar 1945 der Vernichtung der Akten des KPA zu. So sollten am 26. Februar in der Ausweichstelle Neuerebbin »alle irgendwie bedenklichen Akten, insbesondere auch die Akten mit den politischen Plänen und Vorschlägen, die Rassengesetzgebung und alle Akten, die andere Menschen, die mit uns zusammengearbeitet haben, irgendwie belasten könnten«, verbrannt werden.[36] Bei einem »Terrorangriff« am 3. Februar 1945 auf Berlin wurde der Teil des Marstalls, in dem die Restverwaltung des KPA untergebracht war, vollständig zerstört und brannte aus – ein auch nach außen hin sichtbares Zeichen für das Ende der deutschen kolonialen Ambitionen.[37]

Der Weg in die Nachkriegszeit

Eine der zentralen Figuren der NS-Kolonialplanungen, Kurt Weigelt, blieb seinen Vorstellungen auch in der Nachkriegszeit treu. Im März 1949 fertigte er im Auftrag des deutschen Beraters für den Marshallplan eine Denkschrift an, die als deutscher Beitrag für den Truman-Plan hinsichtlich der afrikanischen Wirtschaftsgebiete eingereicht werden sollte. Hintergrund waren die Bemühungen der westlichen Alliierten, überseeische Gebiete zu entwickeln und dabei auch auf deutsche Erfahrungen zurückzugreifen.[38] Weigelt ging in seinem Exposé davon aus, dass der Raum zwischen Sahara und Sambesi durch Kapitalinvestitionen wirtschaftlich gefördert werden sollte. Für die dafür notwendigen Untersuchungen müssten Männer – und er meinte nicht zuletzt sich selbst – mit kolonialer Erfahrung herangezogen werden. Als größtes Hemmnis für einen wirtschaftlichen Aufschwung machte er die geringe Bevölkerungszahl in diesen Gebiete aus, deshalb müssten zuerst die Planungen zur Sicherung der Ernährungsbasis forciert werden. Neben den Empfehlungen des International African Institute in London nannte er die Arbeiten der Deko-Gruppe, insbesondere das Sofort-Programm für Ostafrika, als vorbildliche Planungsgrundlagen.[39]

Bei den entsprechenden Herren, den deutschen Marshallplanern und den deutschen Vertretern bei der Organisation für europäische Wirtschaftszusammenarbeit in Paris, fielen Weigelts Vorschläge auf fruchtbaren Boden. Sie zeigten sich stark an den Arbeiten der Deko-Gruppe interessiert, und Weigelt konnte Werbung in eigener Sache betreiben. Die Wiederbelebung der Deko-Gruppe erschien ihm als der geeignete Weg. Die Erfolge der Gruppe seien nicht nur in Deutschland anerkannt gewesen, ihre Arbeiten müssten lediglich hinsichtlich der Einstellung zu den »backward peoples« – wie er die früher als »Eingeborene« bezeichneten Menschen jetzt häufiger nannte – der amerikanischen Mentalität angepasst werden.[40] Aber von diesen geringfügigen Änderungen abgesehen, glaubte Weigelt, die Deko-Programme, inklusive der Mitarbeiter der Gruppe, bruchlos übernehmen zu können. Er ging davon aus, »dass Afrika, jedenfalls das tropische Afrika, in spätestens 20 Jahren bolschewisiert ist, wenn nicht mit ganz anderen Mitteln und einer anderen Colonialpolitik der Eingeborene zu einem Wirtschaftsfaktor entwickelt wird und zu einem Consumenten Europäischer Bedürfnisse gemacht wird«.[41]

Gerade dieses »bolschewistische« Schreckgespenst sollte die Deko-Programme für die Westalliierten attraktiv machen. Aber Weigelt musste erkennen, dass die von ihm anvisierte Auswanderung von 200 000 deutschen Familien nach Afrika bei den westlichen Kolonialstaaten auf strikte Ablehnung stieß.[42] So scheiterten die hochfliegenden wirtschaftlichen Kolonialplanungen der Deko-Gruppe in der Nachkriegszeit ein zweites Mal.

Weigelt konnte, wie die überwiegende Zahl der NS-Kolonialplaner, seine Karriere in der Nachkriegszeit fortsetzen. Er wurde wieder Vorsitzender in diversen Aufsichtsräten, unter anderem bei der Deutschen Lufthansa AG, und erhielt 1954 das Große Bundesverdienstkreuz. Mit Willi Ganssauge arbeitete noch ein anderer kolonialer Wirtschaftsplaner in seiner Firma weiter und brachte es immerhin zum

Nachkriegskarriere: Kurt Weigelt (rechts) zusammen mit Verkehrsminister Hans-Christoph Seebohm und dem Flugkapitän Rudolf Mayr vor einer Lufthansa-Maschine in Frankfurt am Main, 15. August 1956.

Mitglied der hamburgischen Bürgerschaft. Etwas schwerer hatten es da schon die Bürokraten: Harald Bielfeld konnte erst 1951 wieder in das Auswärtige Amt eintreten und leitete die Wirtschaftsabteilung im Generalkonsulat Pretoria. Der durch den Madagaskar-Plan schwer belastete Franz Rademacher floh vor der Strafverfolgung nach Syrien. Der Vordenker einer kolonialen Sozialpolitik, der AwI-Referatsleiter Wilhelm Rothhaupt, nahm seine belletristische Produktion wieder auf. Recht reibungslos verlief der Schritt in die Nachkriegsgesellschaft für die Kolonialwissenschaftler. Richard Thurnwald und Diedrich Westermann arbeiteten als Professoren in Berlin. Franz Heske stand der Bundesforschungsanstalt für Holz- und Forstwirtschaft in Hamburg als Direktor vor. Der damals noch junge Heinz-Dietrich Ortlieb konnte seine kolonialwissenschaftlichen Arbeiten als Sprungbrett nutzen. Er trat nach 1945 wieder in die SPD ein und wurde 1949 Professor an der neu gegründeten Akademie für Gemeinwirtschaft in Hamburg, der heutigen Hochschule für Wirtschaft und Politik, die er lange Jahre leitete. Ab 1964 war er Professor an der Universität Hamburg, von 1964 bis 1978 amtierte er zusätzlich als Direktor des renommierten Hamburgischen Welt-Wirtschafts-Archivs.

Schlussbetrachtung:
Deutschland unter dem Äquator?

»Deutschland unter dem Äquator?« So fragte Anfang 1941 ein Artikel in der SS-Zeitschrift *Das Schwarze Korps*.[1] Wer darunter mehr verstand als eine deutsche Kolonialherrschaft über weite Teile Afrikas, nämlich den Erwerb neuen »Lebensraumes« jenseits der Sahara, der wurde schnell enttäuscht. Denn die Antwort fiel eindeutig aus – nein, eine Massenaussiedlung von Deutschen werde es in den künftigen Kolonien nicht geben. Den meisten Kolonialplanern schwebte ein anderes Modell vor: Es sollten nur wenige Deutsche in die Kolonien gehen und dort lediglich die weiße Führungsschicht bilden. Oder wie es in dem genannten Artikel hieß: »Wir werden in die Kolonien nur so viel deutsche Menschen schicken, wie nötig ist, um sie wirtschaftlich und politisch zu führen.«[2] Unter dem deutschen Kommando sollten afrikanische Arbeiter die Hauptlast bei der geplanten forcierten wirtschaftlichen Ausbeutung tragen. Dafür sollten sie in großem Umfang zur Lohnarbeit mobilisiert werden, ohne sich aus ihren sozialen Strukturen zu lösen und zu »Proletariern« zu werden. Insgesamt sah dieses Modell eine zentral geplante gesamtgesellschaftliche Rationalisierung und eine modernisierte Wirtschaft vor. Gemildert allenfalls durch gewisse paternalistische Züge, strebten die NS-Kolonialplaner ein rigoroses Herrschafts- und Unterordnungsverhältnis an. Sie betrachteten die Kolonien – ganz in der Tradition der deutschen Kolonialpolitik vor dem Ersten Weltkrieg – als »Laboratorien der Moderne«, als ein soziales Experimentierfeld, das frei von Eingrenzungen schien.[3]

Kennzeichnend für die NS-Kolonialplanungen war die starke Beteiligung der in Frage kommenden Wissenschaften, die sich zumindest in der Planmäßigkeit und Systematik von ähnlichen Überlegungen zur Zeit der deutschen Kolonialherrschaft oder der anderer europäischer Kolonialmächte unterschied. Es schlug die »Stunde der Experten« (Michael Burleigh), die mit einer medizinisch-biologisch orientierten Form der Sozialtechnik, des *social engineering,* zur Lösung sozialer Fragen beitragen wollten.[4] Lutz Raphael hat diese Experten zu Recht als »technokratische Sozialplaner und terroristische Sozialordner« bezeichnet.[5] Bei allen Konzepten und Entwürfen schwang eine ungeheure Wissenschafts- und Technikgläubigkeit mit sowie die Überzeugung einer totalen Plan- und Machbarkeit, die auf die in Afrika lebenden Menschen wenig Rücksicht nahm.[6]

Bei der Beantwortung der Frage, warum die Kolonialplanungen nicht in reale Politik umgesetzt wurden, stößt man zunächst unweigerlich auf die Person Hitlers. Er bestimmte in der Außenpolitik – weitaus stärker als in der Innenpolitik – die Richtlinien. Seine Vorstellungen waren fixiert auf die Gewinnung von »Lebens-

Der koloniale Protagonist und sein »Führer«: Epp und Hitler im Gespräch, ca. 1941.

raum« im Osten, nicht im Sinne eines festen Programms, aber als einer Leitlinie, von der er nicht zu grundsätzlichen Alternativen abwich.[7] Er sah in der Kolonialpolitik primär ein taktisches Druckmittel gegen England und ein Lockmittel für einen Teil der alten deutschen Eliten. Die militärische Rückgewinnung der ehemaligen deutschen Kolonien oder gar die Errichtung eines »deutschen Mittelafrika« kam für ihn nur nach einem siegreich beendeten Krieg in Betracht. Da es dazu nicht kam, blieb die Kolonialpolitik im Stadium der Planungen und Vorbereitungen.

Ein zweiter Grund dafür, dass die weit fortgeschrittenen Kolonialplanungen nicht einmal ansatzweise in die Praxis umgesetzt wurden, liegt in der mangelnden Politikfähigkeit der Kolonialplaner. In der stark personalisierten nationalsozialistischen Herrschaftsform, die auf Kabinettssitzungen und ähnliche Instrumente verzichtete, bildeten die persönlichen Beziehungen zu Hitler den Schlüssel für die eigene Machtstellung. Nimmt man Epp als Galionsfigur der Kolonialbewegung, so war seine Position eigentümlich ambivalent. Mit Hitler bereits seit 1919 bekannt und ein früher Förderer Hitlers, schaffte es Epp nicht, in den inneren Kreis um den Diktator zu gelangen. Es gelang ihm nur selten, bei Hitler direkt vorzutragen. In Parteikreisen wurde er zwar zeitweise als künftiger Kolonialminister gehandelt, gleichzeitig aber auch als »Chevalier d'Epp« oder »Baron Depp« verhöhnt.[8] Ohne über eine eigene Hausmacht innerhalb der NSDAP zu verfügen, verlor er zusehends an Einfluss und Ansehen. Insgesamt wurde Epp von Hitler in seinen Funktionen eher instrumentalisiert, ohne es selbst zu bemerken. So vermochte es die deutsche Kolonialbewegung auch aus diesem Grunde – neben Hitlers Priorität für »den Osten« – nicht, ihre Forderungen politisch durchzusetzen. Auf jeden Fall konnte Epp, trotz aller Bemühungen, keine offizielle staatliche Position für sich oder das KPA in diesem Bereich erringen. Damit fehlten legislative und exekutive Vollmachten, wie sie andere »sekundäre Bürokratien« durchaus besaßen.

Rückblickend führte Harald Bielfeld, der Leiter der im Auswärtigen Amt für Kolonialfragen zuständigen Abteilung, das Dilemma der Kolonialplanungen auf die Unentschiedenheit Hitlers in dieser Frage zurück. Weder dem Außenminister noch Epp gegenüber habe sich Hitler je über Umfang und Inhalt des Kolonialanspruchs genauer geäußert. So plante jede Institution für ihr eigenes Ressort.

Die französischen Bevollmächtigten mit General Charles Huntziger (2. von rechts) bei den Waffenstillstandsverhandlungen in Compiégne am 21. Juni 1940.

Bald habe jede oberste Reichsbehörde über ein besonderes Referat verfügt, das sich mit kolonialer Planung befasste. Den wirklichen Umfang der deutschen kolonialen Gebietsforderung habe aber bis zum letzten Tage niemand gekannt.[9] Da der entsprechende »Führerentscheid« fehlte, waren alle Beteiligten darum bemüht, Hitlers Anschauungen zu antizipieren; sie wollten, wie Ian Kershaw es ausgedrückt hat, »dem Führer entgegenarbeiten«.[10]

Bleibt die spekulative Frage, ob es denn – vorausgesetzt, Hitler hätte es entschieden gewollt – angesichts der politischen und militärischen Situation überhaupt die Möglichkeit gegeben hätte, deutschen Kolonialbesitz in Afrika zu erlangen. Wenn ja, dann nur für einen kurzen historischen Augenblick, als nach der Kapitulation Frankreichs Ende Juni 1940 und dem britischen Angriff auf Mers-el-Kebir am 3. Juli sowie dem Wechsel des Tschads, Äquatorialafrikas und Kameruns auf die Seite de Gaulles die Situation in den französischen Kolonien sehr instabil war. Ein enger Mitarbeiter Epps betonte in einer Rückschau auf den Sommer 1940, dass mit Zustimmung und unter Beteiligung der Franzosen ein Vorstoß über Französisch-Nordafrika sogar nach Kamerun und in den Belgischen Kongo möglich gewesen sei.[11]

Ganz abwegig ist das nicht. Es bestand die feste Absicht der Vichy-Regierung, Dakar halten zu wollen. Der französische Oberbefehlshaber in Nordfrankreich, General Charles Huntziger, wollte Klarheit über das Schicksal der französischen Kolonien, Bewegungsfreiheit für Teile der Flotte sowie die Erlaubnis zur Verwendung der nordafrikanischen Verbände.[12] Kein Wunder also, dass in der deutschen Bevölkerung Gerüchte über einen Sonderfrieden mit Frankreich kursierten, der die Kolonialfrage zum Gegenstand haben sollte.[13] Weigelt hielt es für unzweifelhaft, dass die Engländer versuchen würden, die Kolonien zwischen Kamerun und Dakar in ihre Hand zu bringen. Er forderte daher zu beschleunigtem Handeln auf.[14]

Dazu kam es aber nicht. Die verlorene Luftschlacht um England und die daraufhin im September 1940 verschobene Landung auf der Insel sowie die gescheiterten Bemühungen einer antibritischen Koalitionsbildung mit Spanien und Frankreich im Oktober, die auch eine koloniale Neuordnung beinhaltet hätte, entzogen den kolonialen Träumen die kurzfristig existente reale militärische Basis.

In Paris liefen die Besprechungen mit Huntziger trotzdem weiter. Er bezeichnete die »Erhaltung der Integrität unseres Kolonialreichs gegen die Unternehmungen des von England gestützten Rebellengenerals de Gaulle« als »vornehmstes Ziel«. Um die Ausdehnung der Unterstützung für das Freie Frankreich zu verhindern, schlug Huntziger vor, de Gaulle anzugreifen,[15] und plante noch im Dezember 1940 einen Angriff gegen den »abtrünnigen« Tschad.[16] Aber zu diesem Zeitpunkt waren die Würfel bereits gefallen: Am 18. Dezember 1940 gab Hitler die Weisung für den »Fall Barbarossa« aus; damit wurde der deutsche Überfall auf die Sowjetunion vorbereitet, und militärische Optionen für deutsche Kolonien in Afrika rückten in weite Ferne.

Es ist erstaunlich, dass die Planungen – trotz der grundsätzlichen Ostorientierung der hitlerschen Politik und des realen Kriegsverlaufs – mindestens bis 1943 weiterliefen. Erklären lässt sich dieser Umstand nur aus der fehlenden kolonialpolitischen Entscheidung Hitlers, die den notwendigen Spielraum gab. In einem Herrschaftsgefüge, in dem mehr und mehr auf rationale bürokratische Abläufe, später selbst auf Schriftlichkeit verzichtet wurde, bildeten die Äußerungen, manchmal nur Andeutungen Hitlers den Maßstab des eigenen Handelns. Hierbei konnten sich die Kolonialplaner ab 1936 auf deutliche Hinweise berufen, unterlagen aber letztlich einer Fehleinschätzung von Hitlers primären Expansionszielen, was aber nichts an der Ernsthaftigkeit ihrer Bemühungen ändert. Ihre Aktivitäten wurden lange Zeit geduldet, teilweise explizit gefördert. Die kolonialinteressierten Kreise nutzten die gebotenen Freiräume weidlich aus, wie die dargestellten umfangreichen institutionellen und organisatorischen Vorarbeiten hinlänglich dokumentieren.

Insgesamt waren die nationalsozialistischen Kolonialplanungen aber Teil der Kriegsziel- wie der »Neuordnungs«- und Nachkriegsplanungen.[17] Sie waren Ausdruck für das Streben eines Teils der deutschen Eliten nach »Weltgeltung«, für den zweiten »Griff nach der Weltmacht« (Fritz Fischer). Dabei knüpften sie an die traditionellen Expansionsbestrebungen aus der Zeit vor und während des Ersten Weltkriegs an.[18] Die Kolonialplanungen zeigen somit die Kontinuität eines Teils der deutschen Eliten – nicht nur in personeller Hinsicht, sondern vor allem in ihren Auffassungen. Sie enthüllen ihren globalen Machtanspruch und ihr Selbstverständnis, das auf der vermeintlichen Überlegenheit Deutschlands gegenüber allen anderen Mächten basierte. Sichtbar wird dabei eine Mentalität, die ältere Gedankentraditionen bedenkenlos mit der NS-Ideologie und -Politik verknüpfte, um die »koloniale Option« neu formulieren zu können.

Beleg für die Ermutigung der kolonialen Bestrebungen durch Hitlers öffentliche Äußerungen. Werbedia des Reichskolonialbundes, 1937.

Die NS-Planungen passten allerdings in ihrer inhaltlichen Ausprägung in den Trend der Zeit. Auch die meisten europäischen Kolonialmächte bemühten sich spätestens ab den 30er Jahren darum, die soziale und ökonomische Entwicklung der Kolonien voranzutreiben.[19] Die deutschen Kolonialplanungen wichen weniger stark von der damaligen realen Kolonialpolitik der westlichen Mächte ab, als es auf den ersten Blick scheint. Eine vergleichbare Situation führte zu ähnlichen Methoden – auch wenn es sich hier lediglich um eine imaginierte handelte. Das spezifisch Nationalsozialistische an den Planungen war – neben der Betonung der wissenschaftlichen Fundierung und des weitgreifenden Anspruchs auf große Teile Afrikas – vor allem ihr offener und systematischer Rassismus, der kulturelle Differenz ausschließlich als eine Funktion des »rassisch-biologischen« Unterschieds interpretierte und zur Grundlage der sozialen Ordnung werden sollte.

Darüber hinaus liefen die NS-Kolonialplanungen in weltgeschichtlicher Perspektive gegen die sich deutlich abzeichnenden Unabhängigkeitsbestrebungen an. Dieses Schicksal teilten sie jedoch mit den zeitgleich ergriffenen staatlichen Maßnahmen der westlichen Kolonialmächte. Auch sie waren angesichts des beginnenden Dekolonisationsprozesses zum Scheitern verurteilt.[20]

Anhang

Anmerkungen

Vorgeschichte: Deutscher Kolonialismus mit und ohne Kolonien (S. 12–25)

1 Über die Nachwirkungen der deutschen Kolonialherrschaft gibt es in letzter Zeit eine rege Debatte. Vgl. zum Beispiel Kundrus, Birthe (Hg.): Phantasiereiche. Zur Kulturgeschichte des deutschen Kolonialismus. Frankfurt a. M. 2003; Van Laak, Dirk: Imperiale Infrastruktur. Deutsche Planungen für eine Erschließung Afrikas 1880 bis 1960. Paderborn 2004; Eckert, Andreas/Wirz, Albert: Wir nicht, die Anderen auch. Deutschland und der Kolonialismus. In: Conrad, Sebastian/Randeria, Shalini (Hg.): Jenseits des Eurozentrismus. Postkoloniale Perspektiven in den Geschichts- und Kulturwissenschaften. Frankfurt a. M./New York 2002, S. 372–392. Besonders in den Fokus geraten ist die Frage des Zusammenhangs zwischen dem Vernichtungskrieg gegen die Herero und dem Holocaust. Vgl. z. B. Zimmerer, Jürgen: Holocaust und Kolonialismus. Beitrag zu einer Archäologie des genozidalen Gedankens. In: Zeitschrift für Geschichtswissenschaft 51 (2003) 12, S. 1098–1119; Grosse, Pascal: What Does German Colonialism Have to Do with National Socialism? A Conceptual Framework. In: Ames, Eric/Klotz, Marcia/Wildenthal, Lora (Ed.): Germany's Colonial Pasts. Lincoln/London 2005, S. 115–134; Kundrus, Birthe: Kontinuitäten, Parallelen, Rezeptionen. Überlegungen zur »Kolonialisierung« des Nationalsozialismus. In: WerkstattGeschichte 43/2006, S. 45–62.
2 Gründer, Horst: Geschichte der deutschen Kolonien. 2. Aufl., Paderborn u. a. 1991, S. 25 ff.
3 Van Laak, Dirk: Über alles in der Welt. Deutscher Imperialismus im 19. und 20. Jahrhundert. München 2005, S. 70.
4 Speitkamp, Winfried: Deutsche Kolonialgeschichte. Stuttgart 2005, S. 26 ff.; Gründer: Geschichte, S. 85 ff.
5 Ebd., S. 44 ff. und S. 79 ff.; Graichen, Gisela/Gründer, Horst: Deutsche Kolonien. Traum und Trauma. Berlin 2007 (TB-Ausgabe – zuerst 2005), S. 75.
6 Fesser, Gerd: Der Traum vom »Platz an der Sonne«. In: Van der Heyden, Ulrich/Zeller, Joachim (Hg.): »… Macht und Anteil an der Weltherrschaft«. Berlin und der deutsche Kolonialismus. Münster 2005, S. 11–13.
7 Van Laak: Infrastruktur, S. 130 ff.
8 Speitkamp: Kolonialgeschichte, S. 123 ff.; Van Laak: Welt, S. 85; Zimmerer, Jürgen/Zeller, Joachim (Hg.): Völkermord in Deutsch-Südwestafrika. Der Kolonialkrieg (1904–1908) in Namibia und seine Folgen, Berlin 2003; Becker, Felicitas/Beez, Jigal (Hg.): Der Maji-Maji-Krieg in Deutsch-Ostafrika, 1905–1907. Berlin 2005; Van der Heyden, Ulrich: Die »Hottentottenwahlen« von 1907, in: Zimmerer/Zeller: Völkermord, S. 97–102.
9 Tschapek, Rolf Peter: Bausteine eines zukünftigen deutschen Mittelafrika. Deutscher Imperialismus und die portugiesischen Kolonien. Stuttgart 2000; Neitzel, Sönke: »Mittelafrika«. Zum Stellenwert eines Schlagwortes in der deutschen Weltpolitik des Hochimperialismus. In: Elz, Wolfgang/Neitzel, Sönke (Hg.): Internationale Beziehungen im 19. und 20. Jahrhundert. Paderborn u. a. 2003, S. 83–103.
10 Wedi-Pascha, Beatrix: Die deutsche Mittelafrika-Politik 1871–1914. Pfaffenweiler 1992, S. 246.
11 Schinzinger, Francesca: Die Kolonien und das Deutsche Reich. Die wirtschaftliche Bedeutung der deutschen Besitzungen in Übersee. Stuttgart 1984; Gründer, Horst: Imperialismus und deutscher Kolonialismus in Afrika. In: Förster, Larissa/Henrichsen, Dag/Bollig, Michael (Hg.): Namibia – Deutschland. Eine geteilte Geschichte. Widerstand – Gewalt – Erinnerung. Berlin 2004, S. 26–43;

Bade, Klaus J.: Die deutsche Kolonialexpansion in Afrika: Ausgangssituation und Ergebnis. In: ders./Brötel, Dieter: Europa und die Dritte Welt. Kolonialismus – Gegenwartsprobleme – Zukunftsperspektiven. Hannover 1992, S. 26–64, hier S. 51 ff.

12 Zu den Kolonialzielen im Ersten Weltkrieg vgl. insbesondere Fischer, Fritz: Griff nach der Weltmacht. Die Kriegszielpolitik des kaiserlichen Deutschland 1914/18. Königstein/Ts. 1979 (zuerst Düsseldorf 1961), S. 516 ff.; Esche, Jan: Koloniales Anspruchdenken in Deutschland im Ersten Weltkrieg, während der Versailler Friedensverhandlungen und in der Weimarer Republik (1914 bis 1933). Diss., Hamburg 1989, S. 37 ff.

13 Ebd. S. 48 f.; Fischer, Fritz: Krieg der Illusionen. Die deutsche Politik von 1911–1914. Kronberg/Ts. 1970, S. 765; ders.: Griff, S. 92.

14 Vgl. Opitz, Reinhard (Hg.): Europastrategien des deutschen Kapitals 1900–1945. Bonn 1994, S. 257 f.; Esche: Anspruchdenken, S. 40.

15 Vgl. allgemein zum Krieg in den Kolonien Cornelißen, Christoph: Europäische Kolonialherrschaft im Ersten Weltkrieg. In: Kruse, Wolfgang (Hg.): Eine Welt von Feinden. Der Große Krieg 1914–1918. Frankfurt a. M. 1997, S. 43–54; Petter, Wolfgang: Der Kampf um die deutschen Kolonien. In: Michalka, Wolfgang (Hg.): Der Erste Weltkrieg. Wirkung – Wahrnehmung – Analyse. München 1994, S. 392–411; Stoecker, Helmuth: Der erste Weltkrieg. In: ders. (Hg.): Drang nach Afrika. Die koloniale Expansionspolitik und Herrschaft des deutschen Imperialismus in Afrika von den Anfängen bis zum Ende des zweiten Weltkrieges. Berlin (Ost) 1977, S. 221–242.

16 Ebd., S. 50; Stoecker: Weltkrieg, S. 237.

17 Zit. nach: Fischer: Griff, S. 517.

18 Rüger, Adolf: Das Streben nach kolonialer Restitution in den ersten Nachkriegsjahren. In: Stoecker, Drang, S. 262–283, hier S. 263 ff.

19 Zeller, Joachim: Das Ende der deutschen Kolonialgeschichte – Der Einzug Lettow-Vorbecks und seiner »Heldenschar« in Berlin. In: Van der Heyden, Ulrich/Zeller, Joachim (Hg.): Kolonialmetropole Berlin. Eine Spurensuche. Berlin 2002, S. 229–232; kritisch zum Mythos Lettow-Vorbeck vgl. Schulte-Varendorff, Uwe: Kolonialheld für Kaiser und Führer. General Lettow-Vorbeck. Berlin 2006; Michels, Eckart: Deutschlands bekanntester »Kolonialheld« und seine »Askari«. Paul von Lettow-Vorbeck und der Feldzug in Ostafrika im Ersten Weltkrieg. In: Revue d'Allemagne et des pays de langue allemande 38 (2006) 4, S. 541–554.

20 Zit. nach: Jacob, Ernst Gerhard: Der Kampf gegen die koloniale Schuldlüge. Hamburg 1938, hier S. 23 ff.; Esche: Anspruchdenken, S. 81 ff.

21 Klotz, Marcia: The Weimar Republic. A Postcolonial State in a Still-Colonial World. In: Ames, Eric/Klotz, Marcia/Wildenthal, Lora (Hg.): Germany's Colonial Pasts. Lincoln/London 2005, S. 135–147, hier S. 141 ff.

22 Van Laak, Dirk: »Ist je eine Reich, das es nicht gab, so gut verwaltet worden?« Der imaginäre Ausbau der imperialen Infrastruktur in Deutschland nach 1918. In: Kundrus (Hg.): Phantasiereiche, S. 71–90, hier S. 71 ff.; Schubert, Michael: Der schwarze Fremde. Das Bild des Schwarzafrikaners in der parlamentarischen und publizistischen Kolonialdiskussion in Deutschland von den 1870er bis in die 1930er Jahre. Stuttgart 2003, S. 310 ff.

23 Esche: Anspruchdenken, S. 115 ff.; Schnee, Heinrich: Die koloniale Schuldlüge. München 1924.

24 Vgl. allgemein zu Afrikanern in Deutschland vor dem Ersten Weltkrieg Martin, Peter: Schwarze Teufel, edle Mohren. Afrikaner in Geschichte und Bewusstsein der Deutschen. Hamburg 2001.

25 Martin, Peter: Die Kampagne gegen die »Schwarze Schmach« als Ausdruck konservativer Visionen vom Untergang des Abendlandes. In: Höpp, Gerhard (Hg.): Fremde Erfahrungen. Asiaten und Afrikaner in Deutschland, Österreich und in der Schweiz bis 1945. Berlin 1996, S. 211–224, hier S. 221 f., Anm. 1. Vgl. insgesamt ders. »Schwarze Pest«. Traditionen einer Diffamierung. In: Mittelweg 36. Zeitschrift des Hamburger Instituts für Sozialforschung 4 (1995) 3, S. 69–81; Wigger, Iris: Die »Schwarze Schmach am Rhein«. Rassistische Diskriminierung zwischen Geschlecht, Klasse, Nation und Rasse. Münster 2007; Maß, Sandra: Weiße Helden, schwarze Krieger. Zur Geschichte kolonialer Männlichkeit in Deutschland 1918–1964. Köln/Weimar/Wien 2006, S. 71 ff.

26 Lebzelter, Gisela: Die »Schwarze Schmach«. Vorurteile – Propaganda – Mythos. In: Geschichte und Gesellschaft 11 (1985) 1, S. 37–58, hier S. 39 ff.

27 Wigger: Schmach, S. 13; Lebzelter: Schmach, S. 44 ff.

28 Martin: Kampagne, S. 211 f.

29 Lotz, Rainer E.: Schwarze Entertainer in der Weimarer Republik. In: Martin, Peter/Alonzo, Christine (Hg.): Zwischen Charleston und Stechschritt. Schwarze im Nationalsozialismus. Hamburg/München 2004, S. 255–261; Nagl, Tobias: »... und lass mich filmen und tanzen bloß um mein

Brot zu verdienen«: Schwarze Komparsen und Kinoöffentlichkeit in der Weimarer Republik. In: Bechhaus-Gerst, Marianne/Klein-Arendt, Reinhard (Hg.): AfrikanerInnen in Deutschland und schwarze Deutsche – Geschichte und Gegenwart, Münster 2004, S. 139–154.

30 Möhle, Heiko: Betreuung, Erfassung, Kontrolle – Die »Deutsche Gesellschaft für Eingeborenenkunde«. In: Van der Heyden/Zeller (Hg.): Kolonialmetropole, S. 243–251, hier S. 245 f.

31 Möhle, Heiko: »... wird man bemüht sein, ihnen die Rückkehr zu erleichtern.« Deutsche Afrikaner, Auswärtiges Amt und die »Deutsche Gesellschaft für Eingeborenenkunde« in der Weimarer Republik. In: Martin/Alonzo (Hg.): Charleston, S. 58–66; ders.: Betreuung, Erfassung, Kontrolle. Afrikaner aus den deutschen Kolonien und die »Deutsche Gesellschaft für Eingeborenenkunde« in der Weimarer Republik. In: Bechhaus-Gerst, Marianne/Klein-Arendt, Reinhard (Hg.): Die (koloniale) Begegnung. AfrikanerInnen in Deutschland 1880–1945 – Deutsche in Afrika 1880–1918. Frankfurt a. M. u. a. 2003, S. 225–236, hier S. 228 ff.; Bechhaus-Gerst, Marianne: Treu bis in den Tod. Von Deutsch-Ostafrika nach Sachsenhausen – Eine Lebensgeschichte. Berlin 2007, S. 53 ff.; Schulte-Varendorff: Kolonialheld, S. 99 f.

32 Rogowski, Christian: »Heraus mit unseren Kolonien!« Der Kolonialrevisionismus der Weimarer Republik und die »Hamburger Kolonialwoche« von 1926. In: Kundrus (Hg.): Phantasiereiche, S. 243–262, hier S. 244 ff.; Nöhre, Joachim: Das Selbstverständnis der Weimarer Kolonialbewegung im Spiegel ihrer Zeitschriftenliteratur. Münster 1998, S. 33 ff.; Metzger, Chantal: D'une puissance colonial à un pays sans colonies: l'Allemagne et la question coloniale (1914–1945). In: Revue d'Allemagne et des Pays de Langue Allemande 38 (2006) 4, S. 555–569.

33 Nöhre: Selbstverständnis, S. 39 ff.; Pogge von Strandmann, Hartmut: »Deutsches Land in fremder Hand« – Der Kolonialrevisionismus. In: Van der Heyden/Zeller (Hg.): Kolonialmetropole, S. 232–239, hier S. 233 ff.; Zeller, Joachim: »Stätte des deutschen kolonialen Wollens« – Das Afrika-Haus der Deutschen Kolonialgesellschaft (DKG). In: Ebd., S. 45–50, hier S. 46 ff.; Hartwig, Edgar: Deutsche Kolonialgesellschaft (DKG) 1887–1936. In: Fricke, Dieter (Hg.): Lexikon zur Parteiengeschichte. Die bürgerlichen und kleinbürgerlichen Parteien und Verbände in Deutschland (1789–1945), Bd. 1. Köln 1983, S. 724–748.

34 Weißbecker, Manfred: Koloniale Reichsarbeitsgemeinschaft (Korag) 1922–1936. In: Ebd., Bd. 3. Köln 1985, S. 268–273 (Zitat S. 269).

35 Soll Deutschland Kolonialpolitik treiben? Eine Umfrage. In: Europäische Gespräche 5 (1927) 12, S. 609–676, hier S. 609 f.

36 Ebd., S. 616 f.

37 Zeller, Joachim: Kolonialdenkmäler und Geschichtsbewußtsein. Eine Untersuchung der kolonialdeutschen Erinnerungskultur, Frankfurt a. M. 1999, S. 141 ff.

38 Gümbel, Annette: »Volk ohne Raum«. Der Schriftsteller Hans Grimm zwischen nationalkonservativem Denken und völkischer Ideologie. Darmstadt/Marburg 2003, S. 172 ff.; Smith, Woodruff: The Colonial Novel as Political Propaganda: Hans Grimm's Volk ohne Raum. In: German Studies Review 6 (1983) 2, S. 215–235; Warmbold, Joachim: Germania in Africa. Germany's Colonial Literature. New York u. a. 1988, S. 121 ff.

39 Jacob, Ernst Gerhard (Hg.): Kolonialpolitisches Quellenheft. Die deutsche Kolonialfrage 1918–1935. Bamberg 1935, S. 49 ff. und S. 157 ff.

40 Nöhre: Selbstverständnis, S. 28 ff.

41 Esche: Anspruchdenken, S. 200 ff.; Ruppenthal, Jens: Die Kolonialabteilung im Auswärtigen Amt der Weimarer Republik. In: Van der Heyden/Zeller (Hg.): Macht, S. 22–28.

42 Pogge von Strandmann, Hartmut: Deutscher Imperialismus nach 1918. In: Stegmann, Dirk/Wendt, Bernd-Jürgen/Witt, Peter-Christian (Hg.): Deutscher Konservatismus im 19. und 20. Jahrhundert. Bonn 1983, S. 281–293, hier S. 281 ff.

43 Esche: Anspruchdenken, S. 110 ff.

44 Nöhre: Selbstverständnis, S. 62 ff.

45 Ebd., S. 79 ff.

46 Duems, Erich: Die Deutsche Kolonialgesellschaft seit Versailles (1919–1932). In: Fünfzig Jahre Deutsche Kolonialgesellschaft 1882–1932. Berlin 1932, S. 59–115, hier S. 77 ff.

47 Zit. nach: Rüger, Adolf: Der Kolonialrevisionismus der Weimarer Republik. In: Stoecker: Drang, S. 243–279, hier S. 270.

48 Zit. nach: Hartwig: Kolonialgesellschaft, S. 743.

49 Zit. nach: Duems: Kolonialgesellschaft, S. 112 f.

50 Nöhre: Selbstverständnis, S. 141 ff.; Hildebrand, Klaus: Vom Reich zum Weltreich. Hitler, NSDAP und koloniale Frage 1919–1945. München 1969, S. 89 ff.

Die Zeit der Weichenstellung: 1933 bis 1936 (S. 26–45)

1 Zit. nach: Jacob, Ernst Gerhard (Hg.): Kolonialpolitisches Quellenheft. Die deutsche Kolonialfrage 1918–1935. Bamberg 1935, S. 65 f.
2 Unser Kampf. In: Der Koloniale Kampf. Mitteilungen der Deutschen Kolonialgesellschaft 6 (1933) 4 vom 15. 4. 1933, S. 1.
3 Browersox, Jeff: »Neuer Lebensraum in unseren Kolonien«. Die Berliner Kolonialausstellung von 1933. In: Van der Heyden, Ulrich/Zeller, Joachim (Hg.): »Macht und Anteil an der Weltherrschaft«. Berlin und der deutsche Kolonialismus. Münster 2005, S. 177–183.
4 BAB, R 8023/710, Bl. 1–5, hier Bl. 2, Bericht über die Sitzung des Hauptausschusses der DKG am 5. 5. 1933; Die Deutsche Kolonialgesellschaft im Jahre 1933, Jahresbericht. Berlin 1934, S. 4.
5 Verfügung von Reichsjugendführer Baldur von Schirach auf Grund der Vereinbarung mit von Epp vom 28. Juni 1933, zit. nach: Jacob (Hg.): Quellenheft, S. 110.
6 Zusammenschluß in der Kolonialbewegung. In: Der Koloniale Kampf. Mitteilungen der Deutschen Kolonialgesellschaft 6 (1933) 6, S. 1. Vgl. allgemein dazu Weißbecker, Manfred: Koloniale Reichsarbeitsgemeinschaft (Korag) 1922–1936. In: Fricke, Dieter (Hg.): Lexikon zur Parteiengeschichte. Die bürgerlichen und kleinbürgerlichen Parteien und Verbände in Deutschland (1789–1945), Bd. 3. Köln 1985, S. 268–273.
7 Hartwig, Edgar: Deutsche Kolonialgesellschaft (DKG) 1887–1936. In: Ebd., Bd. 1. Köln 1983, S. 724–748, hier S. 744.
8 BAB, NS 10/30, Bl. 163–168, »Deutschlands Gleichberechtigung und die Kolonialfrage« von Heinrich Schnee vom 20. 3. 1935.
9 Brief des Chefs der Reichskanzlei, Dr. Lammers, an den Leiter des KPA, General Ritter von Epp, vom 25. 11. 1935, zit. nach: Kühne, Horst: Faschistische Kolonialideologie und zweiter Weltkrieg. Berlin (Ost) 1962, S. 186.
10 Hildebrand, Klaus: Vom Reich zum Weltreich. NSDAP und koloniale Frage 1919–1945. München 1969, S. 465 ff. und S. 485 f.
11 Zeller, Joachim: »Stätte des deutschen kolonialen Wollens« – Das Afrika-Haus der Deutschen Kolonialgesellschaft (DKG). In: Van der Heyden, Ulrich/Zeller, Joachim (Hg.): Kolonialmetropole Berlin. Eine Spurensuche. Berlin 2002, S. 45–50, hier S. 48.
12 Kühne: Kolonialideologie, S. 180 f.; Die koloniale Idee stirbt nie! In: Der Koloniale Kampf. Mitteilungen der Deutschen Kolonialgesellschaft 9 (1936) 6, S. 1.
13 Aufgehen der Deutschen Kolonialgesellschaft in einem einheitlichen Reichskolonialbund. In: Deutsche Kolonial-Zeitung 48 (1936) 7 vom 1. 7. 1936, S. 167 f., hier S. 168; Aufruf von Epp vom 1. 8. 1936. In: Ebd., 48 (1936) 8, S. 195.
14 BAB R 187/212, Schreiben des Geheimen Staatspolizeiamtes Darmstadt an die Staatspolizeistellen, Kreisämter und Polizeiämter vom 19. 9. 1936.
15 Bericht Nr. 10 vom Oktober 1936. In: Deutschland-Berichte der Sozialdemokratischen Partei Deutschlands (Sopade) 1934–1940, Dritter Jahrgang 1936. Salzhausen 1980 (Reprint), S. 1260 ff.
16 Eintrag vom 22. 10. 1936. In: Reuth, Ralf Georg (Hg.): Joseph Goebbels. Tagbücher 1924–1945, Band 3: 1935–1939. München 1992, S. 996.
17 BAB, NS 6/216, Bl. 78, Verordnungsblatt der Reichsleitung der NSDAP, 2. Jg., Folge 71, Mitte Mai 1934. Vgl. allgemein dazu Sippel, Harald: Kolonialverwaltung ohne Kolonien – Das Kolonialpolitische Amt der NSDAP und das geplante Reichskolonialministerium. In: Van der Heyden/Zeller (Hg.): Kolonialmetropole, S. 256–261.
18 Wächter, Katja-Maria: Die Macht der Ohnmacht. Leben und Politik des Franz Xaver Ritter von Epp (1868–1946). Frankfurt a. M. 1999, S. 203 ff.
19 Sippel: Kolonialverwaltung.
20 BA-MA, RW 19, Anhang I/1538, Denkschrift des KPA (Weigelt) »Die Rohstofferzeugung der deutschen Kolonialgebiete« (Dezember 1935 – Neuauflage 1939).
21 BAB, R 8119 F/P 24534, Bl. 48–60 (Zitate Bl. 56 und Bl. 59), Vortrag Dr. Weigelts im Kreise der Hamburger Handelskammer und des Vorstandes des Afrika-Vereins Hamburg-Bremen, am 26. 2. 1936.
22 HK HH, 84/A.4.14., Bl. 40–46, Protokoll über die Kolonialsitzung in der IHK Hamburg am 26. 2. 1936.
23 BAB, NS 22/733, Rundschreiben des Leiters der Berliner Verbindungsstelle des KPA, Bauszus vom 17. 3. 1936; BAK, N 1221/396, Schreiben des KPA an die Schriftleitung der Zeitschrift »Die Hilfe« vom 31. 3. 1936.

24 1. kolonialpolitischer Lehrgang. In: Der Koloniale Kampf. Mitteilungen der Deutschen Kolonialgesellschaft 9 (1936) 10 vom 17. 9. 1936, S. 7.
25 BAB, R 8119 F/P 6271, Bl. 50–51, Abschrift der Anordnung des Reichswirtschaftsministers über die Anerkennung der Deko-Gruppe vom 28. 7. 1936; Eichholtz, Dietrich: Ausbeutung im »Großwirtschaftsraum«. Institutionen und Praxis der deutschen Wirtschaftspolitik im besetzten Europa. In: Röhr, Werner/Berlekamp, Brigitte (Hg.): »Neuordnung Europas«. Vorträge vor der Berliner Gesellschaft für Faschismus- und Weltkriegsforschung 1992–1996. Berlin 1996, S. 59–86, hier S. 60. Vgl. insgesamt dazu Linne, Karsten: Afrika als »wirtschaftlicher Ergänzungsraum«: Kurt Weigelt und die kolonialwirtschaftlichen Planungen im »Dritten Reich«. In: Jahrbuch für Wirtschaftsgeschichte (2006) 2, S. 141–162.
26 BAB, R 8119 F/P 6271, Bl. 178–185, Kopie eines Schreibens der Deko-Gruppe, Weigelt, an die RWK, vom 9. 8. 1937.
27 BAB, R 3101/10314, Bl. 114–153 (Zitat Bl. 132), Protokoll der 5. Tagung der Reichsarbeitskammer am 24. 11. 1936 (Referat von Weigelt: »Die Rohstoffvorkommen in den ehemaligen deutschen Kolonien«, Bl. 116–134).
28 Ebd., Bl. 147–149, Entwurf eines Schreibens der Deko-Gruppe, Weigelt, an den Präsidenten des Werberates der Deutschen Wirtschaft, Reichert, vom Juli 1937.
29 Van Laak, Dirk: Imperiale Infrastruktur. Deutsche Planungen für eine Erschließung Afrikas 1880 bis 1960. Paderborn 2004, S. 130 f.
30 BAB, R 2301/6840, Bl. 2–20, Prüfungsbericht des Rechnungshofes des Deutschen Reiches über die Deutsche Kolonialschule GmbH Witzenhausen vom 1. 4. 1935. Vgl. allgemein zur Deutschen Kolonialschule Böhlke, Jens: Zur Geschichte der Deutschen Kolonialschule in Witzenhausen. Aspekte ihres Entstehens und Wirkens. Witzenhausen 1995; Baum, Eckhard: Daheim und überm Meer. Von der Deutschen Kolonialschule zum Deutschen Institut für Tropische und Subtropische Landwirtschaft in Witzenhausen. Witzenhausen 1997.
31 Koch, Carl W.: Die Deutsche Kolonialschule. In: Deutsche Kolonialzeitung 48 (1936) 1, S. 10 f. (Zitat S. 11).
32 Die Deutsche Kolonialschule in Witzenhausen. In: Der Deutsche im Auslande 24 (1936) 21, S. 528 f.; Koch, Carl W.: Die Deutsche Kolonialschule in Witzenhausen (Werra). In: Deutsche Kolonialzeitung 49 (1937) 2, S. 48 f.
33 Der »Staatlich geprüfte Koloniallandwirt«. In: Deutscher Lebensraum 7 (1940) 19, S. 317 f.; BAB, R 2501/3155, Bl. 159; Staatlich geprüfter Koloniallandwirt, in: Deutsche Bergwerks-Zeitung vom 3. 10. 1940.
34 StaA HH, 361–2 VI, Oberschulbehörde VI, Nr. F XXI b 11, Bl. 3–5, Lehr- und Anstaltsplan der Deutschen Kolonialschule Witzenhausen vom August 1940.
35 Ebd., Bl. 25, Besuch in der Deutschen Kolonialschule. In: Hamburger Fremdenblatt vom 9. 11. 1940; BAB, R 2/4978, Bl. 4–6, Vermerk aus dem Reichsfinanzministerium, ORR Gündel, über eine Besichtigung der Kolonialschule Witzenhausen am 12. 11. 1940.
36 Wolff, Peter: 85 Jahre tropenlandwirtschaftliche Ausbildung in Witzenhausen, in: ders. (Hg.): Witzenhausen – 85 Jahre im Dienste der Agrarentwicklung in den Tropen und Subtropen, Witzenhausen 1983, S. 7–113, hier S. 31; Baum: Daheim, S. 177 f.
37 BAB, R 2301/6857, S. 2–32 (hier S. 2 f.), Bericht über die Prüfung der Kolonialen Frauenschule Rendsburg durch den Rechnungshof des Deutschen Reiches vom August 1934.
38 Rautenberg, Hulda: Zur Geschichte der Kolonialen Frauenschule Rendsburg. Wentorf 1977; dies./Rommel, Mechtild: Die Koloniale Frauenschule in Rendsburg 1926–1945. In: Die Kolonialen Frauenschulen von 1908–1945. Kassel 1983, S. 29–87.
39 BAB, R 1501/27215, Bl. 69–74, hier Bl. 70, Schreiben von ORR König, RMWEV, an ORR Lichter, Reichsministerium des Innern, vom 16. 4. 1943 (im Anhang Entwurf »Grundbestimmungen für die Koloniale Frauenschule Rendsburg« von Dr. Körner).
40 BAB, R 2301/6857, Bl. 2–32, hier Bl. 13, Bericht über die Prüfung der Kolonialen Frauenschule Rendsburg durch den Rechnungshof des Deutschen Reiches, vom August 1934.
41 Koloniale Frauenschule Rendsburg. In: Deutsche Kolonialzeitung 49 (1937) 3, S. 78–80, hier S. 80.
42 Körner, Karl: Die Koloniale Frauenschule in Rendsburg. In: Deutsche Lehrerinnenzeitung 51 (1934) 1, S. 6–8; StaA HH, 361–2 VI, Oberschulbehörde VI, Nr. F XXI b 11, Vortrag von Direktor Körner: Die koloniale Frauenschule Rendsburg auf dem 8. Volta-Kongreß vom 4.–1. 10. 1938 in Rom; Mitteilungsblatt der Kolonialen Frauenschule Rendsburg, Ende Juni 1940, unpag.; BAB, R 2301/6857, Bl. 2–32, hier Bl. 4, Bericht über die Prüfung der Kolonialen Frauenschule Rendsburg durch den Rechnungshof des Deutschen Reiches, vom August 1934.

43 Koloniale Frauenschule Rendsburg. In: Deutsche Kolonialzeitung 49 (1937) 3, S. 78–80, hier S. 80.
44 Siegle, Dorothea: »Trägerinnen echten Deutschtums«. Das Frauenbild an der Kolonialen Frauenschule Rendsburg (1927–1945), Magisterarbeit, Hamburg 2002, S. 118 ff.
45 Rautenberg/Rommel: Frauenschule, S. 75.
46 Mitteilungsblatt der Kolonialen Frauenschule Rendsburg, Mitte Januar 1940, unpag.
47 Harvey, Elizabeth: Women and the Nazi East. Agents and Witnesses of Germanization. New Haven/London 2003, S. 109.
48 BAB, R 1501/27215, Bl. 115–121, Schreiben des Leiters der KFS, Körner, an den Reichsminister des Innern vom 16. 2. 1944.
49 Ebd., Bl. 127 f., Vermerk aus dem RdI vom 6. 4. 1944; Siegle: Trägerinnen, S. 127.
50 Rautenberg/Rommel: Frauenschule, S. 77 f.
51 Siegle: Trägerinnen, S. 200.
52 Esche, Jan: Koloniales Anspruchdenken in Deutschland im Ersten Weltkrieg, während der Versailler Friedensverhandlungen und in der Weimarer Republik (1914 bis 1933). Diss., Hamburg 1989, S. 259 ff.; Das Auswärtige Amt an den Reichsminister der Finanzen Luther vom 17. 7. 1924. In: Akten zur deutschen Auswärtigen Politik, Serie A, Bd. X. Göttingen 1992, Dok. 211, S. 529–531 (Zitat S. 530); Der Reichsminister des Auswärtigen an den Reichsminister der Finanzen vom 6. 5. 1926. In: Akten zur deutschen Auswärtigen Politik, Serie B, Bd. I,1. Göttingen 1966, Dok. 211, S. 498–501; Wilke, Kerstin: »Die deutsche Banane.« Wirtschafts- und Kulturgeschichte der Banane im Deutschen Reich 1900–1939. Phil. Diss., Hannover 2004, S. 189 ff.
53 Van Laak, Dirk: »Ist je eine Reich, das es nicht gab, so gut verwaltet worden?« Der imaginäre Ausbau der imperialen Infrastruktur in Deutschland nach 1918. In: Kundrus, Birthe (Hg.): Phantasiereiche. Zur Kulturgeschichte des deutschen Kolonialismus. Frankfurt a. M. 2003, S. 71–90, hier S. 71 ff.
54 Jantzen, Günther: Hamburgs Ausfuhrhandel im XX. Jahrhundert. Ein Beitrag zur Geschichte eines deutschen Kaufmannsstandes und des »Verein Hamburger Exporteure« 1903–1953. Hamburg 1953, S. 71 und S. 93; Hinnenberg, Wolfgang: Die deutschen Bestrebungen zur wirtschaftlichen Durchdringung Tanganyikas 1925 bis 1933. Ein Beitrag zur Geschichte der deutschen Kolonialpolitik in der Weimarer Republik. Diss. phil. Hamburg 1973, S. 257.
55 StaA HH, 131-4, Senatskanzlei – Präsidialabteilung, Nr. 1934 A 10/5, »Grundsätze für die Übernahme von Reichsgarantien für Bankkredite an deutsche Überseehäuser« vom Oktober 1933; ebd., Durchschrift eines Exposés des bremischen Staatsrats Karl Lindemann vom 4. 10. 1933.
56 BAB, R 2/11632, Auszug aus einem Schreiben des AA an das RFM vom 17. 12. 1935; ebd., Schreiben des AA an das RFM vom 30. 11. 1936.
57 Rüger, Adolf: Der Kolonialrevisionismus der Weimarer Republik. In: Stoecker, Helmuth (Hg.): Drang nach Afrika. Die koloniale Expansionspolitik und Herrschaft des deutschen Imperialismus in Afrika von den Anfängen bis zum Ende des zweiten Weltkrieges. Berlin (Ost) 1977, S. 243–279, hier S. 263 f.
58 Höpfner, Bernd: Der deutsche Außenhandel 1900–1945. Änderungen in der Waren- und Regionalstruktur. Frankfurt a. M. u. a. 1993, S. 195 ff.
59 Jantzen, Günther: Hamburgs Handel als Mittler zwischen Deutschland und Afrika. In: Mitteilungen der Industrie- und Handelskammer Hamburg 18 (1936) 20, S. 556–559, hier S. 557; Brettschneider, Rolf: Deutschlands Rohstoffbezüge aus Afrika. In: Afrika-Rundschau 1 (1935/36) 1 vom 1. 5. 1935, S. 4–7.
60 BAB, R 2501/6991, Bl. 379–385, »Zur Kolonialfrage«. Material für die Leipziger Messerede von Schacht, zusammengestellt von der Volkswirtschaftlichen und Statistischen Abteilung der Reichsbank vom 25. 2. 1935.
61 Kolonien sind unerlässlicher Bestandteil der nationalsozialistischen Wirtschaftspolitik. In: Der Koloniale Kampf. Mitteilungen der Deutschen Kolonialgesellschaft 8 (1935) 4 vom 4. 3. 1935, S. 1.
62 BAB, R 2501/6838, Bl. 84–103, hier Bl. 101, Hjalmar Schacht: Die Notwendigkeit kolonialen Eigenbesitzes für Deutschland vom Oktober 1936.
63 BAB, R 2501/3738, Bl. 264–267 (Zitat Bl. 264), Der deutsche Lebensraum ist zu klein! In: WPD vom 9. 12. 1936.
64 BAB, R 2501/6838, Bl. 36–45 (Zitate Bl. 45), Schacht, Hjalmar: Deutschlands Kolonialproblem (Broschüre, zuerst erschienen in der Januar-Ausgabe 1937 der US-amerikanischen Zeitschrift »Foreign Affairs«). Auch in der deutschen Presse erschienen, z. B. im Deutschen Kolonial-Dienst 2 (1937) 1 vom 15. 1. 1937, S. 1–5.

65 BAB, NS 10/30, Bl. 160–162 (Zitate Bl. 162), Schreiben von Reichsbankpräsident Schacht an General von Epp vom 19. 3. 1935; Abschrift des Schreibens an Hitler, in: Akten zur deutschen Auswärtigen Politik, Serie C, Bd. III, 2. Göttingen 1973, S. 1004 f.
66 Winter, Wilhelm: Organische Volkswirtschaft und Kolonialpolitik!. Auf ein Wort – Pg. Müller-Boedner. In: Deutsche Kolonial-Zeitung 46 (1934) 6, S. 113–116; Schulze, Georg: Ostpolitik und Kolonialpolitik: eine wirtschaftliche Betrachtung. In: Deutscher Kolonial-Dienst 2 (1937) 2, S. 7–12.
67 Böhmer, Rudolf: Kolonialpolitik und Ostpolitik. In: Deutsche Kolonial-Zeitung 45 (1933) 3, S. 54–56, hier S. 56.
68 BAB, NS 22/733, Richtlinien für die Schulung, hg. vom KPA, ohne Dat. (1937).
69 Zit. nach: Ballhaus, Jolanda: Kriegsziele und -vorbereitungen des faschistischen Regimes 1933–1939. In: Stoecker (Hg.): Drang, S. 281–314, hier S. 287.
70 BAK, N 1101/66, »Gedanken aus der Rede im Berliner Zoo vom 30. 6. 1935« von Epp.
71 Zit. nach: Jacob (Hg.): Quellenheft, S. 68.
72 Koch, Carl W. H.: Neue Formen der Kolonialwirtschaft. In: Die Deutsche Volkswirtschaft 2(1933)1, S. 28–32; ders.: Kleinbauernsiedlung – die neue Form kolonialer Wirtschaft. In: Deutsche Kolonial-Zeitung 45 (1933) 6, S. 122.
73 BAB, R 43 I/626 a, Bl. 206–208, Abschrift eines Schreibens des Reichsministers für Volksaufklärung und Propaganda an sämtliche Landesstellen des RMVP und an die Reichskanzlei vom 4. 12. 1933.
74 Rohrbach, Paul: Deutschlands koloniale Forderung. Hamburg 1935, S. 167 ff.
75 Weigelt, Kurt: Koloniale Rohstoffversorgung im Rahmen der heimischen Volkswirtschaft. In: Westermann, Dietrich (Hg.): Beiträge zur deutschen Kolonialfrage. Essen 1937, S. 77–89, hier S. 80.
76 BAB, NS 22/733, Richtlinien für die Schulung, hg. vom KPA, ohne Dat. (1937).
77 Möhle: Betreuung, Erfassung, Kontrolle. Afrikaner aus den deutschen Kolonien und die »Deutsche Gesellschaft für Eingeborenenkunde« in der Weimarer Republik. In: Bechhaus-Gerst, Marianne/Klein-Arendt, Reinhard (Hg.): Die (koloniale) Begegnung. AfrikanerInnen in Deutschland 1880–1945 – Deutsche in Afrika 1880–1918. Frankfurt a. M. u. a. 2003, S. 249.
78 Zit. nach: Lewerenz, Susann: Die Deutsche Afrika-Schau (1935–1940). Rassismus, Kolonialrevisionismus und postkoloniale Auseinandersetzungen im nationalsozialistischen Deutschland. Frankfurt a. M. 2006, S. 52.
79 Bechhaus-Gerst, Marianne: Afrikaner in Deutschland 1933–1945. In: 1999. Zeitschrift für Sozialgeschichte des 20. und 21. Jahrhunderts 12 (1997) 4, S. 10–31, hier S. 13.
80 Zit. nach: Ebd., S. 27 f.
81 El-Tayeb, Fatima: Schwarze Deutsche. Der Diskurs um »Rasse« und nationale Identität 1890–1933. Frankfurt a. M./New York 2001, S. 178.
82 Pommerin, Reiner: Die Sterilisierung der »Rheinlandbastarde«. In: Martin, Peter/Alonzo, Christine (Hg.): Zwischen Charleston und Stechschritt. Schwarze im Nationalsozialismus. Hamburg/München 2004, S. 532–535; ders.: »Sterilisierung der Rheinlandbastarde«. Das Schicksal einer farbigen deutschen Minderheit 1918–1937. Düsseldorf 1979, S. 44 ff.
83 Campt, Tina/Grosse, Pascal/Lemke-Muniz de Faria, Yara Colette: Blacks, Germans, and the Politics of Imperial Imagination, 1920–60. In: Friedrichsmeyer, Sara/Lennox, Sara/Zantop, Susanne (Hg.): The Imperialist Imagination. German Colonialism and Its Legacy. Ann Arbor 1998, S. 205–229, hier S. 214 ff.
84 BAB, NS 6/222, Bl. 102 f., Rundschreiben der Partei-Kanzlei Nr. 55/36 vom 30. 3. 1936.
85 El-Tayeb: Deutsche, S. 191.
86 BAB, NS 10/374, Gauleitung Hamburg, Gauleiter Karl Kaufmann an die Adjutantur des Führers und Reichskanzlers, Wiedemann, vom 2. 5. 1938.
87 BAB, NS 52/13, Schreiben des Auswärtigen Amts an das Kolonialpolitische Amt der NSDAP vom 16. 10. 1942.
88 Lewerenz: Afrika-Schau, S. 91.
89 Ebd., S. 91 ff. (Zitat S. 95); Campt/Grosse/Lemke-Muniz de Faria: Blacks, S. 220 f.

Konsolidierung und Ausdifferenzierung: 1937 bis 1939 (S. 46–69)

1 Roberts, Stephen Henry: The House that Hitler Built. London 1937, S. 355. Vgl. dazu Crozier, Andrew J.: Appeasement and Germany's Last Bid for Colonies. London 1988.
2 Schnee, Heinrich: Deutschlands koloniale Forderung. Berlin 1937, S. 49 f.; Thurnwald, Richard C.: Die Kolonialfrage. In: Jahrbücher für Nationalökonomie und Statistik, Bd. 145 (1937), S. 66–86, hier S. 74. Vgl. allgemein zu dieser Phase Eichholtz, Dietrich: Das Expansionsprogramm des deutschen Finanzkapitals am Vorabend des zweiten Weltkrieges. In: ders./Pätzold, Kurt (Hg.): Der Weg in den Krieg. Studien zur Geschichte der Vorkriegsjahre (1935/36 bis 1939). Köln 1989, S. 1–39.
3 BAB, NS 6/225, Bl. 71 f., Anordnung 45/37 des Stellvertreters des Führers vom 3. 4. 1937.
4 Bericht Nr. 7 vom Juli 1937. In: Deutschland-Berichte der Sozialdemokratischen Partei Deutschlands (Sopade) 1934–1940, Vierter Jahrgang 1937. Salzhausen 1980 (Reprint), S. 929 ff.; Bericht Nr. 12 vom Dezember 1937. In: Ebd., S. 1655 ff.; Kühne, Horst: Faschistische Kolonialideologie und zweiter Weltkrieg. Berlin (Ost) 1962, S. 113 ff.
5 Schreiben des Führers und Reichskanzlers an den Bundesführer des RKB, Reichsstatthalter General Ritter von Epp vom 16. 12. 1937, zit. nach: Opitz, May: Rassismus, Sexismus und vorkoloniales Afrikabild in Deutschland. In: Oguntoye, Katharina/Opitz, May/Schultz, Dagmar (Hg.): Farbe bekennen. Afro-deutsche Frauen auf den Spuren ihrer Geschichte. Frankfurt a. M. 1992, S. 16.
6 Geschäftsbericht des Reichskolonialbundes für das Jahr 1938 vom 17. Mai 1939, S. 1 ff.
7 Bericht Nr. 6 vom Juni 1939. In: Deutschland-Berichte, Sechster Jahrgang 1939, S. 696 ff.; Bericht Nr. 1 vom Januar 1938. In: Ebd., Fünfter Jahrgang 1938, S. 36 f. Vgl. insgesamt zu den NS-Kolonialplanungen für Afrika: Linne, Karsten: »Weiße Arbeitsführer« im »kolonialen Ergänzungsraum«. Afrika als Ziel sozial- und wirtschaftspolitischer Kolonialplanungen in der NS-Zeit. Münster 2002; Van Laak, Dirk: Imperiale Infrastruktur. Deutsche Planungen für eine Erschließung Afrikas 1880 bis 1960. Paderborn 2004. Vgl. ferner die älteren Arbeiten von Schmokel, Wolfe W.: Dream of Empire. German Colonialism, 1919–1945. New Haven/London 1964; Hildebrand, Klaus: Vom Reich zum Weltreich. Hitler, NSDAP und koloniale Frage 1919–1945. München 1969; Lakowski, Richard: Die Kriegsziele des faschistischen Deutschland im transsaharischen Afrika. Diss., Berlin (Ost) 1970; Kum'a N'dumbe III, Alexandre: La politique africaine de l'Allemagne hitlérienne 1933–1943, Afrique du Nord, Afrique centrale, Afrique du Sud. Diss., Lyon 1974; ders.: Hitler voulait l'Afrique. Le projet du 3eme Reich sur le continent africain. Paris 1980; ders.: Was wollte Hitler in Afrika? NS-Planungen für eine faschistische Neugestaltung Afrikas. Frankfurt a. M. 1993.
8 Dülffer, Jost: Kolonialismus ohne Kolonien. Deutsche Kolonialpläne 1938. In: Knipping, Franz/Müller, Klaus-Jürgen (Hg.): Machtbewußtsein in Deutschland am Vorabend des Zweiten Weltkrieges. Paderborn 1984, S. 247–270, hier S. 248 ff. (Zitat S. 250).
9 Bericht Nr. 7 vom Juli 1938. In: Deutschland-Berichte, Fünfter Jahrgang 1938, S. 702 ff.
10 BAB, R 3001/8546, Bl. 9, Schreiben des Reichsministers der Justiz an die Oberlandesgerichtspräsidenten, vom 4. 12. 1937.
11 BAB, NS 22/733, Bericht des Hauptstellenleiters im KPA, Schnoeckel über den 3. kolonialen Reichslehrgang vom 28. 6. 1937 bis 10. 7. 1937 in Berlin-Dahlem; BAB, R 2501/6838, Bl. 373–381, Bericht des Reichsbankrats Dr. Prenzel über seine Teilnahme an dem vierten Reichslehrgang des KPA vom 15. 12. 1937.
12 Bericht Nr. 12 vom Dezember 1938. In: Deutschland-Berichte, Fünfter Jahrgang 1938, S. 1318 ff.
13 BAB, R 2501/6839, Bl. 255–258, Die Ansprache des Reichsstatthalters von Epp aus Anlaß der Einweihung des Kolonialpolitischen Schulungshauses Ladeburg am 29. 10. 1938.
14 BAB, R 1501/27190, Bl. 122, Abschrift von Abschrift eines Schreibens vom Reichsleiter und Chef der Reichskanzlei, Lammers, an den Reichsleiter des KPA, General Ritter von Epp, vom 9. 3. 1939.
15 Allgemein zur ADR vgl. Pichinot, Hans-Rainer: Die Akademie für Deutsches Recht. Aufbau und Entwicklung einer öffentlich-rechtlichen Körperschaft des Dritten Reiches. Diss. jur., Kiel 1981; Anderson, Dennis LeRoy: The Academy for German Law, 1933–1944. New York/London 1987.
16 Amtlicher Teil: Aus der Arbeit der Akademieausschüsse. In: Zeitschrift der Akademie für Deutsches Recht 4 (1937) 24 vom 15. 12. 1937, S. 755. Vgl. insgesamt zu den rechtliche Vorbe-

reitungsarbeiten Schubert, Werner: Das imaginäre Kolonialreich. Die Vorbereitung der Kolonialgesetzgebung durch den Kolonialrechtsausschuß der Akademie für Deutsches Recht, das Reichskolonialamt und die Reichsministerien (1937–1942). In: Zeitschrift der Savigny-Stiftung für Rechtsgeschichte, Bd. 115 (1998), S. 86–149.
17 Amtlicher Teil: Aus der Arbeit der Akademieausschüsse. In: Zeitschrift der Akademie für Deutsches Recht 5 (1938) 13 vom 1. 7. 1938, S. 479 f.
18 BAB, R 3001/10832, Bl. 8–19, hier Bl. 9 f., Niederschrift über die Sitzung des Ausschusses für Kolonialrecht der ADR am 8. 4. 1937.
19 Undatierter (1937) Entwurf von Bezirksleiter a. D. Neugebauer zu einem Reichskolonialbeamtengesetz, zit. nach: Schubert, Werner (Hg.): Akademie für Deutsches Recht 1933–1945. Protokolle der Ausschüsse, Bd. XII: Ausschuß für Rechtsfragen der Bevölkerungspolitik (1934–1940) und Ausschuß für Kolonialrecht zusammen mit den Entwürfen des Kolonialpolitischen Amts (1937–1941). Frankfurt a. M. 2001, S. 438–449.
20 BAB, R 3001/10833, Bl. 138, Durchschrift eines Schreibens des Reichsjustizministeriums, Dr. Schlegelberger, an das AA vom 13. 7. 1939.
21 BAB, R 1001/5640, Bl. 245–247, Abschrift eines Schreibens von Epp an Rust, vom 18. 6. 1937. Vgl. insgesamt dazu Eckart, Wolfgang U.: Medizin und Kolonialimperialismus. Deutschland 1884–1945. Paderborn u. a. 1997, S. 514 ff.
22 SfS, BNI, Ordner 1937, A–Z, Vortrag von Prof. Werner »Die Organisation des Sanitätsdienstes in den ehemaligen Schutzgebieten vor und nach dem Weltkriege«, gehalten auf der Tagung des Ausschusses für Kolonialrecht der ADR am 15. 7. 1937 in Bremen.
23 BAK, R 73/13337, Durchschrift eines Schreibens des RFR, Dr. Breuer, an Prof. Nauck, Institut für Schiffs- und Tropenkrankheiten Hamburg, vom 10. 11. 1937.
24 BAK, R 73/13257, Schreiben von Sauerbruch, Leiter der Fachsparte Medizin im RFR, an Reichsstatthalter Kaufmann vom 2. 12. 1937.
25 SfS, BNI, Ordner 1938, A–M, Schreiben von Mühlens an die Gesundheitsverwaltung vom 4. 6. 1938.
26 BAK, R 73/313, Durchschrift eines Schreibens des RFR, Dr. Breuer, an den Heeressanitäts-Inspektor vom 28. 10. 1938.
27 BAB, R 4901/691, Bl. 3–5, Bericht von Dr. Bauer, Sachbearbeiter der Fachsparte Medizin im RFR und Sachbearbeiter im KPA, über die mit den Mitteln der Deutschen Forschungsgemeinschaft durchgeführten Arbeiten auf tropenmedizinischem Gebiet vom 18. 3. 1939.
28 StaA HH, 364–5 I, Universität I, Nr. M 20.8, Auszug aus dem kurzen Bericht über die am 24. Februar 1939 von Prof. Mühlens ausgeführte Dienstreise nach Berlin.
29 BAB, R 1001/5641, Bl. 31–50, Ziemann, Hans: Einige Hauptrichtlinien für die künftige sanitäre koloniale Organisation; ebd., Bl. 52–106, Ronnefeldt, Franz: Die gegenwärtige sanitäre Versorgung unserer Kolonien durch die Mandatsmächte. Vorschläge für den Tag der Rückgliederung (August 1939). Vgl. dazu Fischer, Hubert: Die militärärztliche Akademie 1934–1945. München 1975.
30 BAB, R 1001/7171, Bl. 19, Schreiben des AA an den Chef des Kommandoamts im Hauptamt Orpo vom 4. 12. 1937.
31 BAB, R 1001/9670, Bl. 91–93, Schreiben von Major Kumnetz an den Chef der Orpo vom 26. 6. 1937.
32 GStaA, I. HA, Rep. 208 A, Nr. 423, Bl. 2, Schreiben des Direktors der Ausland-Hochschule Berlin, Prof. Palme, an den Reichs- und Preußischen Minister für Wissenschaft, Erziehung und Volksbildung vom 30. 9. 1937.
33 Ebd., Bl. 12–14, Abschrift eines Schreibens des kommissarischen Leiters der Ausland-Hochschule Berlin an den Reichsminister für Wissenschaft, Erziehung und Volksbildung vom 23. 12. 1937.
34 BAB, R 1001/9670, Bl. 1–5, Schreiben des Chefs der Orpo, Kurt Daluege, an den Reichsführer SS, Heinrich Himmler, vom 9. 3. 1938 (im Anhang: Erfahrungsbericht von Fritz Kumnetz über Kurse für afrikanische Sprachen an der Ausland-Hochschule vom 3. 3. 1938).
35 BAB, R 19/15, Bl. 1–3, Rundschreiben des Reichführers SS und Polizei vom 6. 3. 1939.
36 BA-MA, RW 19/1565, Bericht über die Reichskolonialtagung in Wien vom 15. bis 18. Mai 1939 von von Geldern vom 6. 6. 1939.
37 BAB, R 1001/9714, Bericht von Kumnetz über das Ergebnis der Dienstreise zum italienischen Kolonialministerium an den Reichsleiter des KPA, Ritter von Epp, am 15. 6. 1939 gesandt.
38 BA-MA, N 185/4, Bl. 1186, »Meine Tätigkeit als Kolonial-Bearbeiter in der Abteilung Ausland, späterer Amtsgruppe Ausland im OKW/Amt Ausland-Abwehr«, 1. 3. 1938–1. 6. 1942.

39 BA-MA, RW 19/1565, Besprechungsnotiz von Kapitänleutnant Reichmann »über den Stand der Bearbeitung von Kolonialfragen bei der Wehrmacht und im Reich« vom 6.12.1938. Vgl. dazu Weinberg, Gerhard L.: German Colonial Plans and Policies 1938–1942. In: Besson, Waldemar/Hiller von Gaertringen, Friedrich Freiherr (Hg.): Geschichte und Gegenwartsbewußtsein. Historische Betrachtungen und Untersuchungen. Göttingen 1963, S. 462–491.
40 BA-MA, RW 19/1565, Bericht von von Geldern über die Reichskolonialtagung in Wien vom 15. bis 18. Mai 1939 vom 6.6.1939.
41 Rein, Adolf: Geleitwort. In: Afrika-Rundschau 3 (1937/38) 7 vom 1.11.1937, S. 198. Vgl. insgesamt dazu Linne, Karsten: Die Renaissance der Kolonialwissenschaften in Hamburg während der NS-Zeit. In: Zeitschrift des Vereins für Hamburgische Geschichte 90 (2004), S. 135–160.
42 Ganssauge, Willy: Kolonialwirtschaft und Kolonialwissenschaft. In: Afrika-Rundschau 5 (1939/40) 1 vom 1.5.1939, S. 11 f.; StaA HH, 135-1 I-IV, Staatliche Pressestelle I-IV, Nr. 5435, Kolonialinstitut die Keimzelle der Universität. In: Hamburger Tageblatt vom 10.5.1939.
43 StaA HH, 113-5, Staatsverwaltung – Allgemeine Abteilung, Nr. B V 92c Ua 53, Der Reichsminister für Wissenschaft, Erziehung und Volksbildung an den Reichsstatthalter in Hamburg vom 4.11.1938.
44 Rein, Adolf: Das alte und das neue Kolonial-Institut in Hamburg. In: Afrika-Rundschau 5 (1939/40) 1 vom 1.5.1939, S. 3 f. (Zitat S. 4); StaA HH, 135–1 I-IV, Staatliche Pressestelle I-IV, Nr. 5435, Kolonialinstitut die Keimzelle der Universität. In: Hamburger Tageblatt vom 10.5.1939.
45 ASAS, Diverses, Dx (Kolonialinstitut), Schreiben von Prof. Rein, Rektor der Hansischen Universität, an Prof. Meinhof vom 21.3.1938 (im Anhang Entwurf »Kolonialinstitut der Hansischen Universität«); Johannsen, Kurt: Das neue Kolonialinstitut in Hamburg. In: Mitteilungen der Industrie- und Handelskammer Hamburg 21 (1939) 19 vom 13.5.1939, S. 585–587.
46 StaA HH, 364–5 I, Universität I, Nr. M 20.7.1, Bd. 1, Bl. 3–7, Schreiben von Hartleb, RKB, an Senator von Allwörden vom 27.2.1938.
47 HK HH, 78, J.1., Bl. 2–6, Durchschrift eines Schreiben des Präses der Handelskammer, de la Camp, an den Reichsstatthalter, Karl Kaufmann, vom 4.10.1938; ebd., Bl. 17–23, Aufzeichnung über eine Sitzung bei Reichsstatthalter Kaufmann über außenwirtschaftliche Fragen am 6.10.1938.
48 StaA HH, 361–6, Hochschulwesen – Dozenten- und Personalakten, Nr. IV 1161, Bd. 1, Rein, Bl. 86, Schreiben des Rektors der Hansischen Universität, Prof. Gundert, an Prof. Rein vom 13.12.1938; StaA HH, 364–5 I, Universität I, Nr. C 20.4.6, Bl. 31–36, Niederschrift über die 6. Sitzung des Universitätssenats am 24.4.1939.
49 ASAS, Diverses, Dx (Kolonialinstitut), Abschrift eines Schreibens von Prof. Rein an Prof. Klingenheben vom 26.6.1939 (im Anhang Auszugsweise Abschrift einer Denkschrift über die »Errichtung einer Kolonialen Universität«).
50 StaA HH, 364–5 I, Universität I, Nr. K 20.1.475, Bl. 44 f., Schreiben von Oberlandesgerichtsrat Dr. Segelken an Universitätssyndikus Rothe vom 22.7.1938.
51 BAB, R 3001/22365, Bl. 105–111, Denkschrift »Hamburg als Sitz eines etwa zu schaffenden Obersten Kolonial-Gerichts« von Senatspräsident von der Decken vom 13.1.1939.
52 Ebd., Bl. 128–130, hier Bl. 130, Schreiben der IHK Hamburg an den Präsidenten des Hanseatischen Oberlandesgerichts vom 27.7.1939; StaA HH, 364–5 I, Universität I, Nr. K 20.1.130, Bd. 1, Abschrift eines Schreibens des Reichsstatthalters in Hamburg an Staatssekretär Alpers, Reichsforstamt, vom 18.3.1939; Renneberg, Monika: Zur Mathematisch-Naturwissenschaftlichen Fakultät der Hamburger Universität im »Dritten Reich«. In: Krause, Eckhart/Huber, Ludwig/Fischer, Holger (Hg.): Hochschulalltag im »Dritten Reich«. Die Hamburger Universität 1933–1945, T. III. Berlin/Hamburg 1991, S. 1051–1074, hier S. 1064.
53 Vgl. insgesamt hierzu noch Petzina, Dieter: Autarkiepolitik im Dritten Reich. Der nationalsozialistische Vierjahresplan. Stuttgart 1968; Teichert, Eckart: Autarkie und Großraumwirtschaft in Deutschland 1930–1939. Außenwirtschaftspolitische Konzeptionen zwischen Wirtschaftskrise und Zweitem Weltkrieg. München 1984. Neuerdings: Tooze, Adam: Ökonomie der Zerstörung. Die Geschichte der Wirtschaft im Nationalsozialismus. Berlin 2007, S. 261 ff.
54 Vgl. insgesamt dazu Linne, Karsten: Afrika als »wirtschaftlicher Ergänzungsraum«: Kurt Weigelt und die kolonialwirtschaftlichen Planungen im »Dritten Reich«. In: Jahrbuch für Wirtschaftsgeschichte (2006) 2, S. 141–162.
55 BAB, R 8119 F/P 24534, Bl. 126–145 (Zitate Bl. 130 und Bl. 134 f.), Rede von Weigelt im Auditorium Maximum in Wien am 16.5.1939.

56 BAB, R 1001/3542, Bl. 20, Aktennotiz der Debundscha-Pflanzung vom 25. 2. 1937.
57 Ebd., Bl. 26–28, Schreiben des Aufsichtsratsvorsitzenden der Debundscha-Pflanzung, Schlubach, an das AA vom 29. 4. 1937.
58 BAB, R 1001/3631, Bl. 3 f., Schreiben von Kurt Weigelt an den Gesandtschaftsrat Strohm, AA, vom 12. 5. 1937 (im Anhang Denkschrift »Uebersee-Holz-Syndikat«); ebd., Bl. 6–13, Schreiben des Inhabers der Likomba Kamerun Bananen Gesellschaft, Theo Blaich, an das AA, Legationsrat Strohm, vom 22. 9. 1937.
59 Ebd., Bl. 25–27, Durchschrift eines Schreibens des AA, Pol X, an die Deutsche Gesandtschaft Lissabon vom 14. 12. 1937; ebd., Bl. 67–76, Bericht über das erste Geschäftsjahr des Übersee-Holz-Syndikats bis zum 23. 5. 1938. Vgl. dazu Metzger, Chantal: L'empire colonial français dans la stratégie du Troisième Reich (1936–1945). Brüssel u. a. 2002, S. 94 ff.
60 BAB, R 8119 F/P 6271, Bl. 188 f., Kopie einer Aktennotiz von Weigelt für Kimmich vom 4. 9. 1937; ebd., Bl. 258 f., Aktennotiz von Weigelt zu einer Besprechung mit Bethke, RWM, am 28. 10. 1938.
61 Ebd., Bl. 204–207, Durchschrift einer Aktennotiz über eine Besprechung von Weigelt mit dem französischen Kolonialminister Moutet in Paris am 29. 10. 1937.
62 Aufzeichnung des Legationsrates Kreutzwald, Wirtschaftspolitische Abteilung des AA, vom 1. 3. 1939. In: Akten zur Deutschen Auswärtigen Politik 1918–1945, Serie D, Bd. IV. Baden-Baden 1951, Nr. 391, S. 438 f.; Schreiben des deutschen Botschafters in Paris an das AA vom 3. 3. 1939. In: Ebd., Nr. 393, S. 440 f., hier S. 441; Vermerk des Leiters der Wirtschaftspolitischen Abteilung, Wiehl, vom 9. 3. 1939. In: Ebd., Nr. 396, S. 443.
63 Timm, Emil Eduard: Fettlücke und Kolonien. In: Wirtschaftsdienst 22 (1937) 21 vom 21. 5. 1937, S. 728–730; Vierjahresplan und Kolonialwirtschaft. In: Deutscher Kolonial-Dienst 4 (1939) 3, S. 61–65; Muths, Margarete: Die deutsche Fettlücke und die Möglichkeit ihrer Schließung durch die Rückgewinnung der ehemaligen deutschen Kolonien. Diss., Heidelberg 1938, S. 74.
64 Weigelt, Kurt: Die wirtschaftliche Bedeutung unserer Kolonien. In: Deutscher Kolonial-Dienst 4 (1939) 3, S. 58–60, hier S. 60.
65 Bayerisches Hauptstaatsarchiv München, Reichsstatthalter Epp, Nr. 12, Schreiben von Wilhelm Kemner, Westafrikanische Pflanzungsgesellschaft »Victoria«, an Reichsstatthalter von Epp vom 27. 5. 1937.
66 BAB, R 2/11632, Abschrift eines Schreibens des Reichswirtschaftsministers, Barth, an die RWK vom 7. 10. 1937. Vgl. insgesamt zum Thema Wilke, Kerstin: »Die deutsche Banane.« Wirtschafts- und Kulturgeschichte der Banane im Deutschen Reich 1900–1939. Phil. Diss., Hannover 2004, S. 237 ff.
67 BAB, R 1001/7543, Bl. 5–7 (Zitat Bl. 6), Schreiben des Amtes für deutsche Roh- und Werkstoffe beim Beauftragten für den Vierjahresplan an das KPA vom 26. 10. 1937.
68 Linne, Karsten: »Deutsche Kamerun-Bananen«. Die Afrikanische Frucht-Compagnie Aktiengesellschaft. In: Möhle, Heiko (Hg.): Branntwein, Bibeln und Bananen. Der deutsche Kolonialismus in Afrika – Spurensuche in Hamburg. Hamburg 1999, S. 143–148; Wilke: Banane.
69 BAB, R 26 I/20, Bl. 5–20, Schreiben von Willi Ganssauge, Vorstandsmitglied der AFC, an Dr. Gritzbach, Vierjahresplan-Behörde, vom 26. 11. 1937.
70 BAB, R 2/11632, Abschrift eines Schreibens der Deko-Gruppe, Weigelt, an Min.Rat Imhoff, Reichswirtschaftsministerium, vom 4. 2. 1938.
71 Ebd., Abschrift eines Schreibens des Reichs- und Preußischen Wirtschaftsministers an die Deko-Gruppe vom 22. 3. 1938.
72 BAB, R 8124/1, Bl. 1, Schreiben der Deko-Gruppe, Weigelt, an die Teilnehmer der Neuanlage nationalwirtschaftlich wertvoller Kulturen vom 15. 4. 1939.
73 BAB, R 2/11632, Pol. X, Schreiben des AA, Pol. X, an den Reichsminister der Finanzen vom 14. 10. 1939 (im Anhang Abschrift »Stand der kolonialen Vorbereitungsarbeiten 30. September 1939«).
74 Schober, Reinhold: Kamerun. Neuzeitliche Verwaltungsprobleme einer tropischen Kolonie. Berlin 1937, S. 42.
75 Dernburg, Bernhard: Zielpunkte des Deutschen Kolonialwesens. Berlin 1907, S. 6 f.
76 Wege, Fritz: Die Anfänge der Herausbildung einer Arbeiterklasse in Südwestafrika unter der deutschen Kolonialherrschaft. In: Jahrbuch für Wirtschaftsgeschichte (1969), T. I, S. 183–221, hier S. 209.
77 Zimmerer, Jürgen: Der totale Überwachungsstaat? Recht und Verwaltung in Deutsch-Südwestafrika. In: Voigt, Rüdiger/Sack, Peter (Hg.): Kolonisierung des Rechts. Zur kolonialen Rechts- und Verwaltungsordnung. Baden-Baden 2001, S. 183–207, hier S. 185 ff.

78 Bley, Helmut: Kolonialherrschaft und Sozialstruktur in Deutsch-Südwestafrika 1894–1914. Hamburg 1968, S. 212.
79 Zimmerer, Jürgen: Deutsche Herrschaft über Afrikaner. Staatlicher Machtanspruch und Wirklichkeit im kolonialen Namibia. Hamburg 2001, S. 68 ff.
80 Ebd., S. 197; ders.: Der koloniale Musterstaat? Rassentrennung, Arbeitszwang und totale Kontrolle in Deutsch-Südwestafrika. In: ders./Zeller, Joachim (Hg.): Völkermord in Deutsch-Südwestafrika. Der Kolonialkrieg (1904–1908) in Namibia und seine Folgen, Berlin 2003, S. 26–41, hier S. 38 ff.
81 Zimmerer: Überwachungsstaat, S. 185 ff.
82 Thurnwald, Richard C.: Kolonialwirtschaftliche Betriebe. In: Jahrbücher für Nationalökonomie und Statistik, Bd. 148 (1938), S. 48–62, hier S. 60.
83 Semler, Rudolf: Kolonien als deutscher Siedlungsraum?. In: Deutscher Kolonial-Dienst 4 (1939) 2, S. 43.
84 Mühlenfels, Albert von: Wirtschaftspolitik im tropischen Afrika. In: Afrika-Rundschau 3 (1937/38) 7, S. 207–209; BAB, R 8119 F/P 6307, Bl. 113–169, Denkschrift von Franz Heske »Grundlagen für eine Heranziehung des westafrikanischen Tropenwaldes zur Ergänzung der deutschen forstlichen Rohstoffdecke« vom Januar 1938. Vgl. insgesamt zur Arbeiterpolitik Linne, Karsten: The »New Labour Policy« in Nazi Colonial Planning for Africa. In: International Review for Social History 49 (2004) 2, S. 197–224. Vgl. zum sozialen Wandel in Afrika Freund, Bill: The African Worker. Cambridge 1988.
85 BAB, R 1001/125, Bl. 54–77, hier Bl. 57 f., Bericht über die Organisierung der Eingeborenen-Arbeit in Ostafrika und ihre Gestaltungsmöglichkeiten auf nationalsozialistischer Grundlage, erstattet von Prof. Thurnwald in der 2. Sitzung des Ausschusses für Kolonialrecht der ADR am 11.7.1938.
86 StaA HH, 352–8/9, Bernhard-Nocht-Institut, Nr. 5b, Leitsätze des Kolonialrats vom 21.2.1939.
87 BAB, R 1001/6267/1, Bl. 4–17, Durchschrift eines Rundschreibens von Strohm, AA, Pol. X, vom 10.5.1938 (im Anhang Vortrag von Thurnwald »Europäer und Eingeborener im tropischen Afrika«).
88 AwI: Die eingeborenen Lohnarbeiter in der Produktionswirtschaft Ostafrikas. In: Das Neue Protokoll, November 1938, S. 117–122. Zit. nach: Sozialstrategien der Deutschen Arbeitsfront, hg. von der Hamburger Stiftung für Sozialgeschichte des 20. Jahrhunderts. München/London/New York/Paris 1986 ff., Abt. B/1, 7/06, Bl. 484–489, hier Bl. 485 ff.
89 BAB, NS 5 VI/17926, S. 1, AwI: Richtlinien für die Gestaltung einer amtlichen Arbeitsvermittlung und für die arbeits- und sozialrechtliche Gestaltung eines Arbeitsvertrages für die eingeborenen Lohnempfänger im afrikanischen Kolonialraum.
90 BAB, NS 5 VI/39653, S. 11c–11d, AwI: Richtlinien für die Schaffung einer amtlichen Arbeitsvermittlung und für die arbeits- und sozialrechtliche Gestaltung eines allgemeinen Arbeitsvertrages für den eingeborenen Lohnempfänger im afrikanischen Kolonialraum vom 6.4.1939.
91 BAB, NS 5 VI/17926, S. 1 ff., AwI: Richtlinien für die Gestaltung einer amtlichen Arbeitsvermittlung und für die arbeits- und sozialrechtliche Gestaltung eines Arbeitsvertrages für die eingeborenen Lohnempfänger im afrikanischen Kolonialraum.
92 BAB, NS 5 VI/39683, Bl. 1 f., AwI: Eine kritische Stellungnahme zu dem auf der 25. Arbeitskonferenz des »Internationalen Arbeitsamtes in Genf« am 24. Juli 1939 herausgegebenen Bericht über »Regelung der Arbeitsverträge der eingeborenen Arbeitnehmer«.
93 Ebd., Bl. 27.
94 AwI: Sozialpolitik im afrikanischen Kolonialraum. In: AwI-Jahrbuch 1938 I, S. 577–634, zit. nach: Sozialstrategien, Abt. A, Bd. 3, S. 577–634, hier S. 583.
95 Ebd., S. 634.
96 Hecht, Günther: Die Bedeutung des Rassegedankens in der Kolonialpolitik. In: Deutscher Kolonial-Dienst 2 (1937) 11, S. 4–8; Fortsetzung in: Nr. 12, S. 1–5 (Zitat S. 4); ders.: Die Bedeutung der kolonialen Rassenprobleme für Europa und Übersee. In: Ziel und Weg 8 (1938) 7, S. 162–172. Vgl. dazu Grosse, Pascal: Kolonialismus, Eugenik und bürgerliche Gesellschaft in Deutschland 1850–1918. Frankfurt a. M./New York 2000, S. 235 ff.; Lakowski, Richard: Apartheid auf deutsch. Nationalsozialistische Kolonialpolitik. In: Deutscher Kolonialismus. Ein Lesebuch zur Kolonialgeschichte, hg. von der Entwicklungspolitischen Korrespondenz. 2. Aufl. Hamburg 1991, S. 197–202.

97 Thurnwald: Kolonialfrage, S. 80 ff.; ders.: Gestaltung, S. 442. Vgl. dazu Timm, Klaus: Richard Thurnwalds »Koloniale Gestaltung« – ein »Apartheids-Projekt« für die koloniale Expansion des deutschen Faschismus in Afrika. In: Ethnographisch-Archäologische Zeitschrift 18 (1977) 4, S. 617–649.
98 BAB, R 1001/125, Bl. 54–77, hier Bl. 56, Bericht über die Organisierung der Eingeborenen-Arbeit in Ostafrika und ihre Gestaltungsmöglichkeiten auf nationalsozialistischer Grundlage, erstattet von Prof. Thurnwald in der 2. Sitzung des Ausschusses für Kolonialrecht der ADR am 11. 7. 1938.
99 BAB, R 1001/6267/1, Bl. 4–17 (Zitat Bl. 11), Durchschrift eines Rundschreibens von Strohm, AA, Pol. X, vom 10. 5. 1938 (im Anhang Vortrag von Thurnwald »Europäer und Eingeborener im tropischen Afrika«).
100 BAB, R 1001/125, Bl. 55–77 (Zitat Bl. 74), Bericht über die Organisierung der Eingeborenen-Arbeit in Ostafrika und ihre Gestaltungsmöglichkeiten auf nationalsozialistischer Grundlage, erstattet von Prof. Thurnwald in der 2. Sitzung des Ausschusses für Kolonialrecht der ADR am 11. 7. 1938.
101 BAB, NS 22/733, Richtlinien für die Schulung, hg. vom KPA, ohne Dat. (1937).
102 Zumpt, Fritz: Kolonialfrage und nationalsozialistischer Rassenstandpunkt. Hamburg 1938, S. 20 ff. (Zitat S. 22).

Der Kriegsbeginn als Zäsur: Herbst 1939 bis Frühsommer 1940 (S. 70 – 80)

1 BAB, R 2501/7004, Bl. 106–121, hier Bl. 117 f., Aufzeichnung aus der Reichsbank vom 12. 9. 1939 über eine Besprechung im RWM »Dr. Schlotterer und Dr. Clodius über den Außenhandel im Kriege« am 6. 9. 1939.
2 BAB, R 1001/6722, Bl. 23, Schreiben des Leiters der Abteilung Pol. X des AA, Harald Bielfeld, an das Reichsministerium für Ernährung und Landwirtschaft vom 23. 4. 1940.
3 Aly, Götz: »Endlösung«. Völkerverschiebung und der Mord an den europäischen Juden. Frankfurt a. M. 1995, bes. S. 95 ff. Vgl. insgesamt zum Thema Linne, Karsten: Deutsche Afrikafirmen im »Osteinsatz«. In: 1999. Zeitschrift für Sozialgeschichte des 20. und 21. Jahrhunderts 16 (2001) 1, S. 49–90.
4 StaA HH, 621–1 Blohm und Voss, Nr. 1410, Bd. 1, Niederschrift über die Plenarsitzung der IHK Hamburg am 17. 11. 1939, ebd., 621–1 HAPAG-Reederei, Nr. 1345, Rundschreiben der IHK Hamburg an ihre Mitglieder vom 28. 11. 1939.
5 Madajczyk, Czesław: Die Okkupationspolitik Nazideutschlands in Polen. Berlin (Ost) 1987, S. 581. Vgl. allgemein zur deutschen Wirtschaftpolitik in Polen Luczak, Czesław: Die Wirtschaftspolitik des Dritten Reiches im besetzten Polen. In: Studia Historiae Oeconomicae 14 (1979), S. 87–103.
6 Witt, Cornelius: Überseefirmen versorgen Europa. In: Der freie Außenhandel (1944), Lieferung 79/80, S. 65–72, hier S. 66.
7 BAB, R 8119 F/P 6288, Bl. 62, Rundschreiben der Deko-Gruppe an ihre Mitglieder vom 18. 4. 1940; Günther, A.: Einsatz deutscher Großhändler im Generalgouvernement. In: Deutsche Wirtschafts-Zeitung 39(1942) vom 11. 9. 1942, S. 469–471.
8 StaA HH, 621–1 HAPAG-Reederei, Nr. 1341, Bd. 3, Niederschrift über die Plenarsitzung der IHK Hamburg am 31. 5. 1940.
9 Deutsche Handelskaufleute im Generalgouvernement. In: Die Deutsche Volkswirtschaft 10 (1941) 32, S. 1320.
10 Jantzen, Günther: Hamburg und die Kolonialwirtschaft. In: Afrika-Nachrichten 23 (1942) 2, S. 52 f. (Zitat S. 52).
11 StaA HB, 9.V-W, Denkschrift »Tätigkeit der Firma C. F. Corssen & Co., Bremen im Kriege 1939–1945« vom 6. 5. 1945.
12 SfS, NA, RG 260, OMGUS FINAD, Nr. 2/190/5, Bericht über die erste Sitzung des Sonderausschusses für Südwest-Afrika am 24. 11. 1939.
13 BAB, R 8119 F/P 6271, Bl. 308, Durchschrift eines Schreibens von Weigelt an Göring vom 4. 12. 1939.
14 Ebd., Bl. 310–312, Durchschrift eines Schreibens von Weigelt an Fickendey, Dieckmann und May vom 2. 1. 1940.
15 Ebd., Bl. 321, Schreiben des Reichswirtschaftsministers an die Deko-Gruppe vom 9. 2. 1940.

16 BAB, R 2/4971, Bl. 157, Abschrift einer Abschrift eines Schreiben des Reichswirtschaftsministers, Bethke, an den Leiter der Deko-Gruppe, Weigelt, vom 13.6.1940.
17 BAB, R 8119 F/P 24532, Bl. 22 f., Durchschrift eines Berichts des Amtes Wirtschaft im KPA für den Monat September 1939. Vgl. insgesamt zur Kriegszielplanung Lakowski, Richard: Der zweite Weltkrieg. In: Stoecker, Helmuth: Drang nach Afrika. Die koloniale Expansionspolitik und Herrschaft des deutschen Imperialismus in Afrika von den Anfängen bis zum Ende des zweiten Weltkrieges. Berlin (Ost) 1977, S. 315–351.
18 Eichholtz, Dietrich: Geschichte der deutschen Kriegswirtschaft 1939–1945, Bd. I. 3. Aufl., Berlin (Ost) 1984, S. 175; ders.: Die Kriegszieldenkschrift des Kolonialpolitischen Amtes der NSDAP von 1940. Steckbrief eines Dokumentes. In: Zeitschrift für Geschichtswissenschaft 22 (1974) 3, S. 308–324.
19 PAA, Bibliothek, FA 290 : 44, S. 3 f., Kolonialwirtschaftliche Denkschrift 1940 des KPA.
20 Ebd., S. 12, Kolonialwirtschaftliche Denkschrift 1940 des KPA.
21 BAB, R 8119 F/P 24532, Bl. 81–84, hier Bl. 84, Durchschrift eines Schreibens von Weigelt an Bielfeld, AA, vom 12.8.1940 (im Anhang »Betr.: Kritik von Herrn Geheimrat Gunzert«); ebd., Bl. 118–121, hier Bl. 121, Durchschrift eines Schreibens von Keppler, Staatssekretär z. b. V. im AA, an General von Epp vom 24.9.1940.
22 PAA, Nr. R 106296, Durchschrift einer Aufzeichnung von Bielfeld, AA, Pol. X, vom 11.12.1940. Zur Person Bielfelds vgl. Döscher, Hans-Jürgen: Verschworene Gesellschaft. Das Auswärtige Amt unter Adenauer zwischen Neubeginn und Kontinuität. Berlin 1995, S. 37, Anm. 5.
23 PAA, Nr. R 29845, Schreiben des KPA an das AA, Staatssekretär von Weizsäcker, vom 9.11.1940.
24 BAB, R 2/4965, Bl. 2, Schreiben des Reichsministers und Chefs der Reichskanzlei, Lammers, an die obersten Reichsbehörden vom 15.6.1940.
25 BAB, R 4606/2091, Schreiben des KPA, Amt Planung, an den Generalinspektor für die Neugestaltung der Reichshauptstadt Berlin, Speer, vom 29.6.1940.
26 Salewski, Michael (Hg.): Die deutsche Seekriegsleitung 1935–1945, Bd. I. Frankfurt a. M. 1970, S. 234 f.
27 Ebd., Bd. III. Frankfurt a. M. 1973, S. 106–108, hier S. 107.
28 Memorandum von Admiral Carls vom 14.6.1940. Zit. nach: Ebd., S. 108–114.
29 Wagner, Gerhard (Hg.): Lagevorträge des Oberbefehlshabers der Kriegsmarine vor Hitler 1939–1945. München 1972, S. 106.
30 Gerhard Schreiber/Bernd Stegemann/Detlef Vogel: Der Mittelmeerraum und Südosteuropa. Von der »non belligeranza« Italiens bis zum Kriegseintritt der Vereinigten Staaten. Stuttgart 1984, S. 253.
31 Aufzeichnung des Gesandten Clodius »Betr.: Gesichtspunkte für die wirtschaftliche Gestaltung des Friedens« vom 30.5.1940. Zit. nach: Akten zur deutschen Auswärtigen Politik, Serie D, Bd. IX,2. Frankfurt a. M. 1962, Dok. 354, S. 390–395, hier S. 391.
32 Aufzeichnung von Karl Ritter vom 1.6.1940. Zit. nach: Ebd., Dok. 367, S. 407–411.
33 StaA HH, 621–1 Blohm und Voss, Nr. 1410, Bd. 2, Niederschrift über die Plenarsitzung der IHK Hamburg, am 28.6.1940.
34 Wirtschaftsplan Hamburg 1940, I. Band, bearb. bei der IHK Hamburg. Hamburg 1940, S. 7 ff. und S. 87 ff.; HIS, PFR/750, 01, »Denkschrift über die Schiffahrt mit Afrika und den deutschen Kolonien nach Beendigung des Krieges« von Lothar Bohlen, DAL, vom 16.5.1940.
35 Lewerenz, Susann: Die Deutsche Afrika-Schau (1935–1940). Rassismus, Kolonialrevisionismus und postkoloniale Auseinandersetzungen im nationalsozialistischen Deutschland. Frankfurt a. M. 2006, S. 91 ff.; Joeden-Forgey, Elisa von: Die »Deutsche Afrika-Schau« und der NS-Staat. In: Martin, Peter/Alonzo, Christine (Hg.): Zwischen Charleston und Stechschritt. Schwarze im Nationalsozialismus. Hamburg/München 2004, S. 451–475; dies.: Race Power in Postcolonial Germany. The German Africa Show and the National Socialist State, 1935–40. In: Ames, Eric/Klotz, Marcia/Wildenthal, Lora (Hg.): Germany's Colonial Pasts. Lincoln/London 2005, S. 167–188.
36 Grosse, Pascal: Zwischen Privatheit und Öffentlichkeit: Kolonialmigration in Deutschland, 1900–1940. In: Kundrus, Birthe (Hg.): Phantasiereiche. Zur Kulturgeschichte des deutschen Kolonialismus. Frankfurt a. M. 2003, S. 91–109, hier S. 105.
37 Bechhaus-Gerst, Marianne: »Hinrichtung 6.18 durch das Fallbeilgerät« – Ein Askari vor dem Sondergericht Hamburg. In: dies./Klein-Arendt (Hg.): Begegnung, S. 41–49.
38 Breiter, Bastian: Der Weg des »treuen Askari« ins Konzentrationslager – Die Lebensgeschichte des Mohamed Husen. In: Van der Heyden, Ulrich/Zeller, Joachim (Hg.): Kolonialmetropole Berlin.

Eine Spurensuche. Berlin 2002, S. 215–220; Bechhaus-Gerst: Afrikaner, S. 26. vgl. neuerdings dies. Treu bis in den Tod. Von Deutsch-Ostafrika nach Sachsenhausen – Eine Lebensgeschichte. Berlin 2007.
39 Grosse: Privatheit, S. 102; Lewerenz: Afrika-Schau, S. 47 ff.
40 Kesting, Robert W.: The Black Experience during the Holocaust. In: Berenbaum, Michael/Peck, Abraham J. (HG.): The Holocaust And History. The Known, the Unknown, The Disputed, and the Reexamined. Bloomington/Indianapolis 2002, S. 358–365; ders.: Forgotten Victims. Blacks in the Holocaust. In: The Journal of Negro History 77 (1992) 1, Winter 1992, S. 30–36; Lusane, Clarence: Hitler's Black Victims. The Historical Experiences of Afro-Germans, European Blacks, Africans, and African Americans in the Nazi Era. New York/London 2003, S. 155 ff.
41 Zit. nach: Koller, Christian: »Von Wilden aller Rassen niedergemetzelt«. Die Diskussion um die Verwendung von Kolonialtruppen in Europa zwischen Rassismus, Kolonial- und Militärpolitik (1914–1930). Stuttgart 2001, S. 352 und S. 354. Vgl. dazu Kettlitz, Eberhardt: Afrikanische Soldaten aus deutscher Sicht seit 1871. Stereotype, Vorurteile, Feindbilder und Rassismus. Frankfurt a. M. 2007, S. 119 ff.
42 Martin, Peter: »... auf jeden Fall zu erschießen«. Schwarze Kriegsgefangene in den Lagern der Nazis. In: Mittelweg 36. Zeitschrift des Hamburger Instituts für Sozialforschung 8 (1999) 5, S. 76–91; Fargettas, Julien: Der andere Feldzug von 1940: Das Massaker an den schwarzen Soldaten. In: Martin/Alonzo (Hg.): Charleston; Lusane: Victims, S. 153 ff.
43 Rheinisches JournalistInnenbüro: »Unsere Opfer zählen nicht«. Die Dritte Welt im Zweiten Weltkrieg, hg. von Recherche International e. V. Berlin/Hamburg 2005, S. 147.
44 Kettlitz: Soldaten, S. 123 f.; Lusane: Victims, S. 145 ff.
45 Martin, Peter: ». auf jeden Fall zu erschießen«. Schwarze Kriegsgefangene in den Lagern der Nazis. In: Mittelweg 36. Zeitschrift des Hamburger Instituts für Sozialforschung 8 (1999) 5, S. 76–91; Fargettas: Feldzug, S. 567–572; Lusane: Victims, S. 153 ff.

Das lange Jahr der Kolonialeuphorie: Juli 1940 bis Dezember 1941 (S. 81–138)

1 Kordt, Erich: Nicht aus den Akten ... Die Wilhelmstraße in Frieden und Krieg. Erlebnisse, Begegnungen und Eindrücke 1928–1945. Stuttgart 1950, S. 392 f. Bei der Datierung des Treffens zwischen Ribbentrop und Ciano ist Kordt wohl ein Fehler unterlaufen. Zwar trafen sich beide auch Mitte Juli (19. 7.); die geschilderte Besprechung fand aber bereits am 19. Juni statt. Vgl. dazu Hildebrand, Klaus: Vom Reich zum Weltreich. Hitler, NSDAP und koloniale Frage 1919–1945. München 1969, S. 650; Muggeridge, Malcolm (Hg.): Ciano's Diplomatic Papers. London 1948, S. 372 ff.
2 SUB GÖ, Nürnberger Prozesse, NI-3491, Niederschrift über eine Sitzung der Reichsgruppe Industrie am 4. 9. 1940.
3 BAK, ZSg 101/36, Bl. 285–297, hier Bl. 291, Zusammenfassender Informationsbericht von Dr. Hans-Joachim Kausch vom 21. 9. 1940.
4 Meldungen aus dem Reich Nr. 135 vom 24. 10. 1940. Zit. nach: Boberach, Heinz (Hg.): Meldungen aus dem Reich. Die geheimen Lageberichte des Sicherheitsdienstes der SS, Bd. 5. Herrsching 1984, S. 1699.
5 Gruchmann, Lothar: Der Zweite Weltkrieg. Kriegführung und Politik, 11., akt. Aufl. Wiesbaden 2004, S. 93 ff.
6 Aufzeichnung des Vertreters des Auswärtigen Amts beim Oberkommando des Heeres, Hasso von Etzdorf, über »Kolonialpläne« vom 4. 9. 1940. In: Akten, Serie D, Bd. XI,1. Bonn 1964, Dok. 16, S. 18 f. Vgl. dazu Metzger, Chantal: L'empire colonial français dans la stratégie du Troisième Reich (1936–1945). Brüssel u. a. 2002, S. 226 ff. Vgl. zu Hitlers Haltung Hildebrand, Klaus: Deutsch-Mittelafrika. Ein Kriegsziel Hitlers in den Jahren 1940–1942? In: Funke, Manfred (Hg.): Hitler, Deutschland und die Mächte. Materialien zur Außenpolitik des Dritten Reiches. Düsseldorf 1978, S. 383–406.
7 PAA, Nr. R 29990, Memorandum »Die territoriale Kolonialforderung an Frankreich im Rahmen der Gesamtforderung« von Bielfeld vom 6. 11. 1940. Abgedruckt in: Akten, Serie D, Bd. XI.1. Bonn 1964, Dok. 298, S. 409–415.
8 Vortrag vom 14. November 1940. In: Wagner, Gerhard (Hg.): Lagevorträge des Oberbefehlshabers der Kriegsmarine vor Hitler 1939–1945. München 1972, S. 162. Vgl. dazu Schreiber, Gerhard: Revisionismus und Weltmachtstreben. Marineführung und deutsch-italienische Bezie-

hungen 1919–1944. Stuttgart 1978; ders./Stegemann, Bernd/Vogel, Detlef: Der Mittelmeerraum und Südosteuropa. Von der »non belligeranza« Italiens bis zum Kriegseintritt der Vereinigten Staaten. Stuttgart 1984, S. 250 ff.; Metzger: L'empire, S. 228 ff.

9 Gedanken der Seekriegsleitung zum Aufbau der Flotte nach dem Krieg vom 4.7.1940. Zit. nach: Salewski, Michael (Hg.): Die deutsche Seekriegsleitung 1935–1945, Band III. Frankfurt a. M. 1973, S. 122–130 (Zitat S. 123).

10 Memorandum »Stützpunkte im Kolonialreich« vom 12.7.1940. Zit. nach: Ebd., S. 114 f.

11 BAB B 901/61120, Bl. 1–3, Schreiben des Oberkommandos der Marine an das AA, Gesandter Rintelen, vom 27.7.1940. Vgl. dazu Groehler, Olaf: Zur Kriegszielpolitik des deutschen Imperialismus im zweiten Weltkrieg. In: Zeitschrift für Militärgeschichte 3 (1964) 3, S. 339–344.

12 Schreiber/Stegemann: Mittelmeerraum, S. 265.

13 Vgl. allgemein zum Thema Brechtken, Magnus: »Madagaskar für die Juden«. Antisemitische Idee und politische Praxis 1885–1945. München 1997; Jansen, Hans: Der Madagaskar-Plan. Die beabsichtigte Deportation der europäischen Juden nach Madagaskar. München 1997.

14 Browning, Christopher R.: Die nationalsozialistische Umsiedlungspolitik und die Suche nach einer »Lösung der Judenfrage« 1939–1941. In: ders.: Der Weg zur »Endlösung«. Entscheidungen und Täter. Bonn 1998, S. 13–36, hier S. 27.

15 Zit. nach: Aly, Götz: »Endlösung«. Völkerverschiebung und der Mord an den europäischen Juden. Frankfurt a. M. 1995, S. 141. Allgemein zur Chronologie der Ereignisse: Ebd., S. 139 ff. Zum Auswärtigen Amt vgl. Döscher, Hans-Jürgen: Das Auswärtige Amt im Dritten Reich. Diplomatie im Schatten der »Endlösung«. Berlin 1986, bes. S. 215 ff.

16 Jansen: Madagaskar-Plan, S. 319.

17 PAA, Nr. R 100857, Bl. 229, »Kurzer Überblick über die neu aufzunehmenden, vordringlichen Aufgaben des Ref. D III« vom 3.6.1940; Brechtken: Madagaskar, S. 228; Jansen: Madagaskar-Plan, S. 230 f.; Aly: Endlösung, S. 142.

18 Böhme, Hermann: Entstehung und Grundlagen des Waffenstillstandes von 1940. Stuttgart 1966, S. 284.

19 Aly: Endlösung, S. 143 f. (Zitat S. 144); Hillgruber, Andreas: Hitlers Strategie. Politik und Kriegführung 1940–1941. Frankfurt a. M. 1965, S. 246, Anm. 26.

20 Zit. nach: Ebd., S. 233 f.

21 PAA, Nr. R 100857, Bl. 226 f., Memorandum »Plan zur Lösung der Judenfrage« von Rademacher, Auswärtiges Amt, vom 2.7.1940. Vgl. Brechtken: Madagaskar, S. 231; Aly: Endlösung, S. 145.

22 Jansen: Madagaskar-Plan, S. 327.

23 Ebd., S. 332; Aly: Endlösung, S. 145.

24 Ebd., S. 146; Jansen: Madagaskar-Plan, S. 333 ff.; Browning: Umsiedlungspolitik, S. 27 f.

25 PAA, Nr. R 100857, Bl. 199–214 (Zitat Bl. 205), »Madagaskar-Projekt« des Reichssicherheitshauptamtes vom Juli/August 1940. Vgl. Brechtken: Madagaskar, S. 246 ff.; Aly: Endlösung, S. 154; Jansen: Madagaskar-Plan, S. 349.

26 Eintrag vom 17.8.1940. In: Reuth, Ralf Georg (Hg.): Joseph Goebbels. Tagbücher 1924–1945, Band 4: 1940–1942. München 1992, S. 1466. Vgl. Aly: Endlösung, S. 154.

27 Aly, Götz/Heim, Susanne: Vordenker der Vernichtung. Auschwitz und die Pläne für eine neue europäische Ordnung. Hamburg 1991, S. 264 f.

28 PAA, Nr. R 100857, Bl. 183, Internes Schreiben von Woermann, Auswärtiges Amt, an Legationsrat Rademacher, Auswärtiges Amt, Abt. D III, vom 14.2.1942.

29 BAB, NS 9/14, Bekanntgabe B 75/40 vom 2.11.1940.

30 BAB, NS 5 VI/39830, Bl. 61, Abschrift der Anordnung A-3/40 g des Stellvertreters des Führers, Hess, vom 23.1.1941.

31 BAB, R 2/4969, Bl. 19 f., Abschrift eines Schreibens des Reichsministers und Chefs der Reichskanzlei, Lammers, an den Reichsleiter des KPA, Ritter von Epp, vom 9.10.1940; BAB, NS 22/306, Notiz für Pg. Walter, Partei-Kanzlei, vom 10.3.1941.

32 StaA HH, 621-1 HAPAG-Reederei, Nr. 1341, Bd. 3, Niederschrift über die Plenarsitzung der IHK Hamburg am 30.8.1940.

33 BAB, R 2/4969, Bl. 19 f., hier Bl. 19, Abschrift eines Schreibens des Reichsministers und Chefs der Reichskanzlei, Lammers, an den Reichsleiter des KPA, Ritter von Epp, vom 9.10.1940.

34 BAB, NS 22/306, Notiz für Pg. Walter, Partei-Kanzlei, vom 10.3.1941.

35 BAB, R 43/4101, Bl. 58, Rundschreiben des Reichsministers und Chefs der Reichskanzlei, Lammers, vom 28.3.1941.

36 BAB, NS 6/329, Bl. 34–36, Anordnung 170/39 des Stellvertreters des Führers vom 15. 9. 1939.
37 BAB, R 2/4973, Bl. 88 f., Abschrift eines Schreibens des Leiters der Partei-Kanzlei, Bormann, an den Reichsminister und Chef der Reichskanzlei, Lammers, vom 6. 9. 1941.
38 BAB, R 43 II/1293, Bl. 67–69, Schreiben des Reichsministers und Chefs der Reichskanzlei, Lammers, an den Reichsleiter des KPA, von Epp, vom 8. 10. 1941.
39 BAB, NS 52/63, Bl. 185–188, hier Bl. 187, Niederschrift über die Besprechung der Arbeitspläne der Abteilungen I, II, III, IV am 17. 12. 1941.
40 BAB, R 43/3593, Bl. 4 f., Schreiben des KPA, Asmis, an den Reichsminister und Chef der Reichskanzlei, vom 22. 12. 1941.
41 SfS, NA, T-81, Roll 676, Bl. 5484509, Abschrift eines Schreibens des Reichspropagandaleiters der NSDAP an alle Gauleiter und Gaupropagandaleiter vom 6. 1. 1941.
42 BAB, R 1001/7537, Bl. 235, Rundschreiben Nr. 20/41 des RKB, Abteilung Propaganda, vom 20. 2. 1941.
43 Zit. nach: Hollstein, Dorothea: »Jud Süß« und die Deutschen. Antisemitische Vorurteile im nationalsozialistischen Spielfilm. Frankfurt a. M./Berlin/Wien 1983, S. 127. Vgl. dazu auch Drewniak, Boguslaw: Der deutsche Film 1938–1945. Ein Gesamtüberblick. Düsseldorf 1987, S. 299; Lowry, Stephan: Pathos und Politik. Ideologie in Spielfilmen des Nationalsozialismus. Tübingen 1991, S. 232.
44 Courtade, Francis/Cadars, Pierre: Geschichte des Films im Dritten Reich. München/Wien 1975, S. 60 und S. 88.
45 Meldungen aus dem Reich, Nr. 185 vom 12. 5. 1941. Zit. nach: Boberach (Hg.): Meldungen, Bd. 7, S. 195 ff.
46 Freytag, Walter: Menschenführung in Afrika. Eine Aufgabe der Missionen. In: Afrika-Rundschau 6 (1940/41) 2 vom 1. 6. 1940, S. 24–26. Vgl. insgesamt zum Thema Ustorf, Werner: Im Streit um koloniale Kompetenz. Evangelische Mission und Nationalsozialismus im Spiegel der Missionsarchive. In: Heine, Peter/Van der Heyden, Ulrich (Hg.): Studien zur Geschichte des deutschen Kolonialismus in Afrika. Festschrift zum 60. Geburtstag von Peter Sebald, Pfaffenweiler 1995, S. 562–582; ders.: »Survival of the Fittest«: German Protestant Missions, Nazism and Neocolonialism, 1933–1945. In: Journal of Religion in Africa 28 (1998) 1, S. 93–114.
47 BAB, NS 43/142, Bl. 10–43 (Zitate Bl. 31 und Bl. 43), Denkschrift »Deutsches katholisches Missionsschaffen unter besonderer Berücksichtigung Afrikas«, von der Missions-Verwaltungs-Gesellschaft mbH und der Superioren-Vereinigung Berlin dem Gesandten Asmis am 19. 10. 1940 überreicht. Zu den Gründen für diese Anbiederung gibt es eine interessante Diskussion: Ustorf, Werner: What if the Light in You is Darkness? An Inquiry into the Shadow Side of the Missionary Self. In: Van der Heyden, Ulrich/Becher, Jürgen (Hg.): Mission und Gewalt. Der Umgang christlicher Missionen mit Gewalt und die Ausbreitung des Christentums in Afrika und Asien in der Zeit von 1792 bis 1918/19, Stuttgart 2000, S. 139–152; ders.: Mission im Nationalsozialismus, Berlin 2002 (Berliner Beiträge zur Missionsgeschichte, Heft 3); Poewe, Karla: Liberalism, German Missionaries and National Socialism. In: Van der Heyden, Ulrich/Stoecker, Holger (Hg.): Mission und Macht im Wandel politischer Orientierungen. Europäische Missionsgesellschaften in politischen Spannungsfeldern in Afrika und Asien zwischen 1800 und 1945. Stuttgart 2005, S. 633–662.
48 Knak, Siegfried D.: Die Eingeborenenwirtschaft unter dem Einfluß der Mission. In: Afrika-Rundschau 6 (1940/41) 12 vom 1. 4. 1941, S. 178–182, hier S. 179.
49 StaA HB, 3-R.1.g., Nr. 112, Schreiben des RKB, Präsident des Kolonialrates, von Lindequist, an den Regierenden Bürgermeister Böhmcker vom 28. 10. 1941 (im Anhang »Leitsätze des Ausschusses des Kolonialrats für Eingeborenenfragen einschließlich Arbeiterfragen); BAB, NS 43/142, Bl. 3–7, Aktennotiz aus dem Außenpolitischen Amt der NSDAP vom 8. 5. 1941.
50 Denkschrift »Die Forschungsaufgaben der Hohen Schule« von Rosenberg vom 6. 11. 1940, zit. nach: Poliakov, Léon/Wulf, Joseph (Hg.): Das Dritte Reich und seine Denker, Frankfurt a. M./Berlin/Wien 1983, S. 135 f., hier S. 135; BAB, NS 9/280 Bl. 1–126, hier Bl. 54 ff.; Denkschrift »Nationalsozialistische Eingeborenenlenkung in den Reichskolonien« der AO, o. Dat.
51 Leschner, Friedrich: Arbeitskräfte und koloniale Holzwirtschaft. In: Afrika-Nachrichten 22 (1941) 3, S. 42–46 (Zitat S. 43).
52 BAB, R 1001/6287, Bl. 75–80, hier Bl. 77, Schreiben von Baron Monteton an Geheimrat Gunzert, AA, vom 4. 10. 1940 (im Anhang Denkschrift »Arbeitseinsatz der Eingeborenen«).
53 BAB, R 8119 F/P 24533, Bl. 2, Durchschrift eines Schreibens des KPA, Bielfeld, an den Leiter der Deko-Gruppe, Weigelt, vom 25. 6. 1941 (in der Anlage: Entwurf einer »Verordnung über den Arbeitseinsatz Eingeborener und gleichgestellter Fremder in den Kolonien«, Bl. 8–10, hier Bl. 8).

54 BAB, NS 5 VI/39843, Bl. 65–71, hier Bl. 65 f., »Stellungnahme zu der Arbeit des Herrn Baron Monteton über ›Arbeitseinsatz der Eingeborenen‹ von Herrn Otto Werner« vom 16.12.1940.
55 BAB, R 8119 F/P 24533, Bl. 2, Durchschrift eines Schreibens des KPA, Bielfeld, an den Leiter der Deko-Gruppe, Weigelt, vom 25.6.1941 (in der Anlage: Entwurf einer »Verordnung über den Arbeitseinsatz Eingeborener und gleichgestellter Fremder in den Kolonien«, Bl. 8–10, hier Bl. 8).
56 BAB, R 1001/6287, Bl. 75–80, hier Bl. 76, Schreiben von Baron Monteton an Geheimrat Gunzert, AA, vom 4.10.1940 (im Anhang Denkschrift »Arbeitseinsatz der Eingeborenen«).
57 BAB, NS 52/65, Bl. 265, Schreiben von Regierungsrat zu Trauttmansdorff, Reichsarbeitsministerium, an das Kolonialpolitische Amt, Hauptabteilung I, vom 5.4.1941 (im Anhang: »Personalausweise der Eingeborenen«, Bl. 266–269).
58 BAB, R 2/4982, Bl. 2–17, hier Bl. 3 ff., Schreiben des KPA, Dienststelle Berlin, Graf zu Trauttmansdorff, an Min.Rat Burmeister, RFM, vom 6.9.1941, BAB, NS 52/68, Bl. 7–19, Entwurf einer Verordnung für ein Arbeitsbuch für Eingeborene und gleichgestellte Fremde vom September 1941, nebst Durchführungsverordnung und Erläuterungen.
59 Bernatzik, Hugo Adolf: Zukunftsrichtung der modernen Kolonisation. In: Deutscher Kolonial-Dienst 5 (1940) 9, S. 132–136, hier S. 133.
60 BAB, R 1001/6287, Bl. 75–80, Schreiben von Baron Monteton an Geheimrat Gunzert, AA, vom 4.10.1940 (im Anhang Denkschrift »Arbeitseinsatz der Eingeborenen«).
61 Ebd., Bl. 96–107, hier Bl. 97 f., »Grundsätzliches zur Regelung der eingeborenen Arbeiterfrage in den afrikanischen Kolonien« von Oskar Karstedt vom 13.1.1941.
62 BAB, NS 52/65, Bl. 222, hier Bl. 223, Schreiben der Abteilung I des KPA an das Stabsamt vom 14.5.1941 (im Anhang »Leitsätze zum Arbeitsrecht der Eingeborenen in afrikanischen Kolonien«, Bl. 223–226).
63 BAB, R 8119 F/P 24533, Bl. 2, Durchschrift eines Schreibens des KPA, Bielfeld, an den Leiter der Deko-Gruppe, Weigelt, vom 25.6.1941 (in der Anlage: Entwurf einer »Verordnung über den Arbeitseinsatz Eingeborener und gleichgestellter Fremder in den Kolonien«, Bl. 8–10, hier Bl. 9).
64 BAB, R 1001/6287, Bl. 96–107, hier Bl. 98 f., »Grundsätzliches zur Regelung der eingeborenen Arbeiterfrage in den afrikanischen Kolonien« von Oskar Karstedt vom 13.1.1941.
65 BAB, NS 52/65, Bl. 222, Schreiben der Abteilung I des KPA an das Stabsamt vom 14.5.1941 (im Anhang »Leitsätze zum Arbeitsrecht der Eingeborenen in afrikanischen Kolonien«, Bl. 223–226, hier Bl. 226).
66 BAB, NS 52/67, Bl. 87–95, hier Bl. 90, Entwurf einer »Verordnung über die Arbeitsverwaltung in den Kolonien und dem Einsatz der Eingeborenen zur Arbeit« von Trauttmansdorff (?) vom 15.12.1941.
67 BAB, R 1001/6287, Bl. 75–80, hier Bl. 79, Schreiben von Baron Monteton an Geheimrat Gunzert, AA, vom 4.10.1940 (im Anhang Denkschrift »Arbeitseinsatz der Eingeborenen«).
68 Ebd., Bl. 96–107, hier Bl. 106, »Grundsätzliches zur Regelung der eingeborenen Arbeiterfrage in den afrikanischen Kolonien« von Oskar Karstedt vom 13.1.1941.
69 BAB, NS 9/280, Bl. 1–126, hier Bl. 123 f., Denkschrift »Nationalsozialistische Eingeborenenlenkung in den Reichskolonien« der AO, o. Dat. (1941).
70 DAF.-Anordnung 8/40. In Amtliches Nachrichtenblatt der Deutschen Arbeitsfront 6 (1940) 3 vom 1.7.1940, S. 20. Vgl. insgesamt zur Arbeiterpolitik Linne, Karsten: The »New Labour Policy« in Nazi Colonial Planning for Africa. In: International Review for Social History 49 (2004) 2, S. 197–224.
71 AwI: Arbeits- und Sozialpolitik – die Grundlage der neuzeitlichen Überseekolonisation. In: AwI-Jb. 1940/41 I, S. 677–705. Zit. nach: Sozialstrategien der Deutschen Arbeitsfront hg. von der Hamburger Stiftung für Sozialgeschichte des 20. Jahrhunderts. München u. a. 1986 ff., Abt. A, Bd. 7, S. 677–705.
72 BAB, NS 5 VI/17928, S. 5 und 11 f., AwI: Die Eingeborenenarbeitsführung im kolonialen Afrika – Ein Erziehungsproblem, November 1941, von Weitzenberg; BAB, NS 5 VI/39656, Bl. 2, AwI: Die praktische Sozialbetreuung der eingeborenen Frau im afrikanischen Kolonialraum, August 1941, von Lackner.
73 Roth, Karl Heinz: Der Traum vom »Vorarbeiter der Welt«. »Koloniale Sozialpolitik« in Afrika aus der Sicht des Arbeitswissenschaftlichen Instituts. Manuskript 1978, S. 10. Ich danke Dr. Dr. Karl Heinz Roth für die Überlassung des Manuskripts.
74 AwI: Die arbeits- und sozialrechtliche Gestaltung der Lohnarbeit in Afrika. In: AwI-Jahrbuch 1940/41 I, S. 707–734. Zit. nach: Sozialstrategien, Abt. A, Bd. 5, S. 707–734, hier S. 716; BAB, NS

5 VI/39682, Bl. 1 f., AwI: Die Gestaltung der eingeborenen Lohnarbeit im afrikanischen Kolonialraum.
75 BAB, NS 5 VI/39652, Bl. 4 ff., AwI: Der soziale Organisationsplan Deutsch-Ostafrikas. Richtlinien für die praktische Durchführung, o. Dat., von Menzel; AwI: Arbeits- und Sozialpolitik – die Grundlage der neuzeitlichen Überseekolonisation. In: AwI-Jahrbuch 1940/41 I, S. 677–705. Zit. nach: Sozialstrategien, Abt. A, Bd. 5, S. 677–705, hier S. 696 ff.
76 AwI: Der Einsatz weißer Arbeitsführer in der künftigen deutschen Kolonialwirtschaft. Eine Vorstudie kolonial-sozialer Probleme, November 1941. Zit. nach: Sozialstrategien, Abt. B/2, Fiche 86, Nr. 103, Bl. 212–255, hier Bl. 216 f. Vgl. dazu Linne, Karsten: »Weiße Arbeitsführer«. Der nationalsozialistische Traum vom sozialen Aufstieg in Afrika. In: Sozial.Geschichte. Zeitschrift für historische Analyse des 20. und 21. Jahrhunderts 19 (2004) 3, S. 6–27, hier S. 17 ff.
77 AwI: Einsatz, Bl. 222.
78 Ebd., Bl. 227 f.
79 BAB, NS 5 VI/39694, Bl. 21 f., AwI: Vertragsentwurf und Erläuterungen zum Vertrag zwischen Gefolgschaftsmitgliedern und deutschen Firmen in Übersee, o. Dat., von Haenisch.
80 AwI: Einsatz, Bl. 229 ff.
81 BAB, NS 5 VI/39694, Bl. 18 f., AwI: Vertragsentwurf.
82 Ebd., Bl. 235 ff. und Bl. 249 ff.
83 Die Ethnologin Hilde Thurnwald gehörte zu den wenigen Personen, die sich außerhalb des AwI Gedanken über die afrikanischen Frauen machten. Es ist augenfällig, dass die AwI-Memoranden sehr stark auf ihren Arbeiten fußten. Vgl. Thurnwald, Hilde: Die schwarze Frau im Wandel Afrikas. Eine soziologische Studie unter ostafrikanischen Stämmen. Stuttgart 1935, S. 97 ff.
84 BAB, NS 5 VI/39656, Bl. 3 ff., AwI: Die praktische Sozialbetreuung der eingeborenen Frau im afrikanischen Kolonialraum, August 1941, von Lackner.
85 BAB, NS 5 VI/39686, Bl. 48 ff., AwI: Die eingeborene Frau im afrikanischen Kolonialraum, Februar 1941, von Medger.
86 BAB, NS 5 VI/39656, Bl. 10 ff., AwI: Sozialbetreuung; BAB, NS 5 VI/39649, S. 61, AwI: Die soziale Stellung der eingeborenen Frau im afrikanischen Kolonialraum. Die Problematik des europäischen Einflusses auf ihre Lebensform, Oktober 1942.
87 BAB, NS 5 VI/39686, Bl. 58, AwI: Frau.
88 BAB, NS 5 VI/39656, Bl. 35 ff., AwI: Sozialbetreuung.
89 Vgl. dazu bspw. Klinksiek, Dorothee: Die Frau im NS-Staat. Stuttgart 1982; Koonz, Claudia: Mütter im Vaterland. Frauen im Dritten Reich. Reinbek 1994; Stephenson, Jill: Women in Nazi Germany. Harlow u. a. 2001; Steinbacher, Sybille: Volksgenossinnen. Frauen in der NS-Volksgemeinschaft. Göttingen 2007.
90 BAB, NS 5 VI/20333, Bl. 69, Uhde, Sofie von: Frauenwerk in Afrika. In: Berliner Börsen-Zeitung vom 12. 2. 1938.
91 Walgenbach, Katharina: »Die weiße Frau als Trägerin deutscher Kultur«. Koloniale Diskurse über Geschlecht, »Rasse« und Klasse im Kaiserreich. Frankfurt a. M. 2006; Gouda, Frances: Das »unterlegene« Geschlecht der »überlegenen« Rasse. Kolonialgeschichte und Geschlechterverhältnisse. In: Schissler, Hanna (Hg.): Geschlechterverhältnisse im historischen Wandel. Frankfurt a. M./New York 1993, S. 185–203.
92 BAB, NS 22/925, Bericht der Reichsfrauenführung für das erste Halbjahr 1940, Unterabteilung Kolonialarbeit.
93 BAB, NS 5 VI/20447, Bl. 19, Buresch-Riebe, Ilse: Ein neues Gebiet des Mütterdienstes: Koloniale Mütterschulung. In: Die Frau am Werk, Januar 1941. Vgl. allgemein zu Husbäke Dannemann, Geesche: Von Frauenbildung zu Frauenschulung im Nationalsozialismus. Oldenburg 1994, S. 80 ff.
94 BAB, R 4902/7806, Bl. 50, Die deutsche Frau in den Kolonien. In: National-Zeitung vom 25. 7. 1940. Vgl. dazu Linne: Arbeitsführer, hier S. 20 ff.
95 MacLean, Eva: Die Aufgaben der deutschen Frau in den Kolonien. In: Koloniales Taschenbuch 1941. Berlin 1941, S. 38–42.
96 AwI: Die deutsche Frau im afrikanischen Kolonialraum (Kurzberichte über Arbeiten des Instituts). In: AwI-Jahrbuch 1940/41 II, S. 1031. Zit. nach: Sozialstrategien, Abt. A, Bd. 5, S. 1031.
97 BAB, NS 5 VI/39675, Bl. 2 f. (Zitate Bl. 2), AwI: Die deutsche Frau im afrikanischen Kolonialraum. Richtlinien für ihren künftigen Einsatz in Übersee, Oktober 1940, von Medger.
98 Ebd., Bl. 12 f.
99 BAB, NS 5 VI/39656, Bl. 54 ff., AwI: Sozialbetreuung.

100 Werner, Heinrich: Hygienische Maßnahmen zum Schutze von deutschen und farbigen Frauen und Kindern im tropischen Afrika. In: Deutsche medizinische Wochenschrift 66 (1940) 27 vom 5.7.1940, S. 729–731. Vgl. insgesamt dazu Eckart, Wolfgang U.: Medizin und Kolonialimperialismus. Deutschland 1884–1945. Paderborn u. a. 1997, S. 514 ff.
101 Peter, F. M.: Grundbegriffe der Tropenmedizin. In: Deutscher Kolonial-Dienst 5 (1940) 10, S. 150–156.
102 Mühlens, Peter: Tropendienstfähigkeit. In: Deutsche Medizinische Wochenschrift 66 (1940) 38 vom 20.9.1940, S. 1045–1046.
103 BAB, NS 20/119, Bl. 17886, KPA: »Die gesundheitlichen Anforderungen an Tropendienstanwärter«, Anfang 1941.
104 Rodenwaldt, Ernst: Tropenhygiene. 2. Aufl. Stuttgart 1941, S. 11.
105 BAB, R 22/22368, Bl. 386–389, Schreiben des KPA, Asmis, an den Reichsjustizminister vom 22.7.1940 (Anlage: Entwurf zu einer »Verordnung des Führers und Reichskanzlers betreffend Bekämpfung gemeingefährlicher und übertragbarer Seuchen in den Kolonien«, Bl. 387–389).
106 Martini, Erich: Seuchenverhütung in den Tropen. In: Deutsches Ärzteblatt 71 (1941) 7 vom 15.2.1941, S. 77–80.
107 StaA HB, 3-R.1.g., Nr. 112, Schreiben des RKB, Präsident des Kolonialrates, von Lindequist, an den Regierenden Bürgermeister Böhmcker vom 28.10.1941.
108 Ronnefeldt, Franz: Gesundheitliche Eingeborenenfürsorge in den Tropen. In: Deutsches Ärzteblatt 71 (1941) 10 vom 8.3.1941, S. 109–111.
109 BAB, R 1001/6287, Bl. 75–80, Schreiben von Baron Monteton an Geheimrat Gunzert, Auswärtiges Amt, vom 4.10.1940 (im Anhang Denkschrift »Arbeitseinsatz der Eingeborenen«).
110 StaA HH, 352-8/9, Bernhard-Nocht-Institut, Nr. 130, Bericht von Weise, Abteilungsvorsteher am Tropeninstitut, über die 11. Tagung der Deutschen Tropenmedizinischen Gesellschaft, vom 3.–5.10.1940 in Hamburg.
111 XI. Tagung der Deutschen Tropenmedizinischen Gesellschaft. Festsitzung zur Feier des 40jährigen Bestehens des Tropeninstituts. In: Deutsche Tropenmedizinische Zeitschrift, Bd. 45 (1941), S. 2–18, hier S. 16 f.
112 SfS, BNI, Ordner 1940–1941, A-K, Kolonialarzt von morgen. In: Hamburger Tageblatt vom 4.10.1940.
113 Ebd., Ganze Männer in die Kolonien. In: Hamburger Fremdenblatt vom 4.10.1940.
114 BAB, R 2501/3155, Bl. 88 f., hier Bl. 89, Prenzel, Richard: Kolonialwirtschaft. In: Die Staatsbank vom 7.7.1940.
115 Ritter, Paul: Kolonialpolitik und Geopolitik. In: Deutsche Kolonial-Zeitung 50 (1938) 1, S. 11 f. Vgl. zur Geopolitik Kost, Klaus: Die Einflüsse der Geopolitik auf Forschung und Theorie der Politischen Geographie von ihren Anfängen bis 1945. Ein Beitrag zur Wissenschaftsgeschichte der Politischen Geographie und ihrer Terminologie unter besonderer Berücksichtigung von Militär- und Kolonialgeographie. Bonn 1988.
116 Krüger, Karl: Kolonialanspruch und kontinentale Wirtschaftsplanung, Dresden 1940, S. 16 ff.; Thalheim, Karl C.: Die Weltwirtschaft neuer Ordnung. In: Nationale Wirtschaftsordnung und Grossraumwirtschaft (Jahrbuch 1941), hg. von der Gesellschaft für europäische Wirtschaftsplanung und Großraumwirtschaft e. V., Berlin, Dresden 1941, S. 96–105; Schmitt, Matthias: Blick nach Afrika. Ergänzungsraum Europas – Seine weltpolitische Stellung. In: Kolonial-Post 35 (1941) 3, 41 f.; Schürmann, Arthur: Die weltwirtschaftlichen Beziehungen des afrikanischen Kontinents. In: Die Deutsche Volkswirtschaft 10 (1941) 22, S. 811–814.
117 Heske, Franz: Bedeutung des Tropenwaldes im europäisch-afrikanischen Großraum. In: Nationale Wirtschaftsordnung und Großraumwirtschaft, Dresden 1941, S. 31 f. (Zitat S. 31).
118 Ritter, Paul: Afrika als europäische Aufgabe und Verpflichtung. In: Kolonial-Post 35 (1941) 7, S. 121 f.
119 Morell, Wolfgang: Europas Aufgaben in Afrika. In: Afrika-Rundschau 7 (1941/42) 6, S. 89–91.
120 Braun, Georg: Voraussetzungen kolonialer Wirtschaftsplanung. In: Afrika-Rundschau 6 (1940/41) 3 vom 1.7.1940, S. 29 f.
121 BAB, NS 22/733, Richtlinien für die Schulung, hg. vom KPA, o. Dat. (1937); BAB/R 2, Nr. 4978, Bl. 7–14, Richtlinien für die kolonialpolitische Schulung, hg. vom Amt Schulung des KPA, Oktober 1940.
122 BAB, R 2501/3155, Bl. 80–89, Prenzel, Richard: Kolonialwirtschaft. In: Die Staatsbank vom 7.7.1940.

123 MVH, D 3/171, Eisfeld, Curt: Hamburgs kolonialwirtschaftliche Aufgabe (Manuskript vom Dezember 1941).
124 BAB, R 2/4978, Bl. 7–14, hier Bl. 11, Richtlinien für die kolonialpolitische Schulung, hg. vom Amt Schulung des KPA, Oktober 1940.
125 Schmitt, Matthias: Funktion und Bedeutung der Kolonien unter besonderer Berücksichtigung der ausländischen Diskussion zur wirtschaftlichen Seite der deutschen Kolonialforderung. Phil. Diss., Berlin 1939, S. 158 ff.
126 Braun, Georg: Koloniale Produktionslenkung. In: Afrika-Rundschau 6 (1940/41) 9 vom 1.1.1941, S. 129 f.
127 HWWA, Personenmappe Karl Kaufmann, Hamburgs Wirtschaft hat die Probe bestanden. In: Hamburger Tageblatt vom 10.10.1940.
128 HIS, PFR, Nr. 601,01,01 Tätigkeitsberichte der RGI 1939–1943, Tätigkeitsbericht Nr. 5/41 vom 15.5.1941.
129 BAB, R 7/109, Bl. 79–81, Schreiben der Generaldirektion der Staatlichen Hütten- und Blaufarbenwerke an das Reichswirtschaftsministerium vom 17.7.1940.
130 BAB, R 1001/6402, Bl. 84 f., Abschrift eines Schreibens des Reichswirtschaftsministers an das Reichsaufsichtsamt für das Kreditwesen vom 22.7.1940; BAB, R 8119 F/P 24531, Bl. 300 f., Durchschrift einer Aktennotiz von Weigelt für den Vorstand der Deutschen Bank vom 17.9.1940.
131 Ebd., Bl. 86, Schreiben der DOAG an das AA, Pol. X, vom 25.7.1940.
132 BAB, R 1001/3640, Bl. 80 f., Durchschrift eines Schreibens der DTG an das AA, Pol. X, vom 28.8.1940.
133 BAB, R 1001/3833, Bl. 60–101, Schreiben der DTG an das AA, Pol. X, Geheimrat Eltester, vom 5.8.1941 (im Anhang Denkschrift »Einsatz des Handels in Togo«, Bl. 61–101).
134 BAB, R 7/592, Bl. 97 f., Schreiben der Otavi Minen- und Eisenbahn-Gesellschaft an das RWM, Abteilung Bergbau, vom 14.9.1940.
135 BAB, R 7/109, Bl. 82 f., Schreiben des Sächsischen Ministers für Wirtschaft und Arbeit an den Reichswirtschaftsminister vom 9.10.1940.
136 StaA HH, 621-1 HAPAG-Reederei, Nr. 791, Abschrift des Protokolls der Aufsichtsratssitzung der DAL am 15.12.1937.
137 HIS, PFR 751,03 Afrika-Linien, Mappe 1 (Essen-Z), Durchschrift eines Schreibens von Bohlen, DAL, an Essen, Verwaltung für Handel, Schiffahrt und Gewerbe, vom 9.4.1940; StaA HH, 621-1 HAPAG-Reederei, Nr. 1565, Aktennotiz von Walter Hoffmann, Vorstandsvorsitzender der HAPAG, vom 12.2.1940.
138 StaA HH, 371-8 II, Deputation für Handel, Schiffahrt und Gewerbe II, Nr. S XXI A.18.68, Bohlen, Lothar: Denkschrift über die Schiffahrt mit Afrika und den deutschen Kolonien nach Beendigung des Krieges vom 6.6.1940. Vgl. dazu Rübner, Hartmut: Konzentration und Krise der deutschen Schiffahrt. Maritime Wirtschaft und Politik im Kaiserreich, in der Weimarer Republik und im Nationalsozialismus. Bremen 2005, S. 394 f.
139 BAB, NS 5 VI/16142, Bl. 8, Wiederentdeckte Kolonialgesellschaften. In: Neuer Wirtschaftsdienst vom 9.9.1940.
140 Die Kurse der Kolonial- und Schiffahrtswerte. In: Die Deutsche Volkswirtschaft 10 (1941) 6 vom 15.3.1941, S. 215.
141 StaA HH, 621–1 HAPAG-Reederei, Nr. 1341, Bd. 3, Niederschrift über die Plenarsitzung der IHK Hamburg am 30.8.1940. Zur Rowak vgl. Leitz, Christian: Economic Relations Between Nazi Germany and Franco's Spain 1936–1945. Oxford 1996, S. 8 ff.
142 Zu Bethkes Tätigkeit als Geschäftsführer der Rowak vgl. SfS, NA, RG 260 OMGUS FINAD, 2/214/9, Erklärung Bethkes vom 21.8.1945. Zu den Vorgängen um Weigelt vgl. BAB, R 8119 F/P 18, Bl. 127, Schreiben von Weigelt an Direktor Hermann Koehler, Deutsche Bank, Filiale Stuttgart, vom 7.8.1940, BA-MA, RW 19/1567, Koloniale Unterrichtung, Nr. 11 vom 12.2.1941.
143 HK HB, H I/33 a, Aktenvermerk des Präses der IHK Bremen, Bollmeyer, über Besprechungen in Berlin am 5./6.9.1940 vom 16.9.1940.
144 StaA HB, 3-R.1.g., Nr. 92, Abschrift eines Berichts über die Aussprache Hamburger und Bremer Afrika-Firmen über die Wünsche des Handels, o. Dat. (Spätsommer 1940).
145 StaA HH, 621-1, Blohm und Voss, Nr. 1410, Bd. 2, Niederschrift über die Plenarsitzung der IHK Hamburg am 28.2.1941.
146 BAB, R 2/4988, Bl. 58–60, Tätigkeitsbericht der Abteilung III B (Handel, Banken und Versicherungen) des KPA für die Zeit vom 1.11.1940 bis 31.3.1941.

147 BAB, R 1001/6816, Bl. 22–38, Abschrift eines Schreibens des Kolonialwirtschaftlichen Ausschusses der RGH, Brettschneider und Kubitz, an das RWM vom 23. 7. 1941 (im Anhang Stellungnahme der RGH).
148 BAB, R 1001/644, Bl. 28–43, Schreiben der DOAG, Gättens, an Geheimrat Gunzert, AA, vom 20. 5. 1941.
149 BAB, R 8119 F/P 8564, Bl. 110–112, Bericht der DOAG zum provisorischen Abschluß des Jahres 1940 vom 4. 6. 1941.
150 Heske, Franz: Wesen und organisatorische Probleme kolonialforstlicher Forschung. In: Afrika-Nachrichten 22 (1941) 3, S. 34–37.
151 Grauert, Wilhelm: Afrika. Stand und Entwicklungsmöglichkeiten der landwirtschaftlichen Erzeugung und Ausfuhr. In: Der Vierjahresplan 5 (1941) 1/2/3, S. 70–72 (Zitat S. 71).
152 Willscher, Odo: Arbeiterproblem und Motorisierung in der kolonialen Holzwirtschaft. In: Kolonial- und Überseewirtschaft, (1941) 15 vom 1. 8. 1941, S. 122 f.; BAB, R 2501/3156, Bl. 57, ders.: Arbeiterproblem und Motorisierung in der kolonialen Holzwirtschaft. In: Deutsche Wirtschafts-Zeitung vom 15. 8. 1941.
153 BA-MA, RW 19/1565, »Denkschrift über die kriegsentscheidende Bedeutung der kolonialen Vorbereitung«, von Franz Heske vom 22. 4. 1941.
154 BAB, R 2/4988, Bl. 61–68, Tätigkeitsbericht der III C (Landwirtschaft) des KPA für die Zeit vom 1. 11. 1940 bis 31. 3. 1941 (im Anhang: Die Organisation der landwirtschaftlichen Verwaltung und eines landwirtschaftlichen Dienstes in der Kolonie Deutsch-Ostafrika, Bl. 66–68, hier Bl. 67).
155 Ebd., Bl. 17–21, Tätigkeitsbericht der Abteilung III des KPA für die Zeit vom 1. Juli 1941–30. September 1941.
156 Vgl. dazu Harding, Leonhard: Geschichte Afrikas im 19. und 20. Jahrhundert, München 1999, S. 37 ff.; BAB, R 8119 F/P 6281, Bl. 378 f., Durchschrift eines Schreibens von Weigelt an Geheimrat Dr. Fickendey, Deko-Gruppe, vom 7. 11. 1939.
157 Mühlenfels, Albert von: Kolonien und Konjunktur. In: Afrika-Rundschau 6 (1940/41) 9 vom 1. 1. 1941, S. 126–129.
158 Ortlieb, Heinz-Dietrich: Aufgaben und Aufbau einer modernen Kolonialwirtschaft. In: Wirtschaftsdienst 26 (1941) 1, S. 21–24.
159 Braun: Produktionslenkung.
160 Fickendey, Ernst: Eingeborenenkultur und Plantage. Berlin 1941, S. 77 ff.
161 BAB, NS 5 VI/17909, Bl. 11 f., AwI: Die koloniale Sozialpolitik Afrikas in ihrer Problematik – Ein Aufriß bestehender Notstände und vordringlicher Aufgaben, wohl von 1942.
162 Ebd., Bl. 19.
163 BAB, R 113/1585, Schreiben des KWK, Geo A. Schmidt, an das RWM vom 30. 11. 1938; PAA, Nr. R 105109, Sofort-Programm Deutsch-Ost-Afrika, Teil II (Soll-Programm), Einzeldarstellungen Heft 4 Die Landwirtschaft in Deutsch-Ost-Afrika (ausschließlich Farmwirtschaft) (1942).
164 BAB, NS 9/280, Bl. 1–126, hier Bl. 106, Denkschrift »Nationalsozialistische Eingeborenenlenkung« in den Reichskolonien« der AO, o.Dat.
165 StaA HB, 3-R.1.g., Nr. 112, Schreiben des RKB, Präsident des RKR, von Lindequist, an den Regierenden Bürgermeister Böhmcker vom 28. 10. 1941 (im Anhang »Leitsätze des Ausschusses des Kolonialrats für Eingeborenenfragen einschließlich Arbeiterfragen«); SUB GÖ, Nürnberger Prozesse, NI-2875, Memorandum »Bericht über die voraussichtliche Politik in den zukünftigen deutschen Schutzgebieten«, von dem Krupp-Mitarbeiter Millenet vom 1. 1. 1941.
166 GStaA, I. HA, Rep. 151/899, Bl. 41–44, Schreiben von Prof. Köster, Forstliche Hochschule Hann. Münden, an Min.Rat Fehse, Preußisches Finanzministerium, vom 24. 2. 1938.
167 StaA HH, 364–5 I, Universität I, Nr. K 20.1.130, Bd. 1, Abschrift eines Schreibens des Reichsstatthalters in Hamburg an Staatssekretär Alpers, Reichsforstamt, vom 18. 3. 1939.
168 Renneberg, Monika: Zur Mathematisch-Naturwissenschaftlichen Fakultät der Hamburger Universität im »Dritten Reich«. In: Krause, Eckhart/Huber, Ludwig/Fischer, Holger (Hg.): Hochschulalltag im »Dritten Reich«. Die Hamburger Universität 1933–1945, T. III. Berlin/Hamburg 1991, S. 1051–1074, hier S. 1064; Francke, Alfred: Aufgaben und Organisation des Reichsinstitutes für ausländische und koloniale Forstwirtschaft. In: Deutscher Kolonial-Dienst 5 (1940) 10, S. 157–159; Heske, Franz: Das Reichsinstitut für ausländische und koloniale Forstwirtschaft. In: Afrika-Nachrichten 22 (1941) 3, S. 33 f.
169 StaA HH, 322–3, Architekt Konstanty Gutschow, Nr. A 212, Abschrift eines Schreibens des Reichsforstmeisters an den Generalbevollmächtigten für die Bauwirtschaft vom 18. 1. 1940.

170 BAB, NS 5 VI/20341, Bl. 70, »Hölzerne« Wissenschaft – höchst lebendig. In: Hamburger Fremdenblatt vom 19. 10. 1940; BAB, R 4902/11037, Bl. 4, Forstwirtschaft in den Kolonien. In: Hamburger Fremdenblatt vom 27. 1. 1941.
171 Ebd., Bl. 63, Heske, Franz: Verwertung kolonialer Hölzer. In: Hamburger Fremdenblatt vom 11. 12. 1940.
172 Heske: Bedeutung.
173 StaA HH, 311–3 I, Finanzbehörde I, Nr. 21–310–1/15, Schreiben von Prof. Heske an die IHK Hamburg vom 10. 4. 1941.
174 Ebd., Aktennotiz aus der Hamburger Finanzbehörde vom 10. 6. 1941; Großkopf, Wilhelm: Das Studium der kolonialen Forstwirte in Hamburg. In: Afrika-Nachrichten 23 (1942) 4, S. 61 f.
175 HWWA, Zeitungsausschnittsammlung, Personenmappe Heske, Er kannte die Wälder der Erde. In: Die Welt vom 9. 3. 1963.
176 BAB, R 2/4971, Bl. 157, Abschrift eines Schreibens des RWM an Weigelt vom 13. 6. 1940; BAB, R 8119 F/P 6279, Bl. 62–68, Durchschrift eines Schreibens von Weigelt an das RWM vom 6. 2. 1941 (im Anhang Disposition des »Sofortprogramms Deutschostafrika«). Vgl. insgesamt dazu Linne, Karsten: Afrika als »wirtschaftlicher Ergänzungsraum«: Kurt Weigelt und die kolonialwirtschaftlichen Planungen im »Dritten Reich«. In: Jahrbuch für Wirtschaftsgeschichte (2006)2, S. 141–162, bes. S. 155 ff.
177 BAB, NS 5 VI/39838, Bl. 1–9, Niederschrift über die erste Sitzung des Fachausschusses Kaffeepflanzer am 24. 3. 1941.
178 BAB, R 2/4971, Bl. 133 f., Schreiben des KPA, Asmis, an den Reichsminister der Finanzen vom 19. 4. 1941.
179 Ebd., Bl. 154, Durchschrift eines Vermerks aus dem RFM an das KPA, vom 4. 9. 1941.
180 BAK, Z 14/113, S. 5, Tätigkeitsbericht der Gruppe Deutscher Kolonialwirtschaftlicher Unternehmungen von Kriegsbeginn bis Anfang 1942.
181 SfS, NA, RG 260, OMGUS FINAD, Nr. 2/190/5, Durchschrift eines Schreibens von Weigelt an Neuendorf, AO, vom 28. 12. 1940.
182 BAB, R 8119 F/P 6279, Bl. 62–68, Durchschrift eines Schreibens von Weigelt an das RWM vom 6. 2. 1941 (im Anhang Disposition des »Sofortprogramms Deutschostafrika«); BAB, R 8119 F/P 6271, Bl. 363, Durchschrift eines Schreibens von Weigelt an die Vorstandsmitglieder der Deutschen Bank vom 18. 9. 1941; BAB, R 2/4974, Bl. 33, Abschrift eines Schreibens der Deko-Gruppe an das RWM vom 13. 4. 1943.
183 Heft 1: Gebundene Arbeitskräfte und Arbeiterreserven in Deutsch-Ost-Afrika, Heft 2: Bewertung der landwirtschaftlichen Kulturen Deutsch-Ost-Afrikas unter dem Gesichtspunkt späterer Planung, Heft 3: Die Wirtschaftsprovinzen (ausschließlich Ruanda-Urundi), Heft 4: Die Landwirtschaft in Deutsch-Ost-Afrika (ausschließlich Farm- und Viehwirtschaft), Heft 5: Fehlt in dem Bestand, Heft 6: Forst, Jagd und Fischerei in Deutsch-Ost-Afrika, Heft 7: Wasserwirtschaft und Meliorationsprojekte in Deutsch-Ost-Afrika, Heft 8: Bergbau, Verkehrswesen, Banken und Versicherungen. Zusammen handelt es sich um etwa 500 Seiten; alle Hefte waren als »Streng geheim!« eingestuft. Vgl. allgemein zum Sofort-Programm Figge, Klaus: Hitlers Kolonialprovinz »Deutsch-Ostafrika«. In: Heinrichs, Hans-Jürgen (Hg.): Afrika. Frankfurt a. M. 1986, S. 152–159.
184 PAA, R 105109, Sofort-Programm Deutsch-Ost-Afrika, Teil II (Soll-Programm), Einführungsheft, 1941, S. 24 und S. 31 ff.
185 Ebd., Einzeldarstellungen Heft 7 Wasserwirtschaft und Meliorationsprojekte in Deutsch-Ost-Afrika, 1942, S. 1 ff. (Zitate S. 8 und S. 11).
186 Ebd., Einzeldarstellungen Heft 4 Die Landwirtschaft in Deutsch-Ost-Afrika (ausschließlich Farmwirtschaft), 1942, S. 1 ff. und S. 12 (Zitate S. 2).
187 BAB, R 2/4988, Bl. 17–21, hier Bl. 18 f., Tätigkeitsbericht der Abteilung III des KPA für die Zeit vom 1. Juli 1941–30. September 1941.
188 BAB, R 1501/27191, Bl. 99 f. (Zitat Bl. 100), Schreiben des Reichsleiters des KPA, Franz von Epp, an den Leiter der Deko-Gruppe, Weigelt, vom 20. 11. 1941 (im Anhang Aufruf vom 20. 11. 1941).
189 Remy, Karl: Verkehrswege als Voraussetzung kolonialwirtschaftlicher Erschließung. In: Deutsche Kolonial-Zeitung 50 (1938) 8, S. 263–266; ders.: Der Verkehr im neuen Afrika. In: Koloniales Taschenbuch 1941. Berlin 1941, S. 28–30.
190 BAB, R 4601/1119, Bl. 63–65, Vermerk über den Vortrag »Verkehrswesen in den Kolonien« von Reichsbahnpräsident Dr. Ing. Remy im Reichskolonialinstitut am 3. 11. 1941 vom 4. 11. 1941.

191 Esser, Hans Gerd: Ohne Motorisierung keine moderne Überseekolonisation. In: Deutscher Lebensraum 7 (1940) 19 vom 1.10.1940, S. 316 f., hier S. 317.
192 BAB, NS 5 VI/20298, Bl. 9 f., Obst, Erich: Die Ingenieuraufgaben des afrikanischen Raumes. In: Der deutsche Baumeister, Mai 1941, S. 2–5.
193 BAB, R 65 I/83, Niederschrift über die 1. Sitzung der Arbeitsgruppe »Kolonialstrassenbau« am 3.12.1940; BAB, R 4601/1119, Bl. 21a–30, Referat von Prof. Krenkel »Geologie und Strassenbau in den deutsch-afrikanischen Kolonien«, gehalten auf der Tagung am 3.12.1940.
194 BAB, R 65 I/83, Niederschrift über die 1. Sitzung der Untergruppe »Kolonialer Holzstraßenbau« am 8.8.1941.
195 Budraß, Lutz: Rüstung und Rationalisierung. Zur Geschichte der deutschen Flugzeugindustrie zwischen dem Ende des Ersten Weltkriegs und dem Ende des Zweiten Weltkrigs. Diss., Bochum 1995, S. 492 ff.
196 Schütt, Erwin: Der Fieseler »Storch« im Tropeneinsatz. Fliegen ohne Flugplätze in Afrika. In: Die Kolonien (Beilage des Hamburger Tageblatts), Nr. 7 vom März 1941, S. 1 f.
197 Van Laak, Dirk: Imperiale Infrastruktur. Deutsche Planungen für eine Erschließung Afrikas 1880 bis 1960. Paderborn 2004, S. 293.
198 BAB, R 4901/3101, Bl. 32–43, hier Bl. 41, Denkschrift des Leiters der Kolonialwissenschaftlichen Abteilung des Reichsforschungsrates, Wolff, »Die Arbeit der Kolonialwissenschaftlichen Abteilung des Reichsforschungsrates«; Krüger, Karl: Kolonialtechnische Planungsarbeit. In: Afrika-Nachrichten 21 (1940) 12, S. 177 f.
199 Perll, Walther G.: Erkenntnisse und Aufgaben der deutschen Kolonialtechnik. Zur Tropen- und kolonialtechnischen Arbeitstagung in Stuttgart. In: Der Auslandsdeutsche 29 (1941) 1, S. 7–9; Van Laak: Infrastruktur, S. 294.
200 BAB, NS 5 VI/20298, Bl. 61, Tropen- und Kolonialtechnik. Eine Tagung des Vereins Deutscher Ingenieure. In: Frankfurter Zeitung vom 4.12.1940.
201 StaA HH, 361–2 VI, Oberschulbehörde VI, Nr. F XXI b 3/2, 2233, Schreiben der Ingenieurschule Hamburg, Dr. Haake, an die Schulverwaltung vom 9.12.1940.
202 BAB, R 4902/11037, Bl. 5, Kolonialtechnischer Arbeitskreis in Hamburg errichtet, in: Hamburger Tageblatt vom 23.1.1941.
203 Haake, Heinrich: Einführung in das Gebiet der kolonialen Technik. Bericht über eine Vortragsreihe in der Hansischen Universität in Hamburg. In: Afrika-Rundschau 7 (1941/42) 11 vom 1.3.1942, S. 168–172.
204 BAB, R 26 III/12, Bl. 26–35, Niederschrift über die erste Arbeitstagung der Fachgruppe Koloniales Hochbauwesen des RFR am 19.6.1941 vom 30.6.1941.
205 BAB, R 55/1217, Bl. 9–18, Protokoll der Sitzung am 18.3.1941 im Dienstgebäude des Reichsarbeitsführers in Berlin-Grunewald vom 21.3.1941.
206 Ebd., Bl. 23–42 (Zitat Bl. 40), Protokoll der Sitzung der Arbeitsgemeinschaft zur Schaffung von Entwürfen für zerlegbare Kolonialunterkünfte am 10.6.1941.
207 Krüger, Karl: Tropentechnik. Berlin 1939, S. 42.
208 BAB, R 4701/19072 (Zitat ebd.), Schreiben des Vereins Deutscher Ingenieure im NS-Bund Deutscher Technik, Stussig an Oberpostrat Held, Reichspostzentralamt, vom 16.12.1940.
209 BAB, R 2/4990 a, Bl. 9–13, Abschrift eines Schreibens des Leiters der Abteilung Verkehr und Technik an den Leiter der Abteilung I des KPA und deren Unterabteilungen vom 2.7.1941.
210 BAB, R 4601/1119, Bl. 31–34, hier Bl. 33, Internes Rundschreiben aus dem Amt des Generalbauinspektors für das Straßenwesen vom 21.12.1940.
211 BAB, R 4701/19304, Schreiben der Abteilung Min-Z an die Abteilung V des RPM vom 17.4.1940; ebd., Sachplan für die Gruppe 15 Kolonialwesen im RPM vom Juni 1940.
212 Peglow, Paul u.a. (Bearb.): Post- und Fernmeldewesen. Berlin 1942, S. 431.
213 BAB, R 4701/19072, Denkschrift »Das Fernmeldewesen in den künftigen deutschen Kolonien«, abgeschlossen am 1.3.1941; ebd., Aktenvermerk aus dem RPM vom 10.5.1941.
214 Ebd., Vermerk aus dem Reichspostministerium vom 4.3.1941.
215 PAA, Nr. R 67485, Aufzeichnung über eine Besprechung von Dr. Timmler, Auswärtiges Amt, Kult. R, vom 14.7.1940.
216 Ebd., Aufzeichnung von Dr. Timmler, Auswärtiges Amt, Kult. R, über eine Besprechung mit Postrat Wichmann vom 1.8.1940.
217 BAB, R 901/48081, Bl. 32–34, Aufzeichnung von Zschäck, Auswärtiges Amt, Kult R vom 4.11.1940; BAB, R 1001/9760, Undatierte Aktennotiz (Ende 1940/Anfang 1941) »Für die Denkschrift über Kolonialfunk«.

218 Zit. nach: Schubert, Werner (Hg.): Akademie für Deutsches Recht 1933–1945. Protokolle der Ausschüsse, Bd. XII: Ausschuß für Rechtsfragen der Bevölkerungspolitik (1934–1940) und Ausschuß für Kolonialrecht zusammen mit den Entwürfen des Kolonialpolitischen Amts (1937–1941). Frankfurt a. M. 2001, S. 569.
219 BAB, R 1501/27190, Bl. 223–233, Schnellbrief des Reichsministers des Innern, Stuckart, an verschiedene Abteilungen im Ministerium, an das Hauptamt Sicherheitspolizei, Heydrich, und an das Hauptamt Orpo, Daluege, vom 30. 7. 1940.
220 BAB, R 1501/27191, Bl. 9, Erste Ausführungsverordnung zum Reichskolonialgesetz (Anlage zu einem internen Rundschreiben aus dem RdI vom 26. 9. 1940, Bl. 2.
221 BAB, R 2/4966, Bl. 11, Aktenvermerk aus dem RFM, Min.Rat Burmeister, vom 22. 5. 1941.
222 BAB, R 2501/3155, Bl. 98, Asmis, Rudolf: Grundlagen deutscher Kolonialverwaltung. In: Deutsche Bergwerks-Zeitung vom 16. 7. 1940; ders.: Grundlagen und Ziele der künftigen deutschen Kolonialverwaltung. In: Deutscher Kolonial-Dienst 5 (1940) 9, S. 129–132.
223 BAB, R 2/4990 a, Bl. 18–28, Denkschrift »Der Behördenaufbau der deutschen Kolonien« aus dem KPA, Abteilung I, vom 6. 6. 1941.
224 BAB, R 1501/27190, Bl. 215–218, Rundschreiben der Abteilung II, Schütze, an verschiedene Abteilungen im RdI vom 23. 7. 1940 (im Anhang Kolonialbeamtengesetz, Stand 24. 7. 1940, Bl. 216–218).
225 BAB, R 2301/7199, Bl. 13–16, hier Bl. 16, Niederschrift über Besprechungen im KPA am 30. 7. 1941.
226 BAB, NS 52/81, Bl. 62, Abschrift eines Schreibens von Bielfeld an Stabsleiter Wenig vom 20. 9. 1940.
227 Ebd., Bl. 65, Aufzeichnung von Dr. Wirth über eine Unterredung mit Kapitän Peucer am 7. 9. 1940 vom 16. 9. 1940.
228 BAB, NS 52/51, Bl. 20, Schreiben von Hermann Wenhold in Firma C. F. Corssen & Co. an Generalkonsul Eltester, AA, vom 13. 5. 1941; BAB, NS 52/58, Bl. 17, Durchschrift eines Schreibens von Eltester, AA, Pol. X, an Hermann Wenhold, Firma C. F. Corssen, vom 1. 9. 1941; BAB, NS 52/54, Bl. 8–12, Abschrift eines Schreibens des KPA, Abteilung I, Bielfeld, an die Leiter der Abteilungen II, III, IV vom 22. 5. 1941; BAB, R 2/4990 a, Bl. 28a-44, Abschrift eines Schreibens der Abteilung I A des KPA, Bielfeld, an die Leiter der Abteilungen II, III und IV vom 10. 6. 1941.
229 Amtlicher Teil: Aus der Arbeit der Akademieausschüsse. In: Zeitschrift der Akademie für Deutsches Recht 4 (1937) 24, S. 755; BAB, NS 9/280, Bl. 1–126, hier Bl. 40, Denkschrift »Nationalsozialistische Eingeborenenlenkung in den Reichskolonien« der AO, o. Dat. (1941).
230 Hänel, Karl: Volkstum und Verwaltungspraxis in Afrika. In: Afrika-Rundschau 3 (1937/38) 3, S. 95 f.; Crohne, Wilhelm: Grundsätze für die Strafrechtspflege in den Kolonien. In: Deutscher Kolonial-Dienst 5 (1940) 12, S. 181–188.
231 BAB, R 22/22365, Bl. 9–29, Referat von ORR Dr. Schrader, Hamburg, »Leitsätze für den Aufbau der Gerichtsbarkeit für Eingeborene« für die ADR; BAB, NS 9/280, Bl. 1–126, hier Bl. 40 ff., Denkschrift »Nationalsozialistische Eingeborenenlenkung in den Reichskolonien« der AO, o.Dat. (1941); StaA HH, 352–8/9, Bernhard-Nocht-Institut, Nr. 5b, Leitsätze des RKR vom 21. 2. 1939.
232 BAB. R 1001/5491, Bl. 3–9 (Zitate Bl. 4 f.), Schreiben von Asmis, KPA, an Bielfeld, AA, Pol. X, vom 4. 10. 1940 (im Anhang Entwurf einer »VO über die Gerichtsbarkeit für die Eingeborenen und die ihnen gleichgestellten Fremden in den deutschen Kolonien«).
233 BAB, R 22/22368, Bl. 463 f. (Zitat Bl. 464), Schreiben des Reichsjustizministers an das KPA, Asmis, vom 25. 9. 1940.
234 BAB, R 1501/27191, Bl. 10, VO betreffend die Rechtsstellung von Fremden und Mischlingen in den deutschen Kolonien (Anlage zu einem internen Rundschreiben aus dem RdI vom 26. 9. 1940).
235 Ebd., Bl. 7, Abschrift eines Schreibens der Rechts- und Kulturabteilung des KPA an den Reichsminister des Innern vom 17. 9. 1940.
236 BAB, R 22/22366, Bl. 29–47, Vgl. Schreiben des KPA, Landgerichtsrat Dr. Winkelmann, an das RJM, Min.Rat Hornung, vom 17. 2. 1941 (mit neuem Entwurf einer »VO über die Gerichtsbarkeit für die Deutschen und die ihnen gleichgestellten Fremden in den dt. Kolonien«). Zur Europäerjustiz allgemein vgl. BAB, R 22/22364, Bl. 223–239, Referat für den Kolonialrechtsausschuss der ADR von Wilhelm Wengler »Die Organisation der Europäerjustiz in den Kolonien. Leitsätze«.

237 BAB, R 22/22366, Bl. 29–47, bes. Bl. 31 ff., Schreiben des KPA, Landgerichtsrat Dr. Winkelmann, an das RJM, Min.Rat Hornung, vom 17.2.1941 (mit neuem Entwurf einer »VO über die Gerichtsbarkeit für die Deutschen und die ihnen gleichgestellten Fremden in den dt. Kolonien«).
238 Zit. nach: Zimmerer, Jürgen: Deutsche Herrschaft über Afrikaner. Staatlicher Machtanspruch und Wirklichkeit im kolonialen Namibia. Hamburg 2001, S. 102. Vgl. ders.: Der koloniale Musterstaat? Rassentrennung, Arbeitszwang und totale Kontrolle in Deutsch-Südwestafrika. In: ders./Zeller, Joachim (Hg.): Völkermord in Deutsch-Südwestafrika. Der Kolonialkrieg (1904–1908) in Namibia und seine Folgen, Berlin 2003, S. 36 ff. Zu den »Rassenmischehen« in Deutsch-Südwestafrika vgl. auch Hartmann, Wolfram: »... als durchaus unerwünscht erachtet ...«. Zur Genese des ›Mischehenverbotes‹ in Deutsch-Südwestafrika. In: Förster, Larissa/Henrichsen, Dag/Bollig, Michael (Hg.): Namibia – Deutschland. Eine geteilte Geschichte. Berlin 2004, S. 182–193; Essner, Cornelia: »Borderline« im Menschenblut und Struktur rassistischer Rechtsspaltung. Koloniales Kaiserreich und »Drittes Reich«. In: Brumlik, Micha/Meinl, Susanne/Renz, Werner (Hg.): Gesetzliches Unrecht. Rassistisches Recht im 20. Jahrhundert. Frankfurt a. M./New York 2005, S. 27–64; Kundrus, Birthe: Von Windhoek nach Nürnberg? Koloniale »Mischehenverbote« und die nationalsozialistische Rassengesetzgebung. In: dies.: (Hg.): Phantasiereiche. Zur Kulturgeschichte des deutschen Kolonialismus. Frankfurt a. M. 2003, S. 110–131; dies.: »Die Farbe der Ehe«. Zur Debatte um die kolonialen Mischehen im Deutschen Kaiserreich. In: Ernst, Waltraud/Bohle, Ulrike (Hg.): Geschlechterdiskurse zwischen Fiktion und Faktizität. Hamburg 2006, S. 135–151.
239 Zit. nach: Zimmerer: Herrschaft, S. 283 f.
240 Zimmerer, Jürgen.: Der Wahn der Planbarkeit. Unfreie Arbeit, Vertreibung und Völkermord als Elemente der Bevölkerungsökonomie in Deutsch-Südwestafrika. In: Comparativ. Leipziger Beiträge zur Universalgeschichte und vergleichenden Gesellschaftsforschung 13 (2003) 4, S. 96–113, hier S. 113.
241 Zur Vorkriegsdiskussion vgl. Essner, Cornelia: Zwischen Vernunft und Gefühl. Die Reichstagsdebatten von 1912 um koloniale »Rassenmischehe« und »Sexualität«. In: Zeitschrift für Geschichtswissenschaft 45 (1997) 6, S. 503–519.
242 BAB, R 1501/27191, Bl. 30–32, Entwurf des Kolonialblutschutzgesetzes (Anlage 4 zu einem Schreiben der Rechts- und Kulturabteilung des KPA, Asmis, an den Reichsminister des Innern vom 7.10.1940).
243 Ebd., Bl. 22–25, Abschrift eines Schreibens der Rechts- und Kulturabteilung des KPA, Asmis, an den Reichsminister des Innern vom 7.10.1940.
244 BAB, R 22/22368, Bl. 465, Aktenvermerk aus dem RJM vom 1.10.1940.
245 BA-MA, RW 19/1566, Abschrift einer Aktennotiz von Keitel vom 13.7.1940; BA-MA, RW 19/1567, Koloniale Unterrichtung (des OKW) Nr. 3 vom 31.7.1940. Vgl. dazu Kettlitz, Eberhardt: Afrikanische Soldaten aus deutscher Sicht seit 1871. Stereotype, Vorurteile, Feindbilder und Rassismus. Frankfurt a. M. 2007, S. 110 ff.
246 BA-MA, RW 19/1566, Bericht über eine Besprechung beim OKW, Allgemeines Wehrmachtsamt, am 1.8.1940.
247 Ebd., Schreiben des OKW an das WWR vom 16.1.1941 (im Anhang Denkschrift von Major Eymael »Weisse und farbige Truppen in tropischen Kolonien«).
248 Ebd., Erster Entwurf einer Kolonial-Ordnung der Wehrmacht, vom 1.1.1941.
249 BAB, R 2/4980, Bl. 2, Abschrift eines Vermerks aus dem RFM, Wever, vom 10.7.1940.
250 BA-MA, RW 19/1567, Koloniale Unterrichtung (des OKW) Nr. 8 vom 25.11.1940.
251 Eintrag vom 5.7.1940. In: Generaloberst Halder: Kriegstagebuch. Tägliche Aufzeichnungen des Chefs des Generalstabes des Heeres 1939–1942, Bd. 2, bearb. von Hans-Adolf Jacobsen. Stuttgart 1963, S. 11; Eintrag vom 13.7.1940 und Eintrag vom 19.7.1940. In: Ebd., S. 21 und S. 27.
252 BA-MA, RW 19/1567, Koloniale Unterrichtung (des OKW) Nr. 2 vom 27.7.1940; BA-MA, RW 19/1566, Rundschreiben des OKW/Amt Ausland/Abwehr vom 1.8.1940.
253 BA-MA, RW 19/1565, Aufgaben und Gliederung der Gruppe »Afrika und afrikanische Kolonien« des WWR vom 7.1.1941.
254 Rentsch, Gottfried: Die wirtschaftliche Erschliessung Angolas. Diss., Hamburg 1924.
255 BA-MA, RW 19/1565, Entwurf eines Schreibens des Wehrwirtschaftsamts an das OKW/Ausland vom 6.8.1942 (im Anhang Übersicht über die »Arbeitsgebiete der Gruppe ›Wehrwirtschaft Afrikas‹«).

256 BA-MA, RW 19/1567, Koloniale Unterrichtung (des OKW) Nr. 8 vom 25.11.1940.
257 BAB, R 58/867, Bl. 5–8, hier Bl. 6 f., Aktenvermerk vom 13.1.1941; Piekalkiewicz, Janusz: Der VW Kübelwagen Typ 82 im Zweiten Weltkrieg. Stuttgart 1977, S. 60 ff. und 88 ff.
258 BAB, NS 3/1080, Bl. 50 f., Chefbefehl Nr. 36 des Chefs des Verwaltungs- und Wirtschafts-Hauptamtes der SS, Pohl, vom 28.11.1940.
259 BA-MA, RW 19/1566, Aktennotiz über eine Besprechung aller Wehrmachtsteile am 9.1.1941.
260 StaA HB, 3.R.1.g, Nr. 99, Runderlaß des RFSS und Chefs der Deutschen Polizei, vom 14.1.1941.
261 BAB, R 19/36, Bl. 1, Rundschreiben des Chefs der Ordnungspolizei, Daluege, an die Angehörigen des Hauptamtes Orpo vom 6.3.1941.
262 Neufeldt, Hans-Joachim: Entstehung und Organisation des Hauptamtes Ordnungspolizei. In: ders./Huck, Jürgen/Tessin, Georg: Zur Geschichte der Ordnungspolizei 1936–1945. Koblenz 1957, S. 5–115, hier S. 73 f.
263 BAB, R 19/382, Ansprache des Chefs der Orpo, Daluege, anlässlich der Tagung der Inspekteure der Ordnungspolizei am 21.4.1941.
264 BAB, R 19/245, Bl. 20, Rundschreiben des Chefs der Orpo, Daluege, an die Chefs der Hauptämter vom 6.3.1941.
265 BAB, R 19/382, Ansprache des Chefs der Orpo, Daluege, anlässlich der Eröffnung der Kolonial-Polizeischule in Oranienburg am 28.4.1941.
266 BAB, R 19/245, Bl. 9, Anlage A (Vorläufige Anweisung für die Beurteilung der Kolonialtauglichkeit) zu einem Schnellbrief des Reichsführers SS und Chefs der Deutschen Polizei an alle Reichsstatthalter, Oberpräsidenten etc. vom 31.10.1940.
267 BAB, R 19/245, Bl. 25, Vermerk des Chefs des Amtes Verwaltung und Recht der Orpo vom 31.5.1941; BA-MA, RW 19/1567, Koloniale Unterrichtung (des OKW) Nr. 17 vom 18.12.1941.
268 BAB, R 20/71, Vorträge an der Kolonialpolizeischule Wien; ebd., Prüfungsaufgaben in Unterführerausbildung an der Kolonialpolizeischule Wien, o. Dat.
269 PAA, Nr. R 99229, Schnellbrief des Chefs der Sicherheitspolizei und des SD, Heydrich, an das AA, Gesandter Luther, vom 3.9.1940.
270 Ebd., Schreiben des Chefs des Persönlichen Stabes des RFSS, Karl Wolff, an das AA, Legationsrat Picot, vom 8.4.1941.
271 BAB, R 19/414, Übersetzung eines Schreibens des Generalkommandanten des Polizeikorps von Italienisch-Afrika, Maraffa, an den Chef der Orpo, Daluege, vom 12.6.1941.
272 BAB, R 20/71, Richtlinien für die kolonialtaktische Ausbildung an den Kolonialpolizei-Schulen (vermutlich von 1941).
273 Vgl. insgesamt dazu Linne, Karsten: »Arbeit für unsere koloniale Zukunft«. Die nationalsozialistischen Kolonialwissenschaften. In: Österreichische Zeitschrift für Geschichtswissenschaften 17 (2006) 1, S. 91–113.
274 Westermann, Diedrich: Der Afrikaner heute und morgen. Essen/Berlin/Leipzig 1937, S. 14. Vgl. zu Westermanns Position während der Zeit des Nationalsozialismus Mosen, Markus: Der koloniale Traum. Angewandte Ethnologie im Nationalsozialismus. Bonn 1991, S. 57 ff.; Mischek, Udo: Autorität außerhalb des Fachs – Diedrich Westermann und Eugen Fischer. In: Streck, Bernhard (Hg.): Ethnologie und Nationalsozialismus. Gehren 2000, S. 69–82.
275 BAB, NSD 20/5, Bernatzik, Hugo Adolf: Die Völkerkunde als Grundlage der modernen Kolonisation. In: Kolonial-Informationsdienst, Sonderausgabe vom 14.2.1939.
276 MVH, D 3/210, Schreiben des Direktors des Städtischen Museums für Völkerkunde Leipzig an die Professoren Westermann, Thurnwald und Termer vom 31.7.1940.
277 Ebd., Schreiben des Rektors der Universität Göttingen an Termer vom 3.8.1940; ebd. (Zitat ebd.). Schreiben von Plischke an Termer vom 15.8.1940.
278 Plischke, Hans: Die Völkerkunde als Kolonialwissenschaft. In: Bericht über die Arbeitszusammenkunft deutscher Völkerkundler in Göttingen am 22. und 23. November 1940. Göttingen 1941, S. 1–5. Zur Tagung vgl. Fischer, Hans: Völkerkunde im Nationalsozialismus. Aspekte der Anpassung, Affinität und Behauptung einer wissenschaftlichen Disziplin. Berlin/Hamburg 1990, S. 119 ff.; Braukämper, Ulrich: Kolonialethnologie in Göttingen und Witzenhausen. In: Streck (Hg.): Ethnologie, S. 193–214, hier S. 202 ff.; Kulick-Aldag, Renate: Die Göttinger Völkerkunde und der Nationalsozialismus zwischen 1925 und 1950. Hamburg 2000, S. 47 ff.
279 Blome, Hermann: Bericht über die Arbeitszusammenkunft deutscher Völkerkundler in Göttingen am 22. und 23. November 1940. In: Bericht, S. 6–36 (Zitat S. 17). Zu Wagner vgl. Mischek, Udo: Leben und Werk Günter Wagners (1908–1952). Gehren 2002.

280 BAB, R 55/23114, Aktennotiz aus dem RMVP vom 14.11.1940.
281 Westermann, Diedrich: Völker- und Sprachenforschung in Afrika. In: Zeitschrift für Politik, Bd. 32 (1942), S. 236–257, hier S. 256. Vgl. allgemein dazu Cyffer, Norbert: Koloniale Sprachpolitik. Der Beitrag der deutschen Afrika-Linguistik. In: Bruchhaus, Eva-Maria/Harding, Leonhard (Hg.): Hundert Jahre Einmischung in Afrika 1884–1984. Hamburg 1986, S. 165–187.
282 Zu Berlin vgl. Stoecker, Holger: Afrikanistische Lehre und Forschung in Berlin 1919–1945. In: Jahrbuch für Universitätsgeschichte 7 (2004), S. 101–128; ders.: Das Seminar für Orientalische Sprachen. In: Van der Heyden, Ulrich/Zeller, Jochim (Hg.): Kolonialmetropole Berlin. Eine Spurensuche. Berlin 2002, S. 115–122.
283 Vgl. allgemein zum Hamburger Seminar für afrikanische Sprachen Gerhardt, Ludwig: Das Seminar für afrikanische Sprachen. In: Krause/Huber/Fischer, Hochschulalltag, T. II, S. 827–843; Meyer-Bahlburg, Hilke/Wolff, Ekkehard: Afrikanische Sprachen in Forschung und Lehre. 75 Jahre Afrikanistik in Hamburg (1909–1984). Berlin/Hamburg 1986.
284 Klingenheben, August: Die Aufgaben und Ziele des Seminars für Afrikanische Sprachen der Hansischen Universität. In: Deutscher Kolonial-Dienst 6 (1941) 8, S. 120–122.
285 Gerhardt: Seminar, S. 830.
286 HUB, Institut für Lautforschung, Nr. 17, Bericht über die 1. Arbeitstagung der Fachgruppe Koloniale Sprachforschung des RFR am 7.3.1941 vom 24.3.1941.
287 HUB, Institut für Lautforschung, Nr. 12, Schreiben von Prof. Westermann an den Universitätskurator in Berlin vom 19.7.1940.
288 Ebd., Schreiben von Dr. Johannes Lukas an das OKW, Abteilung Kriegsgefangenenwesen, vom 18.10.1940; ebd., Antwort des OKW, Abteilung für Kriegsgefangenenwesen an Lukas, vom 23.10.1940.
289 ASAS, Ordner Dx (Kolonialinstitut), Abschrift eines Schreibens des OKW an das Kolonial-Institut, Prof. Eisfeld, vom 25.1.1941.
290 HUB, Institut für Lautforschung, Nr. 12, Bericht über den Besuch von Kriegsgefangenenlagern im Bereich des Frontstalag 222 (Anglet-Bayonne – Mai 1941) vom 21.6.1941.
291 Gerhardt: Seminar, S. S. 836 ff. Zu Senghor vgl. Riesz, János: Léopold Sédar Senghor in deutscher Kriegsgefangenschaft. In: Martin, Peter/Alonzo, Christine (Hg.): Zwischen Charleston und Stechschritt. Schwarze im Nationalsozialismus. Hamburg 2004, S. 596–603.
292 Schreiben von Prof. Dr. August Klingenheben, Seminar für Afrikanische Sprachen an der Hansischen Universität, an das Kolonialinstitut der Hansischen Universität, Prof. Dr. Eisfeld, vom 13.12.1940. Zit. nach: Gerhardt, Ludwig: Afrikanistische Forschung – Die Geschichte einer Kontinuität. In: Martin/Alonzo (Hg.): Charleston, S. 434–450, hier S. 446 f.; ASAS, Ordner Dx (Kolonialinstitut), Abschrift eines Schreibens des OKW an das Kolonial-Institut, Prof. Eisfeld, vom 25.1.1941.
293 StaA HH, 364–5 I, Universität I, Nr. M 20.7.1, Bd. 1, Bl. 3–7, hier Bl. 4, Schreiben von Hartleb an Senator von Allwörden vom 27.2.1938. Vgl. insgesamt dazu Linne, Karsten: Auf dem Weg zur »Kolonialstadt Hamburg« – Eine spezifische Form der Standortpolitik. In: Ebbinghaus, Angelika/Linne, Karsten (Hg.): Kein abgeschlossenes Kapitel. Hamburg im »Dritten Reich«. Hamburg 1997, S. 177–212; ders.: Die Renaissance der Kolonialwissenschaften in Hamburg während der NS-Zeit. In: Zeitschrift des Vereins für Hamburgische Geschichte 90 (2004), S. 135–160.
294 ASAS, Ordner Dx (Kolonialinstitut), Schreibens von Rein an Klingenheben vom 26.6.1939 (im Anhang auszugsweise Abschrift einer Denkschrift über die »Errichtung einer Kolonialen Universität«).
295 StaA HH, 364–5 I Universität I, Nr. C 20.4.6, Bl. 81–84 (Zitat Bl. 82), Niederschrift über die 17. Sitzung des Universitätssenats am 22.10.1904.
296 StaA HH, 361–5 II, Hochschulwesen II, Nr. Ai 4/31, Bl. 7–13 (Zitat Bl. 8), Schreiben des Reichsstatthalters in Hamburg an den Reichsminister für Wissenschaft, Erziehung und Volksbildung vom 18.11.1940.
297 BAB, R 4901/1853, Bl. 110–134 (Zitat Bl. 132), Rede des Reichsministers für Wissenschaft, Erziehung und Volksbildung am 10.5.1941 in Hamburg.
298 BAB, R 4901/1853, Bl. 110–134, Rede des Reichsministers für Wissenschaft, Erziehung und Volksbildung am 10.5.1941 in Hamburg.
299 Ebd., Bl. 160 f., Persönliches Schreiben des Reichsstatthalters in Hamburg, Karl Kaufmann, an den Reichsminister Bernhard Rust vom 17.5.1941.
300 BA-MA, RW 19/1565, Schreiben des Reichsstatthalters in Hamburg, Kaufmann, an das WWR, General Thomas, vom 10.11.1941.

301 BAB, R 4901/3101, Bl. 11–31, Denkschrift »Reichsforschungsrat und Kolonialforschung« vom Leiter der Kolonialwissenschaftlichen Abteilung des RFR, Wolff, vom 31.3.1941; ebd., Bl. 3–10, Lagebericht über den heutigen Stand der Kolonialforschung, vom Reichsforschungsrat, Wolff, vom 16.8.1941. Vgl. allgemein dazu Stoecker, Holger: Koloniale Großforschung im »Dritten Reich«. Die Kolonialwissenschaftliche Abteilung des Reichsforschungsrates. In: Van der Heyden, Ulrich/Zeller, Joachim (Hg.): »... Macht und Anteil an der Weltherrschaft«. Berlin und der deutsche Kolonialismus. Münster 2005, S. 124–130; Mischek, Udo: Der Weg zu einer Planungs- und Verfügungswissenschaft für den kolonialen Raum. In: Streck (Hg.): Ethnologie, S. 129–147.

302 Deutsche Auslandsorganisationen, hg. vom OKW, WWR, Wehrwirtschaftliche Abteilung. Berlin 1942, S. 107 f. (Zitat S. 107); BAB, R 4901/3101, Bl. 32–43, Denkschrift des Leiters der Abteilung, Günter Wolff, »Die Arbeit der Kolonialwissenschaftlichen Abteilung des Reichsforschungsrates«, o. Dat. (1940).

303 HUB, Inst. für Lautforschung, Nr. 11, Rundschreiben von Wolff vom 15.11.1940.

304 HUB, Inst. für Lautforschung, Nr. 17, Schreiben des Leiters der Kolonialwissenschaftlichen Abteilung des RFR, Wolff, an Prof. Westermann, Institut für Lautforschung der Universität Berlin, vom 24.1.1941.

305 Ebd., Rundschreiben des Leiters der Kolonialwissenschaftlichen Abteilung des RFR, Wolff, vom 24.1.1941.

306 Wolff, Günter: Aufgaben der deutschen Kolonialforschung. In: Deutscher Kolonial-Dienst 6 (1941) 3, S. 38–42.

307 BAB, R 4901/3101, Bl. 11–31, hier Bl. 22 ff., Denkschrift »Reichsforschungsrat und Kolonialforschung« von Wolff vom 31.3.1941; BAB, R 26 III/756, Bl. 38 f., Schreiben von Wolff an Fickendey vom 25.8.1941.

308 HUB, Institut für Lautforschung, Nr. 16, Schreiben von Westermann an Reichsleiter Bouhler vom 18.12.1940.

Zwischen kolonialem Hoffen und Bangen: Das widersprüchliche Jahr 1942 (S. 139–153)

1 BAB, NS 18/154, Bl. 103–120 (Zitat Bl. 114), Vortrag »Das Reich im Raum der Welt. Ein Kolonialvortrag« von Josef Viera, Referent im KPA von 1942.

2 Estermann, Walter: Der größere Raum. Afrika. In: Schulungs- und Rednermaterial der Bundesführung des RKB, Nr. 4, Januar 1942, S. 2.

3 Die ruhmreiche Tradition deutschen Kampfes in Afrika. Telegrammwechsel Epp-Rommel. In: Kolonie und Heimat 6 (1942) 16 vom 28.7.1942, S. 226.

4 Mallmann, Klaus-Michael/Cüppers, Martin: Halbmond und Hakenkreuz. Das Dritte Reich, die Araber und Palästina. Darmstadt 2006, S. 196 f. Zu Rommels Vorstellungen vgl. Reuth, Ralf Georg: Erwin Rommel. Des Führers General. München/Zürich 1987, S. 58 f.

5 SUB GÖ, Nürnberger Prozesse, NG-5741, Memorandum von Woermann, Auswärtiges Amt, zur »Frage eines kolonialen Ausgleichs zwischen Deutschland, Frankreich und Spanien in Afrika« vom 21.1.1942.

6 BAB, NS 52/3, Bl. 4 f., »Arbeitsplan zur Einführung kolonialer Normen« der Abteilung III des KPA vom 21.1.1942.

7 Kschwendt, Maria: Die Beamtenwohnung in den Kolonien. In: Die Frau und die Kolonien (1943) 1–3, S. 14–16.

8 BAB, R 2/4988, Bl. 11–15, hier Bl. 11 f., Tätigkeitsbericht der Abteilung I für die Zeit vom 1. Oktober 1941 bis 31. März 1942 vom 31.3.1942.

9 BAB, NS 26/266, S. 23, Geheimer Tätigkeitsbericht des KPA vom 1.7.1942.

10 BAB, NS 52/13, Bl. 1 ff. (Zitate Bl. 16), Denkschrift »Der Einsatz von Regierungsethnologen in den künftigen Reichskolonien« von Wagner.

11 Ebd., Durchschrift eines Schreibens des KPA, Abteilung I, Bielfeld, an Asmis, Dienststelle Berlin des KPA vom 14.7.1942.

12 BAB, NS 26/266, S. 35, Geheimer Tätigkeitsbericht des KPA vom 1.7.1942.

13 PAA, Nr. R 99181, Abschrift eines Schreibens des Reichsministers des Innern an das KPA vom 3.1.1942.

14 BAB, R 61/109, Bl. 20 f., Aktennotiz über den Ausschuss für Kolonialrecht der ADR vom 15.10.1942.

15 BAB, R 43/4091, Bl. 56–62 (Zitat Bl. 58), Schreiben von Schulz-Kampfhenkel an Reichsminister Lammers vom 30.12.1940.
16 Ebd., Bl. 97, Schreiben des OKW an den Reichsminister und Chef der Reichskanzlei vom 28.10.1942.
17 BA-MA, RW 5/737, Bl. 2–89, Sonderkommando Dora, Technische Gruppe: Bericht 1 »Vorläufiger Ergebnisbericht über eine Erkundung in der ostwärtigen und mittleren Libyschen Sahara zwischen der Oase Hon und der nördlichen Serir Tibesti« vom 15.8.1942.
18 BA-MA, RW 5/739, Bl. 31, Schreiben des Generalstabs des Heeres, Abteilung Fremde Heere West an die Abwehr I H West vom 26.10.1942.
19 Linne, Karsten: Ein amerikanischer Geschäftsmann und die Nationalsozialisten. Charles Bedaux. In: Zeitschrift für Geschichtswissenschaft 44 (1996) 9, S. 809–826.
20 BAB, NS 52/17, Schreiben des KPA, Leiter der Dienststelle Berlin, Asmis, an Abteilung I des KPA, Bielfeld, vom 22.6.1942 (übersendet in der Anlage Denkschrift über »Das Eingeborenen-Schulwesen in den künftigen deutschen Kolonien« der Abteilung II B des KPA, Dienststelle Berlin).
21 Ebd., Schreiben von Kumnetz an den Gesandten Bielfeld vom 2.7.1942.
22 BAB, NS 5 VI/17927, S. 5 und S. 36, AwI: Eingeborenen-Genossenschaften im afrikanischen Kolonialraum. Sozialwirtschaftliche Erwägungen über die Art ihrer Anwendung, Juli 1942.
23 Ebd., S. 30 f.
24 Karstedt, Oskar: Probleme afrikanischer Eingeborenenpolitik. Berlin 1942, S. 29 ff.
25 Remy, Karl: Europäische Zusammenarbeit in Afrika. In: Junges Europa 1 (1942) 5, S. 36–40.
26 Krüger, Karl: Verkehrswege in Afrika. In: Südost-Echo vom 13.11.1942.
27 BAB, NS 52/84, Bl. 22–25, Niederschrift über die Sitzung des Ausschusses für die Organisation des Reichskolonialministeriums am 15.9.1942.
28 Ebeling, Heinrich: Die bremischen höheren Fachschulen für den Kaufmann. In: Bremische Wirtschafts-Zeitung 24 (1942) 9 vom 1.8.1942, S. 173–175; ders.: Die Ausbildung des Außenhandels- und Kolonialkaufmanns in Bremen. In: Afrika-Nachrichten 23 (1942) 12, S. 181 f. (Zitat S. 182).
29 BAB, NSD 20/8, S. 12, Geheimer Tätigkeitsbericht des KPA, abgeschlossen am 1.7.1941.
30 BAB, NS 52/43, Rundschreiben des Stabsleiters des KPA, Wenig, vom 10.12.1941.
31 BAB, NS 52/58, Bl. 16, Durchschrift eines Schreibens des KPA, Abteilung IA, Eltester an den Einsatzstab Ruberg, KPA, vom 2.12.1941.
32 BAB, NS 52/35, Schreiben der Dienststelle Berlin, Organisation Banane des KPA, Ruberg, an die Abteilung I des KPA, Bielfeld, vom 27.2.1942; ebd., Durchschrift eines Schreibens des Leiters der Dienstelle Berlin an Stabsleiter Ruberg, AO, vom 7.3.1942.
33 Zur Person Bouhlers vgl. Schmuhl, Hans-Walter: Philipp Bouhler – Ein Vorreiter des Massenmordes. In: Smelser, Ronald/Syring, Enrico/Zitelmann, Rainer (Hg.): Die braune Elite II. 21 weitere biographische Skizzen. Darmstadt 1993, S. 39–50.
34 BAB, R 43 II/1212, Bl. 88, Schreiben von Stabsleiter Bormann an Reichsminister Lammers vom 24.6.1940; Aly, Götz: »Endlösung«. Völkerverschiebung und der Mord an den europäischen Juden. Frankfurt a.M. 1995, S. 143.
35 StaA HH, 135–1 I-IV, Staatliche Pressestelle I–IV, Nr. 5435, Aktennotiz der Staatlichen Pressestelle in Hamburg vom 12.9.1940; HUB, Institut für Lautforschung, Nr. 16, Abschrift eines Schreibens von Prof. Westermann an den Reichsleiter Bouhler vom 18.12.1940.
36 BAB, NS 52/36, Schreiben des Stabsleiters des KPA, Wenig, an den Leiter der Abteilung I des KPA, Gesandter Dr. Bielfeld, vom 20.2.1942.
37 Ebd., Aufzeichnung über eine Besprechung in der Kanzlei des Führers am 6.3.1942 von Dr. Wirth (Dienststelle Berlin des KPA, Organisation Sisal) vom 13.3.1942.
38 BAB, NS 19/2506, Bl. 1, Schreiben des RSHA, Abt. III D b, an den Reichsführer SS, Himmler, vom 17.6.1942.
39 Eintrag vom 6.7.1942. In: Der Dienstkalender Heinrich Himmlers 1941/42, bearbeitet, kommentiert und eingeleitet von Peter Witte u.a. Hamburg 1999, S. 478, Anm. 20; BAB, NS 26/266, Geheimer Tätigkeitsbericht des KPA vom 1.7.1942, S. 13.
40 Eintrag vom 26.7.1942. In: Picker, Henry: Hitlers Tischgespräche im Führerhauptquartier. Stuttgart 1977, S. 465.
41 Eintrag vom 5.9.1942. In: Jochmann, Werner (Hg.): Adolf Hitler, Monologe im Führerhauptquartier 1941–1944. Die Aufzeichnungen Heinrich Heims. Hamburg 1980, S. 389.
42 BAB, R 43/3593, Bl. 157, Vermerk aus der Reichskanzlei vom 2.10.1942.

43 BAB, R 4701/19072, Abschrift eines Rundschreibens des Reichsministers für die besetzten Ostgebiete, Dr. Leibbrandt, an Wehrmachts-, Partei- und Reichsstellen vom 17. 3. 1942; BAB, NS 52/64, Bl. 42, Verfügung 15/42 des Stabsleiters des KPA, Wenig, vom 22. 6. 1942.
44 BAB, R 8119 F/P 6272, Bl. 16–34, hier Bl. 29, Vertrauliche Berichte der Gruppe Deutscher Kolonialwirtschaftlicher Unternehmungen an ihre Mitglieder und Mitarbeiter, Nr. 2/1942, vom 20. 2. 1942. Vgl. zur Baumwoll AG insgesamt Linne, Karsten: Baumwollanbau im Zweiten Weltkrieg: Eine »Einsatzfirma« in Südrußland. In: Zeitschrift für Unternehmensgeschichte 48 (2003) 2, S. 196–214.
45 BAB, NS 52/63, Bl. 21–29, hier Bl. 26, Tätigkeitsbericht der Abteilung III des Kolonialpolitischen Amtes der NSDAP für die Zeit vom 1. 7. 1942–15. 12. 1942.
46 BAB, R 8119 F/P 6276, Bl. 206, Durchschrift eines Schreibens von Monteton an Weigelt vom 24. 3. 1942.
47 BAB, R 8119 F/P 6288, Bl. 169, Rundschreiben der Deko-Gruppe an ihre Mitglieder vom 25. 6. 1943.
48 Ebd., Bl. 151 f., Rundschreiben der Deko-Gruppe an ihre Mitglieder vom 8. 10. 1942.
49 Renneberg, Monika: Zur Mathematisch-Naturwissenschaftlichen Fakultät der Hamburger Universität im »Dritten Reich«. In: Krause, Eckhart/Huber, Ludwig/Fischer, Holger (Hg.): Hochschulalltag im »Dritten Reich«. Die Hamburger Universität 1933–1945, T. III. Berlin, Hamburg 1991, S. 1051–1074, hier S. 1065 und S. 1073, Anm. 90.
50 BAB, R 6/440, Bl. 58, Vermerk aus dem Reichsministerium für die besetzten Ostgebiete, Puttkammer, vom 30. 3. 1942.
51 BAB, NS 18/624, Bl. 56, Vermerk von Witt, Partei-Kanzlei für Tiessler, RMVP, vom 10. 2. 1942.
52 BAB, NS 18/152, Bl. 22–30, Denkschrift »Neue Aufgaben für den Reichs-Kolonial Bund« von Hans Bender vom 1. 1. 1943; ebd., Bl. 14, Schreiben von Hans Bender an den Verlag des RKB, Verlagsleiter Duems vom 13. 1. 1943 (in der Anlage Entwurf des »Kolonisatorischen Taschenbuchs 1943/44«).
53 Ebd., Bl. 12 f., Schreiben von Duems, Leiter des Verlags des RKB, an Bender vom 15. 1. 1943.
54 BAB, R 58/848, Bl. 18, Rundschreiben des Chefs der Sicherheitspolizei und des SD, Heydrich, an diverse Dienststellen vom 26. 2. 1942.
55 BAB, R 4901/3101, Bl. 65–74, Entwurf einer »Satzung der Europäischen Kolonialwissenschaftlichen Akademie«, vom RFR, Wolff, vom 7. 2. 1942; SfS, BNI, Ordner 1942, Schreiben des Reichsforschungsrats, Kolonialwissenschaftliche Abteilung, Wolff, an Professor Mühlens vom 20. 2. 1942.
56 Schürmann, Artur: Afrika als europäischer Ergänzungsraum. In: Südost-Echo, vom 9. 10. 1942. Vgl. allgemein dazu Kletzin, Birgit: Europa aus Rasse und Raum. Die nationalsozialistische Idee der Neuen Ordnung. 2. Aufl. Münster 2002, S. 157 ff.
57 AwI: Gedanken über eine Europäische Agrar- und Rohstoffpolitik. Erster Versuch einer Grundlegung. Berlin 1942. Zit. nach: Sozialstrategien der Deutschen Arbeitsfront, hg. von der Hamburger Stiftung für Sozialgeschichte des 20. Jahrhunderts. München u. a. 1986 ff., Abt. B/2, Nr. 156, Fiche 110, Bl. 1–80, hier Bl. 79.
58 BAB, NS 5 VI/17918, S. 129 ff., AwI: Die Chartered Kompagnien und Konzessionsgesellschaften im Spiegel ihrer geschichtlichen Entwicklung. Die Möglichkeiten ihres Einsatzes für die moderne Kolonisation, Dezember 1942. Zur Geschichte der »Ostgesellschaften« vgl. Eichholtz, Dietrich: Wirtschaftskollaboration und »Ostgesellschaften« in NS-besetzen Ländern (1941–1944). In: Linne, Karsten/Wohlleben, Thomas (Hg.): Patient Geschichte. Frankfurt a. M. 1993, S. 207–229; ders.: Wirtschaftskollaboration und »Ostgesellschaften« in NS-besetzten Ländern (1941–1944). In: Okkupation und Kollaboration. Berlin/Heidelberg 1994, S. 433–459; Bosma, Koos: Verbindungen zwischen Ost- und Westkolonisation. In: Rössler, Mechtild/Schleiermacher, Sabine (Hg.): Der »Generalplan Ost«. Hauptlinien der nationalsozialistischen Planungs- und Vernichtungspolitik. Berlin 1993, S. 198–214.
59 BA-MA, N 185/1, S. 752, Geldern, Werner von: Meine Erlebnisse beim Auswärtigen Amt des Deutschen Reiches in den Jahren 1942 bis 1945.
60 BAB, R 43 II/707, Bl. 8 f. (Zitate Bl. 9), Schreiben des Leiters der KPA-Dienststelle Berlin, Asmis, an die Reichskanzlei, Reichskabinettsrat von Stutterheim, vom 26. 1. 1942.
61 BAB, NS 52/65, Bl. 2, Abschrift eines Schreibens der Partei-Kanzlei an das Stabsamt des KPA vom 30. 1. 1942.
62 HK HB, Ko/26b, Schreiben der Reichsgruppe Handel, Dr. Kubitz, an den Präsidenten der IKK Bremen vom 2. 4. 1942.

63 BAB, NS 19/2398, Schreiben des Reichsführers SS, Himmler, an Reichsminister Lammers vom 5.3.1942.
64 BAB, R 43/3593, Bl. 25, Schreiben des Reichsministers der Finanzen an den Reichsminister und Chef der Reichskanzlei vom 23.9.1942.
65 BAB, NS 18/153, Bl. 61, Aktenvermerk von Bormann für Tiessler vom 28.10.1942.
66 BAB, NS 18/519, Bl. 13, Notiz über eine Besprechung mit Herrn Kapitän Wenig in München am 16.11.1942 vom 19.11.1942.
67 BAB, R 43/3593, Bl. 161, Fernschreiben des KPA, Wenig, an Ritter von Epp vom 8.10.1942.
68 Eintrag vom 10.11.1942. In: Reuth, Ralf Georg (Hg.): Joseph Goebbels. Tagbücher 1924–1945, Bd. 4. München 1992, S. 1836.
69 BAB, NS 18/153, Bl. 33 f., Schreiben von Reichsleiter von Epp an Goebbels vom 13.11.1942; ebd., Bl. 35, Anlage 1 Betrifft koloniale Propaganda und kolonialen Rednereinsatz zu dem Schreiben von Epp an Goebbels vom 13.11.1942.
70 Ebd., Bl. 40, Fernschreiben von Reichsleiter Bormann an Tiessler, Reichsring in der Reichspropagandaleitung, vom 24.11.1942.
71 Ebd., Bl. 5 f. (Zitat Bl. 5), Abschrift eines Schreibens des Leiters der Partei-Kanzlei, Martin Bormann, an Reichsleiter General Ritter von Epp vom 28.11.1942.
72 BAB, NS 18/519, Bl. 12, Rundschreiben Nr. 62/42 des RKB an die Gauverbandsleiter vom 19.12.1942.
73 BAB, R 4901/1853, Bl. 165–167, Schreiben des Reichsstatthalters in Hamburg, Staatssekretär Georg Ahrens, an den Reichsminister für Wissenschaft, Erziehung und Volksbildung vom 30.11.1942.

Nach Stalingrad: Die Zeit der Abwicklung 1943 bis 1945 (S. 154–164)

1 BAB, R 43 II/706, Bl. 44 f., Schreiben des Reichsministers und Chefs der Reichskanzlei, Lammers, an den Reichsleiter des KPA, von Epp, vom 24.1.1943.
2 BAB, R 43 II/460, Bl. 83, Aktennotiz von Lammers vom 27.1.1943.
3 BAB, R 43/3598, Bl. 25, Abschrift eines Schreibens des Leiters der Partei-Kanzlei, Bormann, an den Reichsminister Lammers vom 10.2.1943.
4 BAB, NS 6/822, Bl. 30, Anordnung A 9/43, in: Reichsverfügungsblatt, Nr. 11/43 vom 24.2.1943, S. 31.
5 PAA, Nr. R 29858, Aktennotiz von Weizsäcker, AA, vom 23.2.1943.
6 BAB, R 43/3598, Bl. 27 f., Schreiben des Reichsleiters Epp an den Reichsminister und Chef der Reichskanzlei. Lammers, vom 8.3.1943.
7 BAB, R 43 II/677 a, Bl. 5, Schreiben von Epp an den Reichsminister und Chef der Reichskanzlei, Lammers, vom 13.3.1943.
8 BAB, R 2301/7200, Bl. 131, Abschrift eines Rundschreibens des KPA, Epp, an die Reichsbehörden vom 16.3.1943.
9 BAB, R 2/4974, Bl. 68 f., Abschrift eines Schreibens des Reichsministers und Chefs der Reichskanzlei, Lammers, an das Auswärtige Amt vom 29.6.1943.
10 BAB, R 1501/27191, Bl. 109–117, Schreiben des Leiters der Dienststelle Berlin des KPA, Asmis, an den Reichsminister des Innern vom 26.3.1943 (im Anhang »Der Personaleinsatz im Kongo als Beispiel für eine Zusammenarbeit der europäischen Nationen in zukünftigen Kolonien«).
11 An alle Amtsträger und Mitglieder des Gauverbandes Hamburg. In: Das koloniale Hamburg, 3 (1943) 4/5, S. 2.
12 Riedl, Richard: Die russische Frage. Gedanken zur Neugestaltung Osteuropas, März 1943. Zit. nach: Eichholtz, Dietrich: »Wege zur Entbolschewisierung und Entrussung des Ostraumes«. Empfehlungen des IG-Farben-Konzerns für Hitler im Frühjahr 1943. In: Jahrbuch für Wirtschaftsgeschichte, 1970, T. II, S. 13–44, hier S. 41 f.
13 BAB, NS 19/163, Schreiben von Bormann, Leiter der Partei-Kanzlei an Himmler, Reichsführer SS, vom 19.5.1943. Im Anhang: »Wunschzettel« eines Führers einer militärischen Einheit mit Themen für die Monatsschrift »Was uns bewegt«.
14 Herzstein, Robert Edwin: When Nazi Dreams Come True. The Third Reich's Internal Struggle over the Future of Europe after a German Victory – A Look at the Nazi Mentality 1939–45. London 1982; Zucht, Ulrich: Das Arbeitswissenschaftliche Institut und die Nazifizierung der Sozialwissenschaften in Europa, 1936–1944. In: 1999. Zeitschrift für Sozialgeschichte des 20. und

21. Jahrhunderts 4 (1989) 3, S. 10–40; Rutz, Rainer: Signal. Eine deutsche Auslandsillustrierte als Propagandainstrument im Zweiten Weltkrieg. Essen 2007, bes. S. 253 ff.; Kluke, Paul: Nationalsozialistische Europaideologie. In: Vierteljahrshefte für Zeitgeschichte 3 (1955) 3, S. 240–275.
15 Meldungen aus dem Reich, Nr. 376 vom 15. April 1943. Zit. nach: Boberach, Heinz (Hg.): Meldungen aus dem Reich. Die geheimen Lageberichte des Sicherheitsdienstes der SS 1938–1945, Bd. 13. Herrsching 1984, S. 5126 f.
16 PAA, Nachlass Cécil von Renthe-Fink, Nr. 11, Memorandum »Grundgedanken eines Planes für das neue Europa«, von Hans Frohwein, Deutsche Waffenstillstands-Delegation für Wirtschaft vom 7. 6. 1943.
17 BAB, R 43 II/677 a, Bl. 8 f., Schreiben des Leiters der KPA-Restverwaltung, Asmis, an den Reichsaußenminister, Ribbentrop, vom 18. 6. 1943.
18 MVH, D 3/176, Abschrift eines Schreibens von Prof. Termer an den Dekan der Philosophischen Fakultät der Hansischen Universität vom 9. 2. 1943.
19 StaA HH, 361-5 II, Hochschulwesen II, Nr. Aa 48, Durchschlag eines Berichts der Mathematisch-Naturwissenschaftlichen Fakultät »über die Tätigkeit ihrer Institute zugunsten der Wehrmacht« vom 10. 2. 1943.
20 Ebd., Durchschrift eines Schreibens der Abteilung Hochschulwesen an den Reg. Vizepräsidenten Bock von Wülfingen vom 11. 2. 1943.
21 BAB, R 4901/1853, Bl. 175, Schreiben des Reichsstatthalters in Hamburg an den Reichsminister für Wissenschaft, Erziehung und Volksbildung vom 18. 6. 1943.
22 StaA HH, 361-2 VI, Oberschulbehörde VI, Nr. F XXI b 3/2, 2233, Schreiben von Senator Ofterdinger an den Direktor der Ausbildungs- und Forschungsstelle für Kolonialtechnik der Hansestadt Hamburg, Dr. Haake, vom 2. 3. 1943; ebd., Schreiben der Schulverwaltung an Heske vom 25. 8. 1943.
23 StaA HH, 135–1 I-IV, Staatliche Pressestelle I–IV, Nr. 5435, Kolonialer Semesterabschluß. In: Hamburger Tageblatt vom 21. 7. 1943.
24 StaA HH, 361-5 II, Hochschulwesen II, Nr. Ad 72, Bd. 1, Bl. 33, Schreiben von Prof. Ipsen an die Staatsverwaltung, Abteilung Hochschulwesen, Regierungsrat Knull, vom 25. 9. 1943.
25 MVH, D 3/171, 35 Jahrfeier des Kolonial-Instituts der Hansischen Universität. Reden und Ansprachen anlässlich des »Überseetages« der Hansischen Universität am 16. 11. 1943.
26 Ebd., Mitteilungen für die Mitglieder und Mitarbeiter des Kolonialinstitutes vom 15. 12. 1944.
27 BAB, R 3701/232, Bl. 45–46, Schreiben von Prof. Heske an das Reichsforstamt, Min.-Dir. Eberts, vom 22. 11. 1943.
28 Ebd., Bl. 50, Schreiben des Reichsinstituts für ausländische und koloniale Forstwirtschaft, Johannsen, an den Reichsforstmeister, Ministerialdirigent Prof. Eberts, vom 1. 9. 1944.
29 BAB, R 3701/230, Bl. 26, Schreiben des Direktors des Reichsinstituts für ausländische und koloniale Forstwirtschaft, Prof. Franz Heske, an den Reichsforstmeister vom 18. 11. 1944.
30 BAB, R 26 III/723, Bl. 69 f., Schreiben von Prof. Schack, Institut für Kolonialrecht der Hansischen Universität, an den Reichsforschungsrat, Kolonialwissenschaftliche Abteilung, vom 4. 2. 1944.
31 BAB, R 26 III/720, Bl. 6, Schreiben des RFR, Kolonialwissenschaftliche Abteilung, Dr. Wolff, an Prof. Franz Heske, Direktor des Reichsinstituts für ausländische und koloniale Forstwirtschaft, vom 6. 9. 1944.
32 StaA HH, 621–1 HAPAG-Reederei, Nr. 1347, Lagebericht über die Monate Februar, März, April 1944 für den Bezirk der Gauwirtschaftskammer Hamburg vom 5. 5. 1944.
33 BAB, R 8136/2055, Schreiben der Deutsch-Westafrikanischen Handelsgesellschaft an die Reichs-Kredit-Gesellschaft vom 27. 10. 1944.
34 Ebd., Schreiben der Deutsch-Westafrikanischen Handelsgesellschaft an die Reichs-Kredit-Gesellschaft vom 12. 1. 1945.
35 Schreiber, Gerhard: Zur Kontinuität des Groß- und Weltmachtstrebens der deutschen Marineführung. In: Militärgeschichtliche Mitteilungen 26 (1979) 2, S. 101–171, hier S. 154 f.
36 PAA, Nachlass Asmis, Paket 3, I/10, Aktennotiz von Asmis vom 1. 2. 1945.
37 BAB, R 2301/7206, Bl. 5, Aktennotiz aus dem Rechnungshof, Amtsrat Krebs, vom 16. 2. 1945.
38 BAK, Z 14/113, Aktenvermerk von Dr. Martini vom 17. 3. 1949.
39 Ebd., Exposé von Dr. Weigelt vom 10. 3. 1949.
40 Ebd., Schreiben von Dr. Kurt Weigelt an Dr. Martini vom 29. 4. 1949.
41 Ebd., Schreiben von Kurt Weigelt an Dr. Rieck vom 17. 5. 1949.
42 Ebd., Schreiben von Dr. Kurt Weigelt an Dr. Martini, Berater für den Marshallplan, vom 2. 11. 1949.

Schlussbetrachtung: Deutschland unter dem Äquator? (S. 165–169)

1 Deutschland unter dem Äquator? In: Das Schwarze Korps 1/1941 vom 2.1.1941.
2 Ebd.
3 Van Laak, Dirk: Kolonien als »Laboratorien der Moderne«? In: Conrad, Sebastian/Osterhammel, Jürgen (Hg.): Das Kaiserreich transnational. Deutschland in der Welt 1871–1914. Göttingen 2004, S. 257–279.
4 Raphael, Lutz: Die Verwissenschaftlichung des Sozialen als methodische und konzeptionelle Herausforderung für eine Sozialgeschichte des 20. Jahrhunderts. In: Geschichte und Gesellschaft 22 (1996) 2, S. 165–193; Grosse, Pascal: Psychologische Menschenführung und die deutsche Kolonialpolitik 1900–1940. In: Mecheril, Paul/Teo, Thomas: Psychologie und Rassismus. Reinbek 1997, S. 19–41.
5 Raphael, Lutz: Experten im Sozialstaat. In: Hockerts, Hans Günter (Hg.): Drei Wege deutscher Sozialstaatlichkeit. NS-Diktatur, Bundesrepublik und DDR im Vergleich. München 1998, S. 231–243, hier Kapitelüberschrift, S. 236.
6 Emmerich, Wolfgang/Wege, Carl (Hg.): Der Technikdiskurs in der Hitler-Stalin-Ära. Stuttgart u. a. 1995.
7 Zu Hitlers Kriegszielen vgl. Rich, Norman: Hitler's War Aims. The Establishment of the New Order, Bd. 2. New York 1974.
8 Zur Person von Epps vgl. Wächter, Katja-Maria: Die Macht der Ohnmacht. Leben und Politik des Franz Xaver Ritter von Epp (1868–1946). Frankfurt a. M. 1999.
9 Staatsarchiv Nürnberg, Rep. 502, KV-Anklage, Interrogations, Nr. B 80, Denkschrift »Der deutsche Kolonialanspruch 1938–1943« von Harald Bielfeld vom 9.9.1947.
10 Kershaw, Ian: Hitler. 1889–1936, Stuttgart 1998 (aus der Überschrift des Schlußkapitels), S. 663.
11 BAK, N 1101/86, Bericht von Dr. Wirth für Epp, vom 31.12.1942.
12 BA-MA, RW 5/413, Bl. 42–48, Aktennotiz über eine Unterredung zwischen dem Oberbefehlshaber des Heeres und General Huntziger am 26.9.1940.
13 Boberach, Heinz (Hg.), Meldungen aus dem Reich. Die geheimen Lageberichte des Sicherheitsdienstes der SS, Bd. 5, Herrsching 1984, S. 1699.
14 BA-MA, RW 19/1567, Abschrift eines Schreibens von Weigelt, Deutsche Bank, an Ministerialdirigent Mühlig-Hofmann, Reichsluftfahrtministerium, vom 24.10.1940.
15 BA-MA, RW 5/413, Bl. 50–67, Aufzeichnung über eine Besprechung am 29. November 1940 in der Deutschen Botschaft in Paris.
16 PAA, R 29865, Telegramm von Otto Abetz, Botschafter in Paris, an Reichsaußenminister Ribbentrop vom 11.12.1940.
17 Roth, Karl Heinz: »Neuordnung« und wirtschaftliche Nachkriegsplanungen. In: Eichholtz, Dietrich (Hg.): Krieg und Wirtschaft. Studien zur deutschen Wirtschaftsgeschichte 1939–1945. Berlin 1999, S. 195–210, bes. S. 203.
18 Fischer, Fritz: Griff nach der Weltmacht. Die Kriegszielpolitik des kaiserlichen Deutschland 1914/18, Königstein/Ts. 1979 (zuerst Düsseldorf 1961), S. 92 ff.; ders.: Krieg der Illusionen. Die deutsche Politik von 1911–1914, Kronberg/Ts. 1970, S. 443 ff.; Wedi-Pascha, Beatrix: Die deutsche Mittelafrika-Politik 1871–1914, Pfaffenweiler 1992.
19 Kent, John: The Internalization of Colonialism. Britain, France, and Black Africa, 1939–1956. Oxford 1992; Harding, Leonhard: Geschichte Afrikas im 19. und 20. Jahrhundert. München 1999, S. 47 ff.
20 Hargreaves, John D.: Decolonization in Africa. London/New York 1988; Betts, Raymond F.: Decolonization. London/New York 1998.

Abkürzungsverzeichnis

AA	Auswärtiges Amt	NA	National Archives, Washington
ADR	Akademie für Deutsches Recht	NSDAP	Nationalsozialistische Deutsche Arbeiterpartei
AFC	Afrikanische Frucht-Compagnie	OKW	Oberkommando der Wehrmacht
AO	Auslandsorganisation der NSDAP	Orpo	Ordnungspolizei
ASAS	Archiv des Seminars für Afrikanische Sprachen der Universität Hamburg	ORR	Oberregierungsrat
		PAA	Politisches Archiv des Auswärtigen Amts, Berlin
AwI	Arbeitswissenschaftliches Institut der Deutschen Arbeitsfront	RAKF	Reichsinstitut für ausländische und koloniale Forstwirtschaft
BAB	Bundesarchiv Berlin	RdI	Reichsministerium des Innern
BAK	Bundesarchiv Koblenz	RFM	Reichsfinanzministerium
BA-MA	Bundesarchiv-Militärarchiv, Freiburg i. Br.	RFR	Reichforschungsrat
		RFSS	Reichsführer SS und Polizei
BNI	Bernhard-Nocht-Institut, Hamburg	RGH	Reichsgruppe Handel
		RGI	Reichsgruppe Industrie
DAF	Deutsche Arbeitsfront	RJM	Reichsjustizministerium
DAL	Deutsche Afrika-Linien	RKB	Reichskolonialbund
Deko-Gruppe	Gruppe Deutscher Kolonialwirtschaftlicher Unternehmungen	RKR	Reichskolonialrat
		RMVP	Reichsministerium für Volksaufklärung und Propaganda
DKG	Deutsche Kolonialgesellschaft	RMWEV	Reichsministerium für Wissenschaft, Erziehung und Volksbildung
DKS	Deutsche Kolonialschule, Witzenhausen		
DNVP	Deutschnationale Volkspartei	Rowak	Rohstoff- und Wareneinkaufsgesellschaft mbH
DOAG	Deutsch-Ostafrikanische Gesellschaft	RSHA	Reichssicherheitshauptamt
DTG	Deutsche Togo-Gesellschaft	RWK	Reichswirtschaftskammer
DVP	Deutsche Volkspartei	RWM	Reichswirtschaftsministerium
GStaA	Geheimes Staatsarchiv Preußischer Kulturbesitz, Berlin-Dahlem	SD	Sicherheitsdienst der SS
		SfS	Stiftung für Sozialgeschichte des 20. Jahrhunderts, Bremen
HIS	Archiv des Hamburger Instituts für Sozialforschung	SKL	Seekriegsleitung
		SPD	Sozialdemokratische Partei Deutschlands
HK HB	Archiv der Handelskammer Bremen		
		SS	Schutzstaffel der NSDAP
HK HH	Archiv der Handelskammer Hamburg	StaA HB	Staatsarchiv Bremen
		StaA HH	Staatsarchiv Hamburg
HUB	Archiv der Humboldt-Universität Berlin	StaA N	Staatsarchiv Nürnberg
		SUB GÖ	Staats- und Universitätsbibliothek Göttingen, Handschriftenabteilung
HWWA	Hamburgisches Welt-Wirtschafts-Archiv		
IHK	Industrie- und Handelskammer	USA	Umschulungswerkstätten für Siedler und Auswanderer, Bitterfeld
KFS	Koloniale Frauenschule, Rendsburg		
KPA	Kolonialpolitisches Amt der NSDAP	VO	Verordnung
		WVHA	Wirtschafts- und Verwaltungshauptamt der SS
KWK	Kolonialwirtschaftliches Komitee	WWR	Wehrwirtschafts- und Rüstungsamt (des OKW)
Min.Rat	Ministerialrat		
MVH	Archiv des Museums für Völkerkunde Hamburg		

Ungedruckte Quellen

Archiv der Handelskammer Bremen (HK HB)

H I   Handelskammer: Innere Angelegenheiten
Ko   Kolonien

Archiv der Handelskammer Hamburg (HK HH)

78   Exportförderung
84   Deutsche Kolonialpolitik

Archiv der Humboldt-Universität Berlin (HUB)

Bestand Institut für Lautforschung

Archiv des Hamburger Instituts für Sozialforschung (HIS)

Bestand Philipp F. Reemtsma (PFR)

Archiv des Museums für Völkerkunde Hamburg (MVH)

D 3   Kolonialinstitut

Archiv des Seminars für Afrikanische Sprachen der Universität Hamburg (ASAS)

Diverse Ordner

Bayerisches Hauptstaatsarchiv München

Reichsstatthalter Epp

Bundesarchiv Berlin (BAB)

R 2   Reichsfinanzministerium
R 6   Reichsministerium für die besetzten Ostgebiete
R 7   Reichswirtschaftsministerium
R 19   Hauptamt Ordnungspolizei
R 20   Chef der Bandenkampfverbände/Truppen und Schulen der Ordnungspolizei
R 26 I   Beauftragter für den Vierjahresplan (Zentrale)
R 26 III   Reichsforschungsrat
R 43   Reichskanzlei
R 55   Reichsministerium für Volksaufklärung und Propaganda
R 57   Deutsches Ausland-Institut
R 58   Reichssicherheitshauptamt
R 61   Akademie für Deutsches Recht
R 113   Reichsstelle für Raumordnung
R 187   Sammlung Schumacher
R 901   Auswärtiges Amt
R 1001   Reichskolonialamt
R 1501   Reichsministerium des Innern
R 2301   Rechnungshof des Deutschen Reiches
R 2501   Deutsche Reichsbank
R 3001   Reichsjustizministerium
R 3101   Reichswirtschaftsministerium
R 3701   Reichsforstamt
R 4606   Generalbauinspektor für die Reichshauptstadt Berlin
R 4701   Reichspostministerium
R 4901   Reichsministerium für Wissenschaft, Erziehung und Volksbildung
R 4902   Deutsches Auslandswissenschaftliches Institut
R 8119 F   Deutsche Bank AG

R 8124 Gruppe Deutscher Kolonialwirtschaftlicher Unternehmungen
R 8136 Reichs-Kredit-Gesellschaft

NS 3 SS-Wirtschafts-Verwaltungshauptamt
NS 5 VI Deutsche Arbeitsfront, Arbeitswissenschaftliches Institut
NS 6 Partei-Kanzlei der NSDAP
NS 9 Auslandsorganisation der NSDAP
NS 10 Persönliche Adjutantur des Führers
NS 18 Reichspropagandaleitung der NSDAP
NS 19 Persönlicher Stab des Reichsführers SS
NS 20 Kleine Erwerbungen NSDAP
NS 22 Reichsorganisationsleitung der NSDAP
NS 26 Hauptarchiv der NSDAP
NS 52 Kolonialpolitisches Amt der NSDAP

NSD 20 Drucksachen (Kolonialpolitisches Amt der NSDAP)

Personenbezogene Unterlagen aus dem Bestand des ehemaligen Berlin Document Centers

Bundesarchiv Koblenz (BAK)

R 73 Deutsche Forschungsgemeinschaft
N 1101 Nachlass Franz Xaver Ritter von Epp
N 1221 Nachlass Theodor Heuss
Z 14 Der Berater für den Marshallplan beim Vorsitzer des Verwaltungsrates des Vereinigten Wirtschaftsgebietes
ZSG 101 Zeitgeschichtliche Sammlung Brammer zur Pressepolitik des NS-Staates

Bundesarchiv-Militärarchiv, Freiburg i. Br. (BA-MA)

RW 5 OKW, Amt Ausland/Abwehr
RW 19 OKW, Wehrwirtschafts- und Rüstungsamt
RW 19, Anhang I OKW, Wehrwirtschafts- und Rüstungsamt, Anhang I
N 185 Nachlass Werner von Geldern-Crispendorf

Geheimes Staatsarchiv Preußischer Kulturbesitz, Berlin-Dahlem (GStaA)

Rep. 151 Preußisches Finanzministerium
Rep. 208 A Seminar für Orientalische Sprachen

Hamburgisches Welt-Wirtschafts-Archiv (HWWA)

Zeitungsausschnittsammlung, Diverse Personenmappen und Firmenunterlagen

Politisches Archiv des Auswärtigen Amtes, Berlin (PAA)[*]

Handakten Wiehl
Inland I Partei
Inland II A/B
Nachlass Rudolf Asmis
Nachlass Cécil von Renthe-Fink
Pol. X, Druckschriften
Unterstaatssekretär
Bibliothek des Auswärtigen Amts

Staatsarchiv Bremen (StaA HB)

3-R.1.g. Reichsangelegenheiten – Deutsche Kolonien
9,V Zeitgeschichtliche Sammlung, Verstreutes amtliches und privates Schriftgut

* Die ursprünglichen Bestände wurden weitgehend aufgelöst und die Akten mit einer fortlaufenden Nummerierung versehen.

Staatsarchiv Hamburg (StaA HH)

113–5	Staatsverwaltung – Allgemeine Abteilung
131–4	Senatskanzlei – Präsidialabteilung
135–1 I-IV	Staatliche Pressestelle I-IV
311–3 I	Finanzbehörde I
322–3	Architekt Konstanty Gutschow
352–8/9	Bernhard Nocht-Institut
361–2 VI	Oberschulbehörde VI
361–5 II	Hochschulwesen II
361–6	Hochschulwesen – Dozenten- und Personalakten
364–5 I	Universität I
371–8 II	Deputation für Handel, Schiffahrt und Gewerbe II
621–1	Blohm und Voss
621–1	HAPAG-Reederei

Staatsarchiv Nürnberg

Rep. 502, KV-Anklage, Interrogations

Staats- und Universitätsbibliothek Göttingen, Handschriftenabteilung (SUB GÖ)

Nürnberger Prozesse

Stiftung für Sozialgeschichte des 20. Jahrhunderts, Bremen (SfS)

Bestand Bernhard-Nocht-Institut (BNI), Ordner 1937 bis 1942
Bestand National Archives, Washington (NA)

Ausgewählte Literatur

Ames, Eric/Klotz, Marcia/Wildenthal, Lora (Ed.): Germany's Colonial Pasts. Lincoln/London 2005.
Baum, Eckhard: Daheim und überm Meer. Von der Deutschen Kolonialschule zum Deutschen Institut für Tropische und Subtropische Landwirtschaft in Witzenhausen. Witzenhausen 1997.
Bechhaus-Gerst, Marianne/Klein-Arendt, Reinhard (Hg.): AfrikanerInnen in Deutschland und schwarze Deutsche – Geschichte und Gegenwart. Münster 2004.
Bechhaus-Gerst, Marianne/Klein-Arendt, Reinhard (Hg.): Die (koloniale) Begegnung. AfrikanerInnen in Deutschland 1880–1945 – Deutsche in Afrika 1880–1918. Frankfurt a. M. u. a. 2003.
Böhlke, Jens: Zur Geschichte der Deutschen Kolonialschule in Witzenhausen. Aspekte ihres Entstehens und Wirkens. Witzenhausen 1995.
Brechtken, Magnus: »Madagaskar für die Juden«. Antisemitische Idee und politische Praxis 1885–1945. München 1997.
Campt, Tina: Other Germans. Black Germans and the Politics of Race, Gender, and the Memory in the Third Reich. Ann Arbor 2004.
Crozier, Andrew J.: Appeasement and Germany's Last Bid for Colonies. London 1988.
Deutschland-Berichte der Sozialdemokratischen Partei Deutschlands (Sopade) 1934–1940. Salzhausen 1980 (Reprint).
Dülffer, Jost: Kolonialismus ohne Kolonien. Deutsche Kolonialpläne 1938. In: Knipping, Franz/Müller, Klaus-Jürgen (Hg.): Machtbewußtsein in Deutschland am Vorabend des Zweiten Weltkrieges. Paderborn 1984, S. 247–270.
Eckart, Wolfgang U.: Medizin und Kolonialimperialismus. Deutschland 1884–1945. Paderborn u. a. 1997.
Eckart, Wolfgang U.: Tropenhygiene und Militarismus in Deutschland 1933–1939. In: Fahrenbach, Sabine/Thom, Achim (Hg.): Der Arzt als »Gesundheitsführer«. Ärztliches Wirken zwischen Ressourcenerschließung und humanitärer Hilfe im Zweiten Weltkrieg. Frankfurt a. M. 1991, S. 25–38.
Eckert, Andreas/Wirz, Albert: Wir nicht, die Anderen auch. Deutschland und der Kolonialismus. In: Conrad, Sebastian/Randeria, Shalini (Hg.): Jenseits des Eurozentrismus. Postkoloniale Perspektiven in den Geschichts- und Kulturwissenschaften. Frankfurt a. M./New York 2002, S. 372–392.
Eichholtz, Dietrich: Das Expansionsprogramm des deutschen Finanzkapitals am Vorabend des zweiten Weltkrieges. In: ders./Pätzold, Kurt (Hg.): Der Weg in den Krieg. Studien zur Geschichte der Vorkriegsjahre (1935/36 bis 1939). Köln 1989, S. 1–39.
El-Tayeb, Fatima: Schwarze Deutsche. Der Diskurs um »Rasse« und nationale Identität 1890–1933. Frankfurt a. M./New York 2001.
Esche, Jan: Koloniales Anspruchdenken in Deutschland im Ersten Weltkrieg, während der Versailler Friedensverhandlungen und in der Weimarer Republik (1914 bis 1933). Phil. Diss., Hamburg 1989.
Figge, Klaus: Hitlers Kolonialprovinz »Deutsch-Ostafrika«. In: Heinrichs, Hans-Jürgen (Hg.): Afrika. Frankfurt a. M. 1986, S. 152–159.
Fischer, Fritz: Griff nach der Weltmacht. Die Kriegszielpolitik des kaiserlichen Deutschland 1914/18. Königstein/Ts. 1979 (zuerst Düsseldorf 1961).
Fischer, Hans: Völkerkunde im Nationalsozialismus. Aspekte der Anpassung, Affinität und Behauptung einer wissenschaftlichen Disziplin. Berlin/Hamburg 1990.
Fleischer, Bernhard: Bernhard-Nocht-Institut für Tropenmedizin 1900–2000. Hamburg 2000.
Friedrichsmeyer, Sara/Lennox, Sara/Zantop, Susanne (Hg.): The Imperialist Imagination. German Colonialism and Its Legacy. Ann Arbor 1998.
Graichen, Gisela/Gründer, Horst: Deutsche Kolonien. Traum und Trauma. Berlin 2007 (TB-Ausgabe – zuerst 2005).
Gründer, Horst: Geschichte der deutschen Kolonien. 2. Aufl., Paderborn u. a. 1991.
Gründer, Horst: Imperialismus und deutscher Kolonialismus in Afrika. In: Förster, Larissa/Henrichsen, Dag/Bollig, Michael: Namibia – Deutschland. Eine geteilte Geschichte. Berlin 2004, S. 26–43.
Hildebrand, Klaus: Vom Reich zum Weltreich. Hitler, NSDAP und koloniale Frage 1919–1945. München 1969.
Hillgruber, Andreas: Hitlers Strategie. Politik und Kriegführung 1940–1941. Frankfurt a. M. 1965.

Jansen, Hans: Der Madagaskar-Plan. Die beabsichtigte Deportation der europäischen Juden nach Madagaskar. München 1997.

Kettlitz, Eberhardt: Afrikanische Soldaten aus deutscher Sicht seit 1871. Stereotype, Vorurteile, Feindbilder und Rassismus. Frankfurt a. M. 2007.

Koller, Christian: »Von Wilden aller Rassen niedergemetzelt«. Die Diskussion um die Verwendung von Kolonialtruppen in Europa zwischen Rassismus, Kolonial- und Militärpolitik (1914–1930). Stuttgart 2001.

Krause, Eckhart/Huber, Ludwig/Fischer, Holger (Hg.): Hochschulalltag im »Dritten Reich«. Die Hamburger Universität 1933–1945. Berlin/Hamburg 1991.

Kühne, Horst: Faschistische Kolonialideologie und zweiter Weltkrieg. Berlin (Ost) 1962.

Kum'A N'Dumbe III, Alexandre: Hitler voulait l'Afrique. Le projet du 3ème Reich sur le continent africain. Paris 1980.

Kum'a N'dumbe III, Alexandre: La politique africaine de l'Allemagne hitlérienne 1933–1943, Afrique du Nord, Afrique centrale, Afrique du Sud. Diss., Lyon 1974.

Kum'a N'dumbe III, Alexandre: Was wollte Hitler in Afrika? NS-Planungen für eine faschistische Neugestaltung Afrikas. Frankfurt a. M. 1993.

Kundrus, Birthe: Moderne Imperialisten. Das Kaiserreich im Spiegel seiner Kolonien. Köln/Weimar/Wien 2003.

Kundrus, Birthe (Hg.): Phantasiereiche. Zur Kulturgeschichte des deutschen Kolonialismus. Frankfurt a. M. 2003

Lakowski, Richard: Die Kriegsziele des faschistischen Deutschland im transsaharischen Afrika. Diss., Berlin (Ost) 1970.

Lewerenz, Susann: Die Deutsche Afrika-Schau (1935–1940). Rassismus, Kolonialrevisionismus und postkoloniale Auseinandersetzungen im nationalsozialistischen Deutschland. Frankfurt a. M. 2006.

Linne, Karsten: Afrika als »wirtschaftlicher Ergänzungsraum«: Kurt Weigelt und die kolonialwirtschaftlichen Planungen im »Dritten Reich«. In: Jahrbuch für Wirtschaftsgeschichte (2006) 2, S. 141–162.

Linne, Karsten: Deutsche Afrikafirmen im »Osteinsatz«. In: 1999. Zeitschrift für Sozialgeschichte des 20. und 21. Jahrhunderts 16 (2001) 1, S. 49–90.

Linne, Karsten: The »New Labour Policy« in Nazi Colonial Planning for Africa. In: International Review for Social History 49 (2004) 2, S. 197–224.

Linne, Karsten: »Weiße Arbeitsführer« im »kolonialen Ergänzungsraum«. Afrika als Ziel sozial- und wirtschaftspolitischer Kolonialplanungen in der NS-Zeit. Münster 2002.

Lusane, Clarence: Hitler's Black Victims. The Historical Experiences of Afro-Germans, European Blacks, Africans, and African Americans in the Nazi Era. New York/London 2003.

Mallmann, Klaus-Michael/Cüppers, Martin: Halbmond und Hakenkreuz. Das Dritte Reich, die Araber und Palästina. Darmstadt 2006.

Martin, Peter/Alonzo, Christine (Hg.): Zwischen Charleston und Stechschritt. Schwarze im Nationalsozialismus. Hamburg/München 2004.

Maß, Sandra: Weiße Helden, schwarze Krieger. Zur Geschichte kolonialer Männlichkeit in Deutschland 1918–1964. Köln/Weimar/Wien 2006.

Metzger, Chantal: L'empire colonial français dans la stratégie du Troisième Reich (1936–1945). Brüssel u. a. 2002.

Mosen, Markus: Der koloniale Traum. Angewandte Ethnologie im Nationalsozialismus. Bonn 1991.

Nöhre, Joachim: Das Selbstverständnis der Weimarer Kolonialbewegung im Spiegel ihrer Zeitschriftenliteratur. Münster 1998.

Pogge von Strandmann, Hartmut: Deutscher Imperialismus nach 1918. In: Stegmann, Dirk/Wendt, Bernd-Jürgen/Witt, Peter-Christian (Hg.): Deutscher Konservatismus im 19. und 20. Jahrhundert. Bonn 1983, S. 281–293.

Pommerin, Reiner: »Sterilisierung der Rheinlandbastarde«. Das Schicksal einer farbigen deutschen Minderheit 1918–1937. Düsseldorf 1979.

Rautenberg, Hulda/Rommel, Mechtild: Die Koloniale Frauenschule in Rendsburg 1926–1945. In: Die Kolonialen Frauenschulen von 1908–1945. Kassel 1983, S. 29–87.

Rheinisches JournalistInnenbüro: »Unsere Opfer zählen nicht«. Die Dritte Welt im Zweiten Weltkrieg, hg. von Recherche International e. V. Berlin/Hamburg 2005.

Roth, Karl Heinz: Intelligenz und Sozialpolitik im »Dritten Reich«. Eine methodisch-historische Studie am Beispiel des Arbeitswissenschaftlichen Instituts der Deutschen Arbeitsfront. München u. a. 1993.

Rwankote, Mathias Mulumbar: Ostafrika in den Zielvorstellungen der Reichspolitik und der verschiedenen Interessengruppen im Rahmen der kolonialen politischen Aktivitäten in der Zeit der Weimarer Republik. Phil. Diss., Köln 1985.

Salewski, Michael (Hg.): Die deutsche Seekriegsleitung 1935–1945. Frankfurt a. M. 1970 ff.

Schmokel, Wolfe W.: Dream of Empire. German Colonialism, 1919–1945. New Haven/London 1964.

Schreiber, Gerhard/Stegemann, Bernd/Vogel, Detlef: Der Mittelmeerraum und Südosteuropa. Von der »non belligeranza« Italiens bis zum Kriegseintritt der Vereinigten Staaten. Stuttgart 1984.

Schubert, Michael: Der schwarze Fremde. Das Bild des Schwarzafrikaners in der parlamentarischen und publizistischen Kolonialdiskussion in Deutschland von den 1870er bis in die 1930er Jahre. Stuttgart 2003.

Schubert, Werner (Hg.): Akademie für Deutsches Recht 1933–1945. Protokolle der Ausschüsse, Bd. XII: Ausschuß für Rechtsfragen der Bevölkerungspolitik (1934–1940) und Ausschuß für Kolonialrecht zusammen mit den Entwürfen des Kolonialpolitischen Amts (1937–1941). Frankfurt a. M. 2001.

Schubert, Werner: Das imaginäre Kolonialreich. Die Vorbereitung der Kolonialgesetzgebung durch den Kolonialrechtsausschuß der Akademie für Deutsches Recht, das Reichskolonialamt und die Reichsministerien (1937–1942). In: Zeitschrift der Savigny-Stiftung für Rechtsgeschichte, Bd. 115 (1998), S. 86–149.

Siegle, Dorothea: »Trägerinnen echten Deutschtums«. Das Frauenbild an der Kolonialen Frauenschule Rendsburg (1927–1945). Magisterarbeit, Hamburg 2002.

Sozialstrategien der Deutschen Arbeitsfront. Hg. von der Hamburger Stiftung für Sozialgeschichte des 20. Jahrhunderts. München u. a. 1986 ff.

Speitkamp, Winfried: Deutsche Kolonialgeschichte. Stuttgart 2005.

Stoecker, Helmuth (Hg.): Drang nach Afrika. Die koloniale Expansionspolitik und Herrschaft des deutschen Imperialismus in Afrika von den Anfängen bis zum Ende des zweiten Weltkrieges. Berlin (Ost) 1977.

Stoecker, Holger: Afrikanistische Lehre und Forschung in Berlin 1919–1945. In: Jahrbuch für Universitätsgeschichte 7 (2004), S. 101–128.

Streck, Bernhard (Hg.): Ethnologie und Nationalsozialismus. Gehren 2000, S. 193–214.

Tode, Sven: Forschen – Heilen – Lehren. 100 Jahre Tropeninstitut. Hamburg 2000.

Tschapek, Rolf Peter: Bausteine eines zukünftigen deutschen Mittelafrika. Deutscher Imperialismus und die portugiesischen Kolonien. Stuttgart 2000.

Van der Heyden, Ulrich/Zeller, Joachim (Hg.): Kolonialmetropole Berlin. Eine Spurensuche. Berlin 2002

Van der Heyden, Ulrich/Zeller, Joachim (Hg.): »… Macht und Anteil an der Weltherrschaft«. Berlin und der deutsche Kolonialismus. Münster 2005.

Van Laak, Dirk: Imperiale Infrastruktur. Deutsche Planungen für eine Erschließung Afrikas 1880 bis 1960. Paderborn 2004.

Van Laak, Dirk: Kolonien als »Laboratorien der Moderne«? In: Conrad, Sebastian/Osterhammel, Jürgen (Hg.): Das Kaiserreich transnational. Deutschland in der Welt 1871–1914. Göttingen 2004, S. 257–279.

Van Laak, Dirk: Über alles in der Welt. Deutscher Imperialismus im 19. und 20. Jahrhundert. München 2005.

Wächter, Katja-Maria: Die Macht der Ohnmacht. Leben und Politik des Franz Xaver Ritter von Epp (1868–1946). Frankfurt a. M. 1999.

Weinberg, Gerhard L.: German Colonial Plans and Policies 1938–1942. In: Besson, Waldemar/Hiller von Gaertringen, Friedrich Freiherr (Hg.): Geschichte und Gegenwartsbewußtsein. Historische Betrachtungen und Untersuchungen. Göttingen 1963, S. 462–491.

Weß, Ludger: Tropenmedizin und Kolonialpolitik: Das Hamburger Institut für Schiffs- und Tropenkrankheiten 1918–1945. In: 1999. Zeitschrift für Sozialgeschichte des 20. und 21. Jahrhunderts 7 (1992) 4, S. 38–61.

Wigger, Iris: Die »Schwarze Schmach am Rhein«. Rassistische Diskriminierung zwischen Geschlecht, Klasse, Nation und Rasse. Münster 2007.

Wilke, Kerstin: »Die deutsche Banane.« Wirtschafts- und Kulturgeschichte der Banane im Deutschen Reich 1900–1939. Phil. Diss., Hannover 2004.

Wolff, Peter: 85 Jahre tropenlandwirtschaftliche Ausbildung in Witzenhausen. In: ders. (Hg.): Witzenhausen – 85 Jahre im Dienste der Agrarentwicklung in den Tropen und Subtropen. Witzenhausen 1983, S. 7–113.

Wulf, Stefan: Das Hamburger Tropeninstitut 1919 bis 1945. Auswärtige Kulturpolitik und Kolonialrevisionismus nach Versailles., Berlin/Hamburg 1994.

Zantop, Susanne: Colonial Fantasies: Conquest, Family, and Nation in Precolonial Germany, 1770–1870. Durham 1997.

Zimmerer, Jürgen: Deutsche Herrschaft über Afrikaner. Staatlicher Machtanspruch und Wirklichkeit im kolonialen Namibia. Hamburg 2001.

Zimmerer, Jürgen/Zeller, Joachim (Hg.): Völkermord in Deutsch-Südwestafrika. Der Kolonialkrieg (1904–1908) in Namibia und seine Folgen. Berlin 2003.

Abbildungsnachweis

Sammlung Marianne Bechhaus-Gerst, Köln: S. 45, 78
Sammlung Michael Foedrowitz, Berlin: S. 83, 85
Sammlung Willi Goffart, Dormagen: S. 13
Sammlung Theodor Wonja Michael, Köln: S. 43
Sammlung Heiko Möhle, Hamburg: S. 35, 60
Sammlung Joachim Zeller, Berlin: S. 62, 82

Bernhard-Nocht-Institut, Hamburg: S. 52
Bildarchiv der Deutschen Kolonialgesellschaft an der Universitätsbibliothek Frankfurt am Main: S. 17, 25, 27, 28, 39, 40, 51, 57, 66, 87, 88, 100, 101, 103, 135, 168, Umschlag Rückseite
Bildarchiv der Österreichische Nationalbibliothek, Wien: S. 47 (ÖGZ S 343/50)
Bildarchiv des Bundesarchivs: Umschlag vorn (Plak 003–008–024), S. 2 (Plak 003–008–013), 18 (8268), 20 (Plak 002–012–030)49 (183-H14239), 58 (85–103–4), 67 (108–201–27), 76 (R 7/796), 80 (183-L23542), 92 (108–201–24), 130 (101I-784–0228–29 A), 140 (146–2002–10–50), 142 (146–2008–0172), 144 (H28189), 146 (183-H13374), 150 (146–1968–100–21 A), 158 (183-J06084), 162 (183–09128–0006), 167 (146–1971–015–30, H. Hoffmann)
Bildarchiv des Denkmalschutzamtes der Hansestadt Hamburg: S. 55 (00083–11), 61 (6613–18), 137 (00059751)
Bildarchiv Preußischer Kulturbesitz, Berlin: S. 71 (H. Hoffmann)
Bundesarchiv Berlin: S. 131 (ZR 518 A 3 a, Bl. 222)
Bundesarchiv Koblenz: S. 74 (R 2/4965, Bl. 2), 156 (R 43/3598, Bl. 27), 157 (R 43/3598, Bl. 28)
Gesellschaft für Organik e. V.: S. 105
Österreichisches Staatsarchiv, Wien: S. 64 (Gauakt 237 518)
Politisches Archiv des Auswärtigen Amtes, Berlin: S. 152
Süddeutsche Zeitung Photo, München: S. 164
Ullstein-Bilderdienst, Berlin: S. 161

Afrika-Nachrichten (1935): S. 34
Afrika-Nachrichten (1938): S. 122
Afrika-Nachrichten (1942): S. 61

Heinz Wilhelm Bauer: Kolonien im Dritten Reich, 2 Bde., Köln-Deutz 1936: S. 29, 42, 65, 108, 111, 113
Helmut und Erna Blenck: Afrika in Farben. Das Farbbild-Buch der deutschen Kolonien, hg. vom Reichskolonialbund, München 1941: S. 69, 97, 118
DAF-Rohstoffdienst (1938): S. 110
Das deutsche koloniale Jahrbuch (1940): S. 119
Das deutsche koloniale Jahrbuch (1941): S. 166
Das deutsche koloniale Jahrbuch (1942): S. 93
Deutsche Kolonial-Zeitung (1937): S. 120
Deutsche Kolonial-Zeitung (1938): S. 91
Deutschlands Recht auf Raum und Rohstoffe, hg. vom Reichskolonialbund, Berlin 1938: S. 14
Die Frau und die Kolonien (1943): S. 121
Die koloniale Sozialpolitik Englands und Frankreichs, hg. vom Arbeitswissenschaftlichen Institut der Deutschen Arbeitsfront, Berlin 1940: S. 102
Die Oase (1941): S. 133
Hans Grimm: Volk ohne Raum, München 1931: S. 23
Jahrbuch des Arbeitswissenschaftlichen Instituts der Deutschen Arbeitsfront (1940/41): S., 10/11, 95
Kolonialwirtschaftliche Denkschrift 1940, hg. vom Kolonialpolitischen Amt der NSDAP, Berlin 1940: S. 73
Heinrich Krieger: Das Rassenrecht in Südwestafrika. Vergleichende Darstellung des deutschen Rechts und des Rechts der Mandatszeit, zugleich Entwurf und Anwendung einer neuen Systematik des Kolonialrechts, Berlin 1940: S. 68, 128
Margarine-Industrie (1933): S. 32
Mitteilungsblatt der Kolonialen Frauenschule Rendsburg (1939): S. 37
Paul Rohrbach (Hg.): F. L. – Die Geschichte einer Reederei, Hamburg 1960: S. 59
Sofort-Programm Deutsch-Ost-Afrika. Teil II (Soll-Programm), Einführungsheft, hg. von der Gruppe Deutscher Kolonialwirtschaftlicher Unternehmungen, Berlin 1941: S. 116
Else Steup: Wiete will nach Afrika. Ein Jungmädchen-Buch, Berlin 1936: S. 36
Richard Thurnwald: Koloniale Gestaltung. Methoden und Probleme überseeischer Ausdehnung, Hamburg 1939: S. 125

In einigen Fällen konnten die Rechteinhaber nicht ermittelt werden; sollten Rechtsansprüche bestehen, bitten wir um Rücksprache mit dem Verlag.

Personenregister

Kursive Seitenangaben verweisen auf eine Bildunterschrift.

Adenauer, Konrad 22
Asmis, Rudolf 151, *152*, 154 f., 158 f.
Bedaux, Charles 143
Bell, Johannes 23
Bender, Hans 149
Bernatzik, Hugo Adolf 134
Bethke, Friedrich 109
Bielfeld, Harald 75, 82, 85, 141, 147, 164, 166
Bismarck, Otto von 12 f.
Blomberg, Werner von 54
Bohle, Ernst Wilhelm 147
Bohlen, Lothar 77
Böhmer, Rudolf 41
Bonn, Moritz Julius 22
Bormann, Martin 43 f., 86, 145–147, 149, *150*, 152–154
Bothmann, Hans 131, *131*
Bouhler, Philipp 84, 145 f., *146*, 147
Brack, Viktor 84
Brandt, Karl 146
Brauchitsch, Walther von 129
Braun, Georg 111
Brettschneider, Rolf 71, 77
Burleigh, Micheal 165
Carls, Admiral 76
Ciano, Galeazzo 81, 84, 184
Claß, Heinrich 16
Clodius, Carl 76, *76*
Cohen-Reuß, Max 26
Conti, Leonardo 103 f.
Daluege, Kurt 130, 132
Dannecker, Theodor 84
De la Camp, Joachim 77
Dernburg, Bernhard 15, 61
Diek, Erika 44
Duems, Erich 149
Eden, Anthony 28
Eichmann, Adolf 84 f.
Epp, Franz Xaver Ritter 24, 28 f., *29*, 30, 41, 48–50, 54, 72, 75, 86, 87, 117, 124, 128, 138 f., 145, 147–149, *150*, 152–155, *156*, 160, 166, *166*, 167
Etzdorf, Hasso von 82
Falb (Dr., Oberarzt) *17*
Fickendey, Ernst 112
Fischer, Fritz 168
Franco, Francisco 81
Frank, Hans 84
Freytagh-Loringhoven, Axel von 49
Frick, Wilhelm 142
Funk, Walther 70, *71*, 72
Ganssauge, Willi 59, *59*, 60, 163

Gaulle, Charles de 81, 167 f.
Geldern, Werner von 54, 151
Goebbels, Joseph 41, 85, 152
Göring, Hermann 33, 43, 56, 58, 72, 112, 149
Grimm, Hans 23, *23*, 41
Gunzert, Theodor 75, 147
Guth, Karl 81
Haake, Heinrich 160
Hecht, Günther 67
Henderson, Nevile 48
Heske, Franz 56, 104 f., *105*, 112–114, 137, 148, 160, 164
Heydrich, Reinhard 84, 131, 149
Himmler, Heinrich 36, 53, 83, 130, 132, 147, 152
Hitler, Adolf 9, 25 f., 28, 39, 41 f., 46, 48, 54, 56, 75 f., 81–83, *83*, 84 f., *85*, 86, 124, 128, 139, 146–148, *150*, 151 f., 154, 160, 165 f., 166, 167 f., *169*
Huntziger, Charles 167, *167*, 168
Husen, Bayume Mohamed (s. auch Mohamed, Mahjub Adam) *78*, 79
Karlowa, Rudolf 50
Karstedt, Oskar 90, 92, 144, *144*
Kaufmann, Karl 55, 106, 136 f., 153, 159–161
Kemner, Wilhelm 58
Keppler, Wilhelm 75
Kiderlen-Wächter, Alfred von 15
Klingenheben, August 135
Kordt, Erich 81, 184
Körner, Karl 36
Krosigk, Ludwig Schwerin von 152
Krüger, Paul 88
Kumnetz, Fritz 53, 143
Lammers, Hans Heinrich 28, 74 f., 86, 153–155, *156*, 160
Lettow-Vorbeck, Paul von 16 f., *18*, 64
Ley, Robert 94, 158
Lindequist, Friedrich von 44
Ludendorf, Erich 16
Lüderitz, Adolf 12
Lukas, Johannes 135 f.
Mann, Wilhelm Rudolf 106
Martini, Erich 102
Mayr, Rudolf *164*
Medger, Ruth 160
Meinhof, Carl 160
Mohamed, Mahjub Adam (s. auch Husen, Bayume Mohamed) *78*
Monteton, Joachim 103, 148
Mühlens, Peter 51 f., *52*, 53, 101, *101*, 103
Mussolini, Benito 84, *85*, 139

213

N'Doki, Jonas Alexander 77
Nachtigal, Gustav 12, *13*
Obst, Erich 105
Olympio, Alexander 44
Ortlieb, Heinz-Dietrich 111, 164
Pétain, Philippe 81
Peters, Carl 12 f.
Peucer, Carlo 124
Pfeffer-Wildenbruch, Karl 53, 130
Plischke, Hans 134
Rademacher, Franz 84 f., 164
Raeder, Erich 75 f.
Raphael, Lutz 165
Rein, Adolf 55
Rentsch, Gottfried 129
Ribbentrop, Joachim von 76, 81, 84, 166, 184
Ritter, Karl 76
Roberts, Stephen Henry 46
Rodenwaldt, Ernst 53, 101
Rohrbach, Paul 41
Rommel, Erwin 139 f., *140*
Ronnefeldt, Franz 103
Rosenberg, Alfred 89, 114
Roth, Karl Heinz 94
Rothhaupt, Wilhelm 47, 64, *64*, 65–67, 164
Ruberg, Bernhard 145
Rust, Bernhard 54, 137
Saalwächter, Alfred 162
Sauerbruch, Ferdinand 51
Schacht, Hjalmar 39–41
Schack, Friedrich 161

Schnee, Heinrich 19, 25 f., *27*, 28
Seebohm, Hans-Christoph *164*
Seitz, Theodor 24 f., *25*
Senghor, Léopold Sédar 136
Simon, John 28
Soden, Julius Freiherr von 13
Solf, Wilhelm Heinrich von 16
Sölken, Heinz 136
Speer, Albert 149
Stresemann, Gustav 24
Termer, Franz 159
Teruzzi, Attilio *83*
Thurnwald, Hilde 188
Thurnwald, Richard 63, 68, 164
Todt, Fritz 122
Trauttmannsdorf, Max Karl 90
Vageler, Paul 137, 148
Viera, Josef 139
Wagner, Günter 134, 141
Waldau, Otto Hoffmann von *140*
Weigelt, Kurt 31 f., *32*, 33, 41, 56–59, 72 f., 75, 107, 109, 115, 163, *164*, 167
Weizsäcker, Ernst von 75
Werner, Otto 90
Westermann, Diedrich 134, 164
Wissmann, Hermann von 13
Woermann, Adolph 12
Wolff, Günter 121, 138, 161
Wolff, Otto 57
Zimmermann, Waldemar 129
Zumpt, Fritz 69

Zum Autor

Karsten Linne
Jahrgang 1961; Studium der Sozialwissenschaften in Göttingen; Promotion in Neuerer Geschichte an der Universität Bremen; langjähriger Mitarbeiter der Stiftung für Sozialgeschichte des 20. Jahrhunderts und der Zeitschrift *1999*; Mitbegründer von »Clio & Co. Der Geschichtsservice«, Hamburg.
Herausgeber umfangreicher Dokumenteneditionen; zahlreiche Veröffentlichungen zur Sozial- und Wirtschaftsgeschichte des Nationalsozialismus.